卓越教师 教学主张丛书

厦门市卓越教师培育项目成果
西南大学教育学"双一流"学科建设实践成果
总主编 陈 珍 朱德全

跨域趣探

小学科学跨学科教学探析

徐晨来 著

西南大学出版社
国家一级出版社 全国百佳图书出版单位

·重庆·

图书在版编目(CIP)数据

跨域趣探:小学科学跨学科教学探析/徐晨来著. 重庆:西南大学出版社,2024.8. — (卓越教师教学主张丛书). — ISBN 978-7-5697-2612-1

Ⅰ.G623.62

中国国家版本馆CIP数据核字第2024FL4247号

跨域趣探:小学科学跨学科教学探析
KUAYU QUTAN:XIAOXUE KEXUE KUA XUEKE JIAOXUE TANXI

徐晨来 著

责任编辑:郑祖艺
责任校对:朱春玲 蒋云琪
封面设计:闰江文化
版式设计:散点设计
排　　版:李　燕
出版发行:西南大学出版社(原西南师范大学出版社)
　　　　　地址:重庆市北碚区天生路2号
　　　　　邮编:400715
　　　　　市场营销部电话:023-68868624
印　　刷:重庆亘鑫印务有限公司
成品尺寸:170 mm×240 mm
印　　张:17.75
字　　数:328千字
版　　次:2024年8月　第1版
印　　次:2024年8月　第1次印刷
书　　号:ISBN 978-7-5697-2612-1
定　　价:58.00元

编委会

总主编

陈 珍　朱德全

副总主编

洪 军　刘伟玲　庄小荣　潘世锋　罗生全　周文全

执行主编

范涌峰　魏登尖

编委（以姓氏笔画为序）

王天平　王正青　牛卫红　艾 兴　叶小波　朱德全
庄小荣　刘伟玲　陈 珍　陈 婷　范涌峰　罗生全
周文全　郑 鑫　赵 斌　侯玉娜　洪 军　唐华玲
　　　　　　　　　　韩仁友　潘世锋　魏登尖

总序

习近平总书记在2024年全国教育大会上指出,要实施教育家精神铸魂强师行动,加强师德师风建设,提高教师培养培训质量,培养造就新时代高水平教师队伍。《中共中央 国务院关于弘扬教育家精神加强新时代高素质专业化教师队伍建设的意见》指出,要加强中小学学科领军教师培训,培育一批引领基础教育学科教学改革的骨干。强化中小学名师名校长培养。

厦门市历来重视名师队伍的培育培养工作,根据教师专业成长规律,经二十年探索,逐步形成了"骨干教师—学科带头人—专家型教师—卓越教师"的金字塔式名师阶梯成长体系。自2021年起,厦门市教育局与西南大学开展战略合作,共同推进厦门教育高质量发展和教师队伍建设。"厦门市首期卓越教师培育项目"是由厦门市教育局与西南大学教育学部联合倾力打造的精品培训项目,也是厦门市迄今为止最高层次的教师培训项目。该项目旨在打造一支具有教育情怀、高尚师德,富有创新精神,具有鲜明教育教学思想和教学主张,在教育教学和教育科研上发挥领军作用的高层次教育人才队伍。项目以产出导向为理念,坚持任务驱动,通过个人自学、高端访学、课题研究、讲学辐射、挂钩帮扶、发表论文、出版专著、提炼教育思想、推广教学主张等方式优化培育过程。

三年琢磨,美玉渐成。通过三年的探索,围绕成为"有实践的思想者"这一核心目标,每一位卓越教师培育对象形成了特色鲜明、理念前沿的教学主张,并以教学主张为中心形成了一本专著,从而汇集成目前呈现在大家面前的"卓越教师教学主张丛书"。本丛书,既是"厦门市首期卓越教师培育项目"三年实施成果的沉淀,是每一位卓越教师培育对象思想的结晶,也是西南大学教育学"双一流"学科建设的实践成果。

仔细阅读本丛书,可以欣喜地看到,卓越教师培育对象们不仅能敏锐地捕捉到教育教学领域的难点、热点问题,揭示其中的本质规律,还能结合本地教学实际智慧地提出解决方案。总体来说,本丛书有以下三个方面的特点。

一是有较浓厚的学术气息。29位培育对象中有获得国家、省级基础教育教学成果奖的教师,有正高级教师,有省特级教师,但他们还在不断突破,追寻对教育教学本质的理解,追寻从实践到思想的蝶变,追寻高水平的专业表达。他们从实践中提炼出主张,再用主张引领实践,他们在书稿中融入了理论的阐释,学会了建构模型,并借助模型简洁地表述自己的教育教学思想,读起来不生涩也不单调。

二是有较强的系列探索味道。《义务教育课程方案(2022年版)》提出,应做好学段间的教育教学衔接。29位培育对象中,既有教育科研专职人员和学校的管理者,也有班主任、一线教师等,研究成果覆盖了小学、初中和高中的大部分学科,最终形成了29本培育对象教学主张的专著和1本全景式呈现卓越教师培育的经验和初步成效的论著。因此,本丛书既有基于教育者几十年教学实践的思想提炼,又有深入课堂的案例剖析,可以"用眼睛来读",作为教师专业发展的自读文选;也可以"用行动去做",作为教学范例直接进入课堂实践,在行动研究中孵化、创生;也适合专门研究者或管理人员参阅,从中窥探从小学到高中的教育教学重点与发展脉络。

三是有鲜明的课程育人特色。本丛书的撰写以学科课程为载体,以学科课程核心素养为目标,积极探索新时代背景下的育人方式变革,寻求育人最佳路径,以德施教,立德树人。因此,单看每本专著,已能感受到其中鲜明的课程育人特色,综合丛书来看,这一特色更加明显。

期盼厦门市首批卓越教师培育对象大力弘扬践行教育家精神,追求卓越的步伐永不停留,不断完善、应用和推广自己的教学主张和教学成果,为厦门教育做出更多更大的贡献。也期盼本丛书能为广大中小学教师深化教学改革提供参考,为教育学"双一流"学科服务教育实践提供借鉴。

是为序。

陈 珍

(中共厦门市委教育工委书记、厦门市教育局局长)

朱德全

(西南大学教育学部部长、西南大学教育学一流学科建设"首席责任专家"、国家重大人才工程特聘教授、国务院学位委员会学科评议组成员)

序言

跨域趣探

——让学习成为生命自觉！

在这个喧嚣的世界里，每个人都在追寻着属于自己的梦想。有人选择脚踏实地，一步一个脚印地向前走；有人选择张开梦想的翅膀，勇敢地追逐。而我发现，无论是脚踏实地还是追逐梦想，都需要坚定的信念和不懈的努力。正是这份信念和努力，让我明白，每一个梦想的实现，都离不开坚定的决心和持之以恒的行动。

1995年8月，我从抚州师范专科学校（现东华理工大学抚州师范学院）生物系毕业，毅然只身来到厦门。经过深思熟虑，我选择成为一名陪伴学龄儿童成长的小学教师，在思明区群惠小学任自然科学教师一职。当时，我的导师和同学都觉得不可思议，唯有我父亲极力支持，理由很简单，他认为我个子小，做一名小学教师更合适，中学生个头都比我大，我在小学任教比较安全。这或许就是在人生路口，命运给予我的机遇，而今回首自己的成长之路，觉得充盈且珍贵。在任教的前十多年里，上好课，努力成为一个被孩子喜欢的老师是我坚持的目标和信念。我积极参加各级公开课观摩，偶有闲暇，会领着孩子们在有限的校园空间里进行各种种植和养小鱼小虾的实践活动，这也是我忙碌工作中有趣的休憩时光。后来，借着厦门市教育局和思明区教育局大力培养名师的东风，2012年，我有幸成为厦门市学科带头人培养对象，2015年成为厦门市专家型教师培育对象，2017年成为福建省"十三五"学科带头人培养对象，2020年成为厦门市首期卓越教师培育对象。曾经，我没有想到能通过教学科研来不断驱动自己的成长和提升,时至今日,这一切的经历和成果,如梦似幻,却又如此的真实和令人感动。可以说,我的成长是从朦胧到清晰,从迷茫到坚定,一步一步践行着"做自己"的过程。如今,趁着卓越教师教学主张丛书出版的机会,我梳理了我的教学主张——"跨域趣探"的挖掘、提炼和发展过程,并将这一成果分享给大家。

一、萌芽阶段(1995—2000年):寻找一种教学方式让学生学习更主动、更快乐

那时,作为一名自然科学教学的新人,我发现小学生注意力集中的时间很短,兴趣总是来得快去得也快。我在反思了自己童年的成长经历后深刻感悟到:对学习有兴趣,并能长时间维系学习兴趣是一件困难又艰巨的事情。古希腊学者柏拉图曾说过,最有效的一种教育是让孩子在有趣的游戏中学习,这引发了我的思考。成为小学教师后不久,我就开始琢磨如何利用游戏让学习更有趣。通过多方请教和查阅书刊,我尝试在教学环节中应用"轻游戏"来激发学生的学习动机。比如:在课前,组织一些小游戏来检测学生的自主学习情况;在课中,将小游戏用于导入阶段,吸引学生的注意,提高学生的注意力,有时也用一些含有知识的小游戏帮助学生学习知识;课后,用一些小游戏检测学生对知识点的掌握情况。我很快摸索出如何把游戏的机制和元素科学合理地移植到课堂教学中,特别是在合作学习、角色扮演和小组表演等环节,增加奖励、竞争等游戏元素,既能充分利用及时反馈机制,缩短评价的反馈周期,又能提升教学的针对性和时效性。

二、初探阶段(2001—2007年):探寻趣味性和探究性融合的教学方式,让学习真实发生

2001年,教育部大力推进基础教育课程改革。《全日制义务教育科学(3～6年级)课程标准(实验稿)》提出细心呵护儿童与生俱来的好奇心,培养他们对科学的兴趣,让学生亲身经历以探究为主的学习活动。为了提高学生学习的主动性,我带领学生利用教学楼的天台开展了种植玩具小南瓜、勋章菊、五彩辣椒、樱桃小番茄等活动,组织了"会走迷宫的植物""我是科学游戏小达人"等探究活动,形成了"不同探究阶段多种教学策略的运用""心脏的奥秘""胳膊是怎么动起来的"等精品教学案例。我的第一篇论文《种植——培养学生"自由研究"的沃土》获得了全国小学科学教育论文一等奖。这鼓励了我,我开始不断思考如何激发学生的学习兴趣,如何把科学课上出它特有的"味道"。后来我找到了答案,那就是小学科学教学要在科学的探究性和趣味性之间达到一种平衡。

三、发展阶段(2008—2015年):开发趣玩课程,构建趣探科学教学体系,让学习更科学

借助到上海、杭州、南京等地去观摩科学学科教学和参加培训的机会,我在课题研究的基础上,尝试聚焦以"趣探"为核心的教学新模式的构建。以福建省教育科学规划课题"小学科学的游戏开发与应用研究"助推"趣探科学"教学理念,形成学习科学知识的兴趣、科学思维的理趣、探究过程的乐趣、交流互动的妙趣、实践应用的智趣融为一体的主张内涵。通过设计"我们来养鱼""会跳舞的蛋""七色光"等经典课例,开设"我爱我家实验室""快乐科学实验角"等家校协同探究活动,引导学生在玩中学、趣中探、研中悟,加强课程与生活、家庭与学校的联系。"玩转科学——游戏中的科学与知识"课程荣获福建省精品课程并在省内得以推广。我撰写了《引领学生观察生命 培养学生"三心"的一些做法》《让鱼儿"游"进课堂——为孩子打造一次有意义的学习过程》等论文,明确以科学大概念为导向,从概念建构的视角去创设有意义的活动,以学生前概念为学习的起点,做好学习进阶助推工作,初步形成以促进学生思维提升为核心的"趣味探究"教学模式。

四、成熟阶段(2016—2020年):形成趣探进阶课程,建构小学科学立体化教学模式,让学习更高效

以"学习科学视域下小学科学学习模式创新与实践""基于大概念的小学科学趣味教学研究""基于学习科学视域小学生长时

探究的实践应用"等多项课题的推进为基础,我将小学科学立体化课程的基础(玩中学)、核心(趣中探)、延伸(研中悟)这三类课程有机融合,构成由"课程类别—学习方式—课程实施场域"组成的三维立体课程模型框架。该框架包括斜向、纵向和横向三条主线,彰显了课程结构的系统性。其中,斜线代表课程实施场域,统筹了家庭、学校、社会等不同教育环境。竖线代表课程类别:基于进阶思想,逐层递进,结合游戏化理念,开发适合家庭学习的"趣·玩"基础课程;以项目化学习为策略,开发面向学校教育的"趣·探"核心课程;以主题研究为抓手,开发面向社会教育的"趣·悟"延伸课程。横线代表学习方式,其与课程类别和实施场域相匹配,依次为非正式学习、正式学习和混合式学习。该课程模型建构了以"四学四思"完整循环为思维型探究流程的基本框架,以学习进阶为目标的家庭学习模式、课堂探究教学模式、社会课堂学习模式,形成了小学科学"5·4·3"立体化教学模式,建构了较为完整的课程育人体系。

五、深化和推广阶段(2021—2024年):提炼"跨域趣探"教学主张,不断丰富其内涵机制,让学习成为一种自觉

2021年12月,"基于深度学习的小学科学游戏应用和实践"荣获厦门市思明区第二届教学成果奖二等奖。2022年6月,"走向深度学习——小学科学游戏化教学创新实践"荣获2022年全国中小学科学课程实施典型案例。2022年12月,"跨域趣探:小学科学立体化教学模式创新与实践"荣获福建省教学成果奖一等奖。2023年6月,全国教育科学规划教育部规划项目"基于场馆视阈的科学研学课程建设实践研究"结题并荣获优秀等级。2023年8月,《学在现场:小学科学场馆研学课程的开发与实践》专著出版。2024年6月,《大概念统摄的小学科学课程设计与实施探新》一文在《课程·教材·教法》上发表。经过一步一个脚印地实践、梳理和再实践,我对跨领域、跨学科、跨场域的教学有了更深刻的感悟。"跨域趣探"的四个特征——趣形、探真、炼思、跨域也愈发清晰。期望我的教学主张能够帮助孩子们在跨学科学习的道路上形成学思同频、知行合一的探究世界的方法和建构自我的学习路径,让"我主动学、我爱学、我会学"成为每一个孩子的学习理念,让学习成为一种生命自觉。

本书是在我多年勤耕于小学科学教学实践和研究的基础上,在西南大学教育学部导师团队的精心培养下,在导师艾兴教授的指导下完成的。在此,我要感谢参与研究的厦门市徐晨来名师工作室的小伙伴们。这几年,我们围绕跨学科学习进行深入探究,通过学习和实践,在思辨与审视中不断提升,用实际行动诠释了探究即成长的理念。感谢在成书过程中给予大力支持的厦门市教育科学研究院、西南大学出版社及其图书编辑人员。感谢你们的支持,感恩你们的参与,正因为你们的付出,这本书最终才能变得如此立体。

从小到大,我对写作会有一些畏难情绪。我的第一本专著是基于五年的课题研究,一边实践一边梳理而成的,算是"慢工出细活"。这是我的第二本专著,对我来说,它的出版是一个不小的挑战。一是本书稿是个人教学主张理论建构和实践的真实样本,作为一名小学科学教师,我内心充满惶恐。二是本书稿的整体撰写时间比较短,留给自己"磨蹭"的时间不多,压力一直在,而文稿进展甚慢,为此我常是"痛并快乐着"。三是在撰稿的过程中,我始终希望最终打磨成型的这本书,能给科学跨学科教学的老师带去启发和帮助。探索的过程固然艰辛,但当我敲完最后一个字,欣欣然闭上眼,身子靠上椅背,时间仿佛停在那一刻,过往的工作与生活如电影般逐帧回放,一切的章回文篇仿佛穿越了语言与时空,从多元走向共生。胡适先生的"三味药方"——"问题丹、兴趣散、信心汤"让我明白:每个人都有可能遇到各种各样的问题,唯有竭尽全力找到解决问题的办法,才能不断地在学习中成长和进步;每个人都要培养一点除专业以外的兴趣爱好,才能让自己的人生更有趣味;要始终保持坚定的信心和坚忍不拔的意志,只有扬起自信的风帆,才能抵达成功的彼岸。

千言万语,感谢遇见。这本书浓缩了我个人一些关于梦想、信念和努力成长的故事,希望读者能从中得到启发。"跨域趣探"

倡导基于智慧创新和真实实践,促进学生完成主动学习、科学学习、自由学习的进阶式成长。但是,学习不是学生的"专属",教师的学习也应该是一种自觉行为和人生价值观,即通过不断学习,勇敢地追寻自己心中的梦想,不畏艰难,不惧挑战,坚定地向着成功的彼岸稳步前行。让我们一起踏上这段充满希望和勇气的旅程,去探寻属于自己的璀璨星光。

徐晨来

2024 年 7 月 26 日 于西南大学丹桂楼

目录

第一章 发展理脉:小学科学跨学科教学的基本概述

　　第一节　我国科学教育的历史发展……………………………004
　　第二节　小学科学跨学科教学的内涵……………………………012
　　第三节　小学科学跨学科教学旨归与价值实现……………………025

第二章 理论矩阵:小学科学跨学科教学的理论基础

　　第一节　哲学理论基础……………………………………………032
　　第二节　教育学理论基础…………………………………………039
　　第三节　心理学理论基础…………………………………………047

第三章 跨域重构:小学科学跨学科课程类型和设计

　　第一节　小学科学跨学科课程的类型与结构……………………058
　　第二节　小学科学跨学科主题课程的设计………………………083

第四章 趣探科学:小学科学跨学科教学的主要操作策略

　　第一节　小学科学跨学科教学的方式方法………………………102
　　第二节　小学科学跨学科教学策略………………………………110
　　第三节　小学科学跨学科教学评价体系…………………………125

第五章　跨域趣探：小学科学跨学科教学主张范式探析

第一节　"跨域趣探"的概念阐释……………………………142

第二节　"跨域趣探"教学主张的内涵…………………………146

第三节　"跨域趣探"教学主张的"三·三·三"模型……………164

第六章　案例评析：跨学科教学的案例分析与实施

第一节　"趣·玩"课程（基础课程）："爱眼小侦探，守护'视'界大冒险"课程设计和实施……………………………188

第二节　"趣·探"课程（核心课程）："我是密码小达人"课程设计和实施……………………………208

第三节　"趣·悟"课程（延伸课程）："预制菜止步校园餐桌背后的秘密"课程设计和实施……………………………226

第七章　多维审视：小学科学跨学科教学的多维审思与未来畅想

第一节　平面到立体：跨学科教学整体育人的视角……………250

第二节　单一到多元：跨学科主题学习发展的视角……………255

第三节　开放与限制：跨学科课程建设边界的视角……………259

第四节　真实与虚拟：跨学科教学媒介创新的视角……………263

参考文献……………………………267

第一章

发展理脉:小学科学跨学科教学的基本概述

知识发展经历了一个从古代的整体化到近现代的专业化再到当代的综合化的过程。随着人类交往方式的全球化、社会关系的复杂化以及社会结构的系统化,新知识、新思想以学科交叉融合的方式呈现在公众面前。学科整合的产生,主要是为了适应知识总体性发展的需要和社会生活总体性反思的需要。2022年,教育部新修订了义务教育课程方案和课程标准(2022年版)(下文简称新方案和新课标),站在政策理论的高度对跨学科主题教学应该如何教、如何学和学什么等问题作了系统的规定。它明确要求"各门课程用不少于10%的课时设计跨学科主题学习"。跨学科教学是新课标对小学科学教学提出的新要求,是激发学生科学学习兴趣,聚焦学生高阶思维培育和促进学习方式变革的重要途径。为践行新方案和新课标中的教学理念,推动小学科学教学发展,引导学生进行跨学科学习,本章回顾爬梳了我国科学教育的产生与发展,探明科学跨学科教学到底是什么以及为什么要开展科学跨学科教学,从更深入的角度认识跨学科主题教学理论意涵的逻辑起点,回归科学课程标准对科学课程性质、科学课程目标以及科学课程价值的解读,厘清科学跨学科教学的内涵和特征,从而理解科学跨学科教学的价值和意义,为探索科学跨学科教学的有效策略奠定基础。

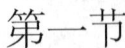 跨域趣探:小学科学跨学科教学探析

第一节 我国科学教育的历史发展

当今世界正处于百年未有之大变局。科技革命和产业变革迅猛发展,发展机遇与挑战并存。大国博弈日益激烈,突破关键技术"卡脖子"等问题,实现拔尖科技创新人才自主培养已成为新时代的重大战略任务。自主培养拔尖科技创新人才,根基在于构建高质量科学教育体系,持续培养大批具备科学家潜质的青少年,中小学科学教育肩负重要的历史使命。① 从"格致""理科""自然"到"科学",我国的科学教育发展至今,曾多次针对基础教育阶段的正式和非正式科学教育进行改革部署,对已有科学教育实施经验不断梳理、总结,以加速推进新时代科学教育的战略性转型升级,并取得了一定的进展。课程标准作为国家管理和评价课程的指导性文件,决定着我国课程的发展方向。本节以1904年以来的小学科学课程标准(教学大纲)作为研究对象,通过文献梳理,揭示其变迁历程,挖掘其演变规律,以深刻理解科学跨学科教学产生和不断发展的时代背景,指明科学课程改革与发展的未来走向,这对帮助教师理解新课标背景下科学跨学科教学的核心要义具有重要意义。

本节结合课程标准(教学大纲)的发展背景,展示我国科学教育内容的变迁。按发展阶段和内容形式将其划分为五个阶段:1904—1948年为第一阶段(从设科到科学启蒙);1949—1977年为第二阶段(从复制到独立探索);1978—2000年为第三阶段(从完善到初步成型);2001—2021年为第四阶段(从深化到体系建构);2022年至今为第五阶段(从迭代到创新崛起)。

一 从设科到科学启蒙:学科素养的萌发期(1904—1948年)

我国近代科学教育的先河开创于晚清的洋务运动时期,距今已有百余年的历史。② 1904—1948年是科学学科素养萌芽的阶段。这一时期,科学课程经历

---

① 郑永和,苏洵,谢涌,等.全面落实做好科学教育加法 构建大科学教育新格局[J].人民教育,2023(19):12-16.
② 高守宝,樊婷,王晶莹.70年来小学科学课程中学科能力的沿革与发展——基于课程标准的文本分析[J].上海教育科研,2019(12):26-30.

了从开设科学课程到科学教育启蒙的过程。尽管我国古代科学教育较为发达，但在1903年以前我国并未单独设置科学课程[1]。后来，为贯彻"中学为体，西学为用"的教育方针，1903年（清朝光绪二十九年），清廷命张百熙、荣禄、张之洞根据日本学制拟订学堂章程，并于1904年1月颁布《奏定学堂章程》（也称癸卯学制，下文简称《章程》）。《章程》规定小学堂开设"格致"，这是我国最早的科学课程，标志着我国科学教育开始走上现代科学教育的发展之路。[2]彼时，"格致"科的核心教学目的是使学生了解自然物的基本知识、自然物之间的联系以及自然物与人的联系，让学生能够应用于日常生活，唤起学生对自然界的探究兴趣，加强人与自然间的联系，培养学生将知识应用于实际生活的能力，增强学生的观察和推理意识。

1912年，《小学校教则及课程表》正式发布，它是我国小学科学课程标准（教学大纲）的雏形。《小学校教则及课程表》在原来《章程》的基础上增加了"进授物理化学之重要现象""理科务授以适切于农工、水产、家计等事项"，要求使儿童能够领悟自然物体和现象及其之间的相互关系，以及自然与生活的联系，以锻炼他们的观察力并培养他们热爱自然的心态，领悟自然与人之间的关系，将自然科学意识植于课程之中。1922年，壬戌学制颁布，小学（初等教育）改为"四二制"，在小学校开设了社会和自然科目，"自然"之名由此而来。1929年，《中小学课程暂行标准》公布，小学高年级的历史、地理和部分卫生课程被并入社会科目，个人卫生课程被并入自然科目，小学低年级的社会和自然合并为常识科目。1937年以后，我国进入全面抗战时期，中华人民共和国成立前的课程标准修订基本上是简单地参照日本，引进现成的内容，课程内容主要反映农村生产和生活的需要，反映城市的内容相对较少，侧重将实践论的认识路线服务于革命和政治。[3]1942年颁布的《小学高年级自然课程标准》，其内容与1936年的自然课程标准基本相同，但它倾向于扩大科学与技术的占比，并对课程的具体项目进行了更详细的划分。

整体来看，这一阶段，我国小学科学课程标准及大纲框架、结构慢慢变得清

---

[1] 蔡海军.我国小学科学课程发展的过程及特点[J].湖南师范大学教育科学学报，2003，2(5)：70-73.
[2] 周新奎.小学科学课程标准研究与实施[M].济南：山东教育出版社，2004：4.
[3] 蔡海军.我国小学科学课程发展的过程及特点[J].湖南师范大学教育科学学报，2003，2(5)：70-73.

晰。同时,这一时期,我国社会动荡,科学课程的建设处于模仿阶段,在课程的设置方面参考了日本和一些欧美国家的先进经验,但其课程内容结合我国国情融入了大量具有时代特色的政治性内容。

二、从复制到独立探索:自然分科体系的恢复(1949—1977年)

从中华人民共和国成立到改革开放前,是科学教育发展从复制到独立探索的阶段。1949年中华人民共和国成立,国家政治、经济、社会、文化发生巨大变化,教育事业也焕然一新。1950年,教育部草拟的《小学课程暂行标准初稿》包括了《小学中年级常识课程暂行标准初稿》和《小学高年级自然课程暂行标准初稿》,该标准沿用了以前的课程纲要。1952年,国家将课程标准更名为教学大纲,并颁发试行《小学暂行规程(草案)》,在智育目标中提到要使儿童具有自然的基本知识,将知识与技能结合。从1953年到1956年,我国课程建设全面模仿苏联的"教学"语系,如"教学计划""教学大纲""教科书"等专门术语,形成了"苏联"式的中小学教学计划[①]。1955年,在苏联开展综合技术教育的影响下,教育部颁发的《小学教学计划》引入了新的科学教育精神,使我国小学科学课程中的基本技术教育得以丰富。1956年,我国学习苏联开展生产技术教育,制定了中华人民共和国成立后的第一个自然教学大纲——《小学自然教学大纲(草案)》,规定小学低年级的自然科内容结合语文科进行教学,小学高年级设置"自然专课"。但在此期间,我国尚未建立起属于自己的科学学科体系。1958年,我国开始第三次课程改革,这也是我国开始独立探索课程改革的一个标志。经过一系列的修正,1963年,我国踏上了自主探索小学科学课程发展之路,新颁布的《全日制小学自然教学大纲(草案)》,将常识改为"自然",直接砍掉了1~4年级的自然课,只规定了5~6年级的教学任务。它强调要扩大儿童的知识领域,培养儿童热爱科学的品德,为儿童进一步学习和未来参加劳动打下必要的基础。1966—1976年,全国的教育机构和学校普遍处于半瘫痪状态,各地自行编制《科学常识》教材,全国不再采用统一的学制、教学计划和教材,这导致科学教育质

---

① 刘昕.新中国70年基础教育体育课程改革嬗变与展望[J].北京体育大学学报,2019,42(11):43-56.

量大幅度下降。在该时期,小学科学课程标准(教学大纲)经历了从发展到停滞的过程。

总体来看,这一阶段我国小学科学教育经历了以苏联为蓝本到后来自主探索的过程。相较以往,这一阶段课程标准(教学大纲)的编排无论是在目标还是内容上都更加科学、系统。

三 从完善到初步成型:综合科学课程体系的初步形成(1978—2000年)

1978—2000年,科学教育发展进入第三阶段。1978年,党的十一届三中全会顺利召开,会后党和政府开始施行一系列改革开放政策,使国民经济迅速恢复、发展。科学教育改变以往过于强调为生产劳动服务的课程观,纠正了科学课程变成农业基础和工业基础知识教授的观念。20世纪80年代初,以刘默耕先生为代表的自然教育专家们,研究和引进了"探究-研讨"式教学法,正式翻开了中国科学课程改革的新篇章[①]。1981年,教育部颁布《全日制五年制小学教学计划(修订草案)》明确指出要根据"四化"要求,加强小学自然科学常识教育,培养少年儿童从小爱科学、学科学、用科学的志趣。

此后,《中共中央关于教育体制改革的决定》(1985年)和《中华人民共和国义务教育法》(1986年)的颁布,为中小学教育建立了基本的制度和法律框架,加快了我国中小学教育改革,使我国教育发展进入到一个崭新阶段。1985年10月,在联合国教科文组织亚太地区教育办事处和中国联合国教科文组织全国教育委员会委托原中央教育科学研究所举办的中学理科教师能力研讨会上,正式提出在中国实施STS(科学、技术与社会)教育的问题。随后我国在北京、四川、山东等省份先后开展了STS课程实施的实验,STS教育的实施成为这一时期科学课程改革最具代表性的成果,它逐渐将科学概念、内容与社会、技术和经济因素联系起来,并强调学生应成为科学课程学习中的主人[②]。1986年,国家教委颁布《全日制小学自然教学大纲》,小学自然成为小学阶段的一门重要基础学科。1988年颁布的《九年制义务教育全日制小学自然教学大纲(初审稿)》指出小学自然是对学生进行科学启蒙教育的一门主要学科。1992年,国家教委颁布《九

[①] 张啊媛.改革开放三十年小学科学课程演进研究[D].长春:东北师范大学,2013:16.
[②] 张啊媛.改革开放三十年小学科学课程演进研究[D].长春:东北师范大学,2013:17.

年义务教育全日制小学自然教学大纲(试用)》,将自然学科确定为"义务教育小学阶段的一门重要基础学科",并初步建立了一套适合我国国情的小学自然课程体系。

这一阶段,在新的教育理念的影响下,我国科学教育的课程内容和教学大纲发生了明显变化,我国小学科学课程也进入了创新发展的新阶段。具体表现在两个方面:一方面,科学教育倾向于促进学生发展,培养普通公民的素质,具有一定"大众教育"的特征[①];另一方面,体现出我国基础教育以提高全体国民的科学素养为目标,教育目标侧重由精英化培养向大众教育转变,这也是这一阶段我国小学科学教育创新发展的一个标志。

四 从深化到体系建构:新科学课程体系的建构(2001—2021年)

2001—2021年是科学教育不断完善的阶段。进入21世纪以后,2001年6月,教育部颁布《基础教育课程改革纲要(试行)》,大力推进基础教育课程改革,调整和改革基础教育的课程体系、结构、内容,构建符合素质教育要求的新的基础教育课程体系。2001年制定的义务教育各科课程标准,是继1952年之后,再次使用"课程标准"来命名我国基础教育教学的指导性文件。2001年,《全日制义务教育科学(3~6年级)课程标准(实验稿)》(以下简称2001年版《科学课标》)将小学科学定位为"科学启蒙课程",并将培养学生的科学素养作为小学科学教育的宗旨,提出"科学学习要以探究为核心。探究既是科学学习的目标,又是科学学习的方式。亲身经历以探究为主的学习活动是学生学习科学的主要途径"。这一理念旨在改变我国小学科学教育探究能力培养比较薄弱的情况,适应科学教育界流行的"动手动脑做科学"的国际趋势。2001年版《科学课标》将科学知识划分为三个部分:生命世界、物质世界、地球与宇宙。同时,对科学知识的表述变得更加概念化、系统化。

2017年,教育部印发《义务教育小学科学课程标准》(以下简称2017年版《科学课标》),在吸收课程改革相关成果的基础上不断完善和深化,顺应了国际科学课程改革的趋势。首先,2017年版《科学课标》重新定义了小学科学的课程

---

① 张正严.70年来我国高中物理课程内容中"伴随含义"的变化研究[J].基础教育课程,2019(24):54-62.

性质,明确了其在培养学生科学兴趣、探究精神和创新能力方面的基础作用。在全球科技迅速发展的背景下,这样的定位有助于从小培养学生适应未来社会所需的科学思维和技能。其次,其课程设计思路强调科学知识与实践能力的结合,以物质科学、生命科学、地球与宇宙科学、技术与工程四大领域为学习内容,形成了一个既包含基础知识又注重实践操作的课程体系。这种设计旨在促进学生全面发展,使学生不仅掌握知识,还能运用科学方法解决实际问题。同时,它将科学课程的学习提前至一年级,这表明了国家普及科学教育的决心,以保证所有小学生都能接受系统的科学教育,缩小城乡、区域间科学教育资源的差距。再次,2017年版《科学课标》强调了科学探究目标,鼓励学生通过观察、提问、假设、实验、论证等过程主动学习,这与传统的"灌输式"教学形成鲜明对比,有利于激发学生的主动性和创造力。除了知识技能的学习,2017年版《科学课标》还重视学生科学态度、科学伦理和社会责任感的培养,如实事求是、追求创新、合作分享等,帮助学生树立正确的科学世界观和价值观。最后,在实施建议中,2017年版《科学课标》提出了适应新课程目标的教学建议和评价建议,鼓励教师采用多样化教学策略,为学生提供多样化的学习机会,同时倡导正确认识过程性评价和总结性评价,关注学生学习过程中的表现和成长。可以说,2017年版《科学课标》是一个具有全面性、前瞻性,注重实践的指导性文件,它的实施对提升我国小学科学教育质量,培养未来科技创新人才具有深远意义。

概而言之,2001—2021年,我国小学科学课程经历了显著的变革和发展,这一历程不仅见证了科学教育理念的深化,更是小学科学课程体系建构的重要里程碑。2001年版《科学课标》的颁布,为小学科学教育注入了新的活力,推动了科学教育的深化。而2017年版《科学课标》的修订和完善,则是对这一深化过程的进一步巩固和提升。它不仅实现了科学课程在小学阶段的全程开设,还通过新增技术与工程内容,强调社会与环境责任等内容,丰富了科学教育的内涵,提升了科学教育的价值。这一时期的科学课程变革,不仅推动了科学教育内容的丰富和教学方法的创新,更重要的是,它构建了一个系统化、结构化的科学课程体系。这个体系以探究式学习为核心,以物质科学、生命科学、地球与宇宙科学、技术与工程四大领域为支撑,形成了一个既注重知识传授又强调能力培养,既关注科学精神又体现人文关怀的科学教育框架。从历史的角度来看,这一深化体系建构的过程,对于提升我国小学生的科学素养,培养他们的创新精神和实践能力具有重要意义。

五 从迭代到创新崛起：素养时代科学课程体系的建构（2022年至今）

2022年，新修订的义务教育课程方案和课程标准正式发布，以核心素养为导向，明确课程教学要求，力争实现"减负增效"突破，科学教育进入了一个新的历史发展时期。《义务教育科学课程标准（2022年版）》（以下简称《科学课标（2022年版）》）实现了中小学九年一贯的科学课程整体建构，强调学科核心素养的落实，相较于将确定性的知识传递给学生，更强调让学生通过知识去认知世界、习得方法，以应对现实世界中的变化与挑战。《义务教育课程方案（2022年版）》明确指出要把"强化课程综合性和实践性"作为推动落实核心素养发展目标的重要支持，以"设立跨学科主题学习"的方式来实现，以不少于10%的课时要求为保障。此外，新课程方案建构的科学内容体系已从分学科的离散式呈现转变为以大概念为核心的结构化呈现。这种连贯的内容体系强调对科学内容的概念性理解，强调挖掘科学知识背后的模式和潜在原理，即以大概念为导引，以科学观念为指向，形成进阶的、有结构的横向连贯、纵向联系的"大"学习领域，以促进学生形成对科学的整体认知，为学生提供跨领域自主探索的机会，助力他们在不同情境间进行学习迁移。

自《科学课标（2022年版）》发布以来，我国科学教育步入了从迭代到创新崛起的新征程，这一转变不仅是对国内科学教育传统的继承与发展，更是在全球教育变革的大背景下，对核心素养导向下科学教育的全面革新，标志着我国科学教育正式迈入素养时代，并与国际科学教育接轨。《科学课标（2022年版）》在继承前人智慧的基础上，进行了更为深入和系统的创新，特别是它将核心素养明确为科学课程的核心目标，不仅体现了教育理念的深化，也彰显了科学课程从知识传授向能力培养、从学科本位向学生本位的转变。更为重要的是，它强调了跨学科整合的重要性，通过提炼学科核心概念与跨学科概念，构建了更为系统、连贯的课程结构，为培养学生的综合素质和创新能力提供了有力支撑。在国际视野下，《科学课标（2022年版）》的这一创新举措与我国科学教育国际化、现代化的需求是相适应的。当前，全球科学教育正朝着跨学科、综合性、实践性的方向发展，我国科学课程变革正是对这一趋势的积极响应。通过跨学科教学，学生不仅能够更好地理解科学知识的内在联系，还能够锻炼综合运用多学科知识解决实际问题的能力，从而更好地适应未来社会的发展。

综上所述，从时代背景看，人类已经进入知识经济时代，这是一个以知识共享、知识创造为特征的高度信息化时代[1]。这一时期的科学教育内涵呈现出新的变化。一是科学教育对象广泛面向全体公民,而不仅仅是精英群体;二是教学目标更加强调提升学生以科学素养为核心的综合能力;三是学习过程由注重个体内部的知识建构延伸至更加关注真实情境中的集体实践[2];四是教学方式更加注重跨学科,强调科学与工程实践;五是教学场景和形式由学校的正式科学教育拓展至校外的非正式科学教育和网络学习环境下的科学教育。这些变化反映出新时代我国立德树人要求和可持续发展意识在科学教育中的渗透,体现出当前我国小学科学课程育人价值的诉求和社会发展对于提高公民素质的迫切期望[3]。"培养学生的核心素养,为学生的终身发展奠定基础"是我国现行小学科学课程的总目标,科学核心素养的培养对于学生综合素质的形成和发展至关重要,这也是我国大众教育崛起的一个标志。

---

[1] 秦瑾若,傅钢善.STEM教育:基于真实问题情景的跨学科式教育[J].中国电化教育,2017(4):67-74.
[2] 裴新宁.重新思考科学教育的若干概念与实施途径[J].中国教育学刊,2022(10):19-24.
[3] 李猛,陈汇雯,王后雄.《义务教育小学科学课程标准》关键词统计比较分析[J].中小学教师培训,2020(7):59-62.

跨域趣探:小学科学跨学科教学探析

第二节　小学科学跨学科教学的内涵

立足于小学科学教育的产生与发展,跨学科教学这一教学方式的转变将成为小学科学教育改革的重要突破口,它有利于推进小学科学教育高质量发展。回归科学课程标准的解读,在课程性质方面,科学学科本身就是一门融合了多领域知识与方法的综合性课程,跨学科教学能为学生提供多学科的视角,培养学生的科学思维,使学生能够创造性、发散性地解决问题;在课程目标方面,科学课程总目标是培养科学核心素养,具有科学核心素养的学生能够认识到科学、数学和技术等是相互依赖、相互促进的[①],而跨学科教学能够促进学科之间的融合互动,在一定程度上可以促进学生科学核心素养的养成;在课程价值方面,跨学科教学能够促进学生潜能的开发,发展学生的个性,使其适应未来社会发展需求,更有利于科学课程价值的实现。在立足时代背景,了解了科学教育的发展历程后,本节着重探讨跨学科教学的概念、特征。首先,从词源角度入手,挖掘跨学科的内涵,并对跨学科概念的发展历程进行梳理;其次,结合小学科学教学的特点,分析小学科学跨学科教学的内涵;最后,通过对科学课程特征的把握,具体论述小学科学跨学科教学的一般特征和本质特征,便于科学教师掌握跨学科教学的真谛。

 跨学科教学的发展流变

在教育研究中,只有对已有研究进行较为全面、系统的梳理,明确已有的研究成果,找出仍需解决的问题,确立后续研究的起点与方向,才能站在前人的肩膀上继往开来,这是研究工作的重要前提[②]。关于跨学科教学(interdisciplinary teaching)的研究由来已久,自20世纪60年代以来,跨学科教学逐渐成为教育领

---

① 董艳,孙巍,徐唱.信息技术融合下的跨学科学习研究[J].电化教育研究,2019(11):70-77.
② 袁顶国.从两极取向到有机整合:主题式教学研究[D].重庆:西南大学,2008:5.

域必不可少的组成部分。

(一)跨学科的产生与发展

1.孕育和兴起阶段(隐性自发阶段)

在科学发展的早期,由于社会生产力水平和人类认知能力有限,哲学这一知识体系涵盖了当时的各种知识,呈现出高度的综合性。但由于科学尚未分化,这种综合性更多是对现实世界的整体把握。那时的科学巨匠研究的是天地万物及其之间的联系,各学科并未独立,处在孕育状态。后来,生产力水平的提高推动社会分工的规模不断扩大,工人在生产过程中日趋专业化,人们也开始从不同角度研究世界。1543年,哥白尼发表的《天体运行论》是近代自然科学诞生的主要标志。之后,伽利略开创了实验与数学相结合的研究方法,推动了物理学、化学、生物学和地质学等一系列自然科学学科的出现。科学逐渐得到系统和全面的发展,一个个学科接连迈开了独立前进的步伐,不少科学研究活动开始孕育着跨学科思想。具有代表性的有,德国教育家赫尔巴特提出的"相关综合课程论",这是历史上最早对综合课程问题进行系统论证的理论。他认为,综合的课程应以德行或意志为教育的终极目的,应把不利于形成完整人格的、孤立的教材彼此关联,实现以德行陶冶为目的,以道德知识为教材核心依据的教学内容的统整。

在科研方面,一些科学家出于自己的研究兴趣和需要,不断进行各种跨学科尝试,并产生了众多突破性成果。这一阶段最具代表性的事件包括17世纪上半叶解析几何学的建立以及19世纪下半叶物理化学的创立。解析几何学由笛卡尔和费马创建,他们将图形与方程结合起来,体现了几何学和代数学的交叉;物理化学始于俄国科学家罗蒙诺索夫在德国进修化学和冶金学时,应用物理方法解决化学问题,之后经由荷兰化学家范托夫、德国物理化学家奥斯特瓦尔德和瑞典物理化学家阿伦尼乌斯的进一步发展而创立,是包含化学热力学、化学动力学和电化学等分支在内的一门交叉学科。

整体上看,在20世纪以前,跨学科的发展演进一方面源于个别科学家的研究兴趣,他们通过引入其他学科的理论、方法来研究当下学科无法解决的问题,进而产生突破性的研究成果或一些具有交叉性质的新兴学科;另一方面则来自大学对知识专门化弊端的回应,在强调综合课程重要性的背景下,学校在课程内容组织上的边界逐渐开放。因此,这一阶段的跨学科是以一种无意识的状态悄然进行的,可以把它看作跨学科的隐性自发阶段①。

2.探索和发展阶段(显性自觉阶段)

"Interdisciplinary"一词的正式提出是在20世纪20年代中期,1926年哥伦比亚大学著名心理学家伍德沃思教授最早使用该词,旨在促进多个学科间的研究。之后,学科界限不断被突破,一方面是由于科学自身的发展,另一方面也和解决问题的社会需求分不开。从科学发展来看,20世纪前半叶,随着各种新兴技术的出现,人们对自然界和社会的认识,无论是微观还是宏观方面都大大扩展。科学的快速发展带来了不同领域的频繁碰撞,促进了不同学科专家的合作对话。从社会需求来看,特别是为了满足第二次世界大战中的军事需求,美国联邦政府拨款在大学建立各种实验室进行科学研究,如麻省理工学院对雷达的研发,芝加哥大学对原子核裂变的控制研究,以及加利福尼亚大学在洛斯阿拉莫斯的实验研究等,这些任务导向型的研究促使不同领域的科学家进行跨学科、跨部门的广泛合作。这一时期对跨学科的发展起到了重要的推动作用。此后,跨学科研究在实践探索与理论建设中不断深入。

二战后,美国的快速发展加大了各界对跨学科研究的需求。跨学科研究因受到政府的大力支持而迅速发展,这种支持促成了科学界、商业界和军界之间一系列的大规模长期合作,以及大量跨学科工业实验室和跨学科研究机构的成立。随着学术界越来越多的学者表现出对打破学科边界活动的兴趣以及政府对大学资助基金的不断增加,许多大学纷纷创立各种跨学科研究机构。例如,麻省理工学院在原聚焦于雷达研发的辐射实验室基础上,又建立了电子实验室等多个跨系、跨学科的实验室和研究中心②;斯坦福大学也于1947年成立了该校第一个独立的跨学科研究实验室——汉森应用物理实验室,通过不断满足政府和社会的需求,斯坦福大学在短短20年间跻身全美最顶尖的研究型大学行列③。之后大学的跨学科研究逐渐延伸到普遍的跨学科教育以及对跨学科创新人才的关注,促使跨学科实践在美国发挥了重要作用。

---

① 杨小丽,雷庆.跨学科发展及演变探讨[J].学位与研究生教育,2018(4):54-59.
② 文少保,杨连生.美国大学跨学科研究组织变迁的路径依赖[J].科学学研究,2010,28(4):535-541.
③ 文少保.美国大学跨学科研究组织变迁与运行治理研究[D].大连:大连理工大学,2011:31.

跨学科的广泛实践引发了学术界对基于非传统学科范式的知识活动的理论思考和经验总结[①]，特别是到了20世纪70年代，关于跨学科理论的探讨热度达到了顶点。1970年9月，首届跨学科问题国际学术讨论会在法国尼斯大学召开，该会议对跨学科问题做了系统、全面的探讨。会后出版的文集 Interdisciplinarity: Problems of Teaching and Research in Universities 被称为"关于跨学科的重要文献"，书中记载的跨学科观点和理论极具代表性，为后来跨学科的发展奠定了坚实的理论基础。之后，另一本重要著作 Interdisciplinarity and Higher Education 出版，该书主要就跨学科定义、跨学科方法、跨学科设计与管理，以及跨学科教育进行了系统的讨论。随着跨学科的蓬勃发展，跨学科理论不断深化。1990年，一直研究跨学科问题的克莱因（Klein）教授出版的专著 Interdisciplinarity: History, Theory, and Practice 标志着跨学科理论开始进入一个系统、全面发展的新时期。

综合来看，20世纪20年代之后可以看作跨学科发展的显性自觉阶段。在这个阶段，跨学科逐渐成为一个专门的研究对象，并主要聚焦于以下几个方面：首先是跨学科科研，主要提倡进行多个学科之间的合作研究，以促进科研成果的产出；其次是跨学科理论建设，主要围绕跨学科的概念、层次、分类、形成机制、科学地位等进行探讨；最后是跨学科教育，主要强调培养能适应日益复杂化与多元化社会的复合型人才。

(二)跨学科学习概念的产生

跨学科学习的基本定义最早由英国学者汉弗莱（Humphreys）在20世纪80年代提出，他认为，跨学科学习是指学生积极广泛地去探索与现实生活中某些问题的解决相关联的不同学科的知识，在问题解决过程中，实现多学科范围的综合学习，促进知识和技能的发现、发展与应用。[②]美国著名跨学科研究者克莱因强调围绕主题的知识整合，认为跨学科学习是学习者创造性地围绕某一主题的多门学科知识进行融合，对主题属性进行多维度探索的过程。[③]拉德克(Lttu-

---

[①] 刘小宝.论"跨学科"的谱系[D].合肥：中国科学技术大学，2013：109.

[②] 董泽华，卓泽林.基于项目学习的STEM整合课程内涵与实施路径研究[J].中国电化教育，2019(8)：76-81.

[③] 田娟，孙振东.跨学科教学的误区及理性回归[J].中国教育学刊，2019(4)：63-67.

ca L.R.)从学习目的的角度指出跨学科学习的核心在于整合知识,这一过程需要实现多个学科之间的跨越与联动,其目标在于培养学生多维度看待事物的视角,以及鉴别、比较、联系和综合的能力素养,帮助他们解决复杂的问题。[1]国际文凭组织(国际范围内提倡跨学科学习的主要机构之一)从关注认知生成性的角度对跨学科学习进行了定义,认为跨学科学习是学生对两种或两种以上学科(或学科组)的知识和认识方法生成理解,并将它们整合在一起以产生新的理解的过程。国际文凭组织还指出了跨学科学习的三个特征及衡量标准:第一,跨学科学习以产生跨学科理解为目的;第二,跨学科学习根植于学科思维;第三,跨学科学习实现学科间的有机整合[2]。还有学者也对跨学科学习的相关内涵进行了探讨。沃尔(Wall)等人认为跨学科学习的实施应该保持每一学科自身的学科特色,并将重点放在某一特定学科的学习上。莫里森(Morrison)等人与之持不同的观点,他们强调跨学科学习是为了打破学科壁垒,对问题解决有更新颖、更广阔的看法,并对复杂问题之间的关系有更深刻的理解,因此不需要过度重视某一学科或关注学科界限。

我国关于跨学科学习的理论研究起步较晚,主要集中于高等教育,但随着课程改革的深入推进,跨学科学习的相关理论与实践研究也呈良好的发展趋势。学者杜芳芳等在关于高校本科教学的改革路向研究中提到,跨学科学习是一种基于问题的学习,这一学习过程包括认知参与与情感参与的有机统一、自我导向与合作共享的双向互动、事实理解与意义生成的和谐融通。[3]董艳等人认为,跨学科学习是通过整合多种学科的内容,构建新的体系或方法,解决特定问题的过程。它的重点在于不同学科之间的交叉融合,以产生全新的解决方案。[4]张华从课程观与学习观的视角对跨学科学习的性质进行了多维讨论后得出:跨学科学习是一种基于跨学科意识的课程和学习方法,其主旨是以两种或两种以上的学科观念和跨学科观念来解决真实问题。它不仅是以跨学科意识

---

[1] 李克东,李颖.STEM教育跨学科学习活动5EX设计模型[J].电化教育研究,2019(4):5-13.
[2] 吕丹丹.大学生跨学科学习研究——以南京T大学为例[J].佳木斯职业学院学报,2018(12):210-212.
[3] 杜芳芳,李任敏.基于问题的跨学科学习:高校本科教学的改革路向[J].高教探索,2015(10):82-86.
[4] 董艳,李心怡,丁国胜,等.高校跨学科创新人才培养的多元路径研究[J].清华大学教育研究,2024,45(5):78-88.

为核心的课程观,还是一种以深度综合性和探究性为基本特征的学习方式,同时也是一种以综合主题为呈现方式的独特课程形态。[1]还有学者以学科学习为立足点,对跨学科学习的内涵进行了进一步解析,他们认为跨学科学习是以某一研究问题为核心,以某一学科课程内容为主干,整合两种或两种以上学科知识或方法,实现问题解决的综合性学习方式,具有实践性、综合性、探究性、开放性、可操作性等特点,其目的是促进学生学科核心素养的提升和高阶思维技能的发展。

综上所述,众多学者基于不同的视角和侧重点对跨学科学习的内涵进行了界定与讨论,他们对跨学科学习的内涵有如下共同认识:①关于跨学科学习的前提,都强调基于学科知识与思维;②关于跨学科学习的过程,都聚焦特定主题下多学科的整合与问题解决;③关于跨学科学习的结果,都着眼于综合素养的发展。但共性中也存在着理解的差异,主要体现在对于跨学科学习过程中学科立场的把握,有的研究者提出跨学科学习必须要立足于某一学科的学习,以某一学科的课程学习为侧重点或主轴。而有的研究者认为跨学科学习指向学生综合素养的发展,不需要区分学科界限与学科间的主次关系。因此,对于跨学科学习内涵的正确把握需要在基于共性认识的前提下,结合具体的现实情境去讨论。

(三)跨学科教学概念的发展

在跨学科学习概念的基础上,美国学者舒梅克(Shoemaker)于1989年提出"跨学科教学"这一概念,并将其定义为在教学过程中超越学科间的界限,整合课程的各方面,从而建立有意义的、内在的联系,促使学生在更广阔的领域进行学习。雅各布斯(Jacobs)在对课程的跨学科教学这一方法进行回顾时,将跨学科教学定义为一种知识观和课程方法,认为跨学科教学就是自觉地运用来自多个学科的方法论和语言去解决一个中心主题或者问题[2]。詹姆斯·比恩(James Beane)主张跨学科教学就是围绕综合主题组织课程[3]。20世纪90年代中期,德

---

[1] 张华.跨学科学习:真义辨析与实践路径[J].中小学管理,2017(11):21-24.
[2] JACOBS H H. Interdisciplinary curriculum: design and implementation [M]. Alexandria: Association for Supervision and Currriculum Development Press, 1989: 8.
[3] BEANE J A. Turning the floor over: reflections on a middle school curriculum [J]. Middle school journal, 2015, 23(3): 34-40.

国主张的跨学科教学是教师以一个学科为中心,选取一个中心题目后运用不同学科的知识展开加工与设计。根据此概念,德国各州文化部长常务会议制定了关于对高中学生所学学科的继续开发及毕业考试的规定,各州开始倡导跨学科教学方式,对中小学教学大纲、教学方式等展开了讨论并着手实施。

国内关于跨学科教学的研究起步不算晚,1996年,华东师范大学第一附属中学为突破分科课程的局限,提高学生的综合素质,开展了具有开创性的跨学科行动研究[1]。随着课程改革的推进,熊梅(2001)提出跨学科教学可以成为课程标准中实现综合实践活动的方式之一[2]。历经多年的发展,关于跨学科教学内涵的研究也更加丰富。孙杰(2016)认为跨学科教学是一种打破原有教学习惯并超越单纯的学科教学目标的全新的教学方式和思维方式,它在多学科教学过程中建立各学科知识与能力之间的横向联系并进行整合。汤新华(2009)认为跨学科教学指将不同的学科知识融合在一起,由教学团队合作进行教学,打破学科壁垒,促使学生综合能力的提高[3]。郑思晨(2013)基于教育是培养人的一种社会活动,提出跨学科教学是通过跨学科的研究与学习,培养具有复合知识、综合能力与整体素质的创新人才的社会活动。此外,于国文等人(2017)认为跨学科教学即跨越学科间的界限,应注重学科之间的内在逻辑关系,建立学科间的联系并将学科进行整合,从而实施整合后的多学科融合教学[4]。

总的来说,关于跨学科教学的定义,主要包括中心学科、活动项目、概念间的关联等要素[5],其本质内涵主要有以下几点:①跨学科教学只是课堂教学的形式之一,并不是唯一途径,不能取代分科教学;②跨学科教学基于两个或两个以上的学科,建立学科之间有意义、有价值的联系,学科本身的内在逻辑和连贯性大于学科之间的整合[6]。

---

① 刘定一.高中生跨学科研究活动辅导[J].上海教育科研,1998(9):1-8.
② 熊梅.浅谈综合实践活动课程实施的样态特征[J].中国教育学刊,2001(3):54-56.
③ 汤新华.跨学科教学:与美国校长、教师的对话[J].中小学管理,2009(11):48-49.
④ 于国文,曹一鸣.跨学科教学研究:以芬兰现象教学为例[J].外国中小学教育,2017(7):57-63.
⑤ 彭云,张倩苇.课程整合中跨学科教学的探讨[J].信息技术教育,2004(4):96-101.
⑥ 田娟,孙振东.跨学科教学的误区及理性回归[J].中国教育学刊,2019(4):63-67.

二 小学科学跨学科教学的内涵萃取

(一)小学科学跨学科教学的特性萃取

要明确小学科学跨学科教学的内涵,必须回归小学科学教学的基本属性。

第一,从课程性质来看,《科学课标(2022年版)》明确了义务教育科学课程是一门体现科学本质的综合性基础课程,具有实践性。它强调学生需要综合运用物质科学、生命科学、地球和宇宙科学、技术与工程等领域的知识和方法去理解自然现象和解决实际问题。因此,小学科学是一门融合了多领域知识与方法的综合性课程。

第二,从课程目标来看,小学科学课程总目标是培养学生的核心素养(包括科学素养),为学生的终身发展奠定基础。具有科学素养的学生能够认识到科学、数学和技术等是相互联系、相互促进的,而跨学科教学能够促进学科之间的互动,在一定程度上促进学生科学素养的养成。

第三,从课程实施来看,科学思维是科学活动过程的核心,也是科学学科最本质的特征。科学教学过程中,学生理解自然现象和解决问题的过程就是培养科学思维、发展科学素养的过程,而跨学科教学能为学生提供多学科的思维和视角,促进学生创造性、发散性地解决问题。

第四,从课程价值来看,跨学科教学能够促进学生潜能的开发,发展学生的个性,以适应未来社会发展需求,更有利于小学科学课程价值的实现。

(二)小学科学跨学科教学的问题解析

结合跨学科的内涵,基于小学科学教学中跨学科教学的分析,小学科学跨学科教学就是指以小学科学这一教学科目为中心,在科学学科中选择一个综合性问题,围绕这个问题进行教学加工和教学设计,促使两门及两门以上有内在联系的学科产生互动[1],引导学生在问题情境中综合运用知识解决问题的一种教学方式。在这里需要强调的是:

第一,跨学科教学中的"问题",不是单一学科的问题,而是涉及多门学科的复杂问题,是一个综合性问题。

---

[1] 杜惠洁,舒尔茨.德国跨学科教学理念与教学设计分析[J].全球教育展望,2005,34(8):28-32.

第二，跨学科教学是教师以综合性问题为中心，着重培养学生问题解决能力和创新能力的过程，在这个过程中产生所谓的"跨学科知识"。

第三，跨学科教学的本质是基于问题实现的领域之间、学科之间的融通，并非强行在知识之间进行"搭桥"，也就是说，跨学科教学必须在多门学科知识中寻找共同因子，建立学科间的内在联系[①]。

第四，相对于常见的分科教学，跨学科教学是一种新的教学方式，通过不同学科之间的互动，为学生提供多学科的视角和思维来认识本学科的知识内容[②]。

三 小学科学跨学科教学的主要特征

在探讨小学科学跨学科教学的特征之前，我们需要认识到，随着教育理念的进步和教学方法的创新，跨学科教学已成为提升学生综合素养的关键途径。小学科学跨学科教学打破了传统学科的界限，促进了知识融合，为学生构建了更完整、更丰富的认知体系。梳理其特征不仅有助于我们更深入地理解这一教学模式，还能为教育实践提供有益的指导和启示，从而更好地推动小学科学教育的发展。

（一）一般特征

1. 真实性

分科教学的目的是将知识应用于生产生活，跨学科教学则是基于生产生活的真实情境和问题而展开的。在跨学科教学过程中，学生要先分析信息，在情境中发现问题，寻找任务目标；然后根据任务目标，调动已掌握的知识技能，运用到新的问题解决的过程中，并从中习得新的知识技能。这个过程是通过已学知识与学习情境的双向互动完成的。跨学科教学情境可以说是跨学科学习开展的起点，因此，问题情境的创设格外重要。一个有趣的问题情境往往能够吸引小学生的注意力，引发其积极思考；问题情境贴近生活，贴合学生的生活经验，学生才能利用自己已有的知识技能，拓展知识范围，提高能力。同时，设置

---

① 田娟,孙振东.跨学科教学的误区及理性回归[J].中国教育学刊,2019(4):63-67.
② 梁燕.高中思想政治课跨学科教学存在的问题及对策研究[D].桂林:广西师范大学,2018:16.

的问题难度要适中,有一定的挑战性,这样才能在适应学生认知水平的同时,激发其更强烈的求知欲,增强学生的学习动机。

2.实践性

实践性特征是跨学科实践的首要特征。实践是学科育人的重要途径,跨学科实践是以学生为主体,基于真实问题解决的实践活动。因此,学生可以在应用跨学科知识分析和解决实际问题的过程中,自然而然地提高动手操作的实践能力。跨学科实践是一个开放的实践过程,强调学生亲身经历和动手操作。实践活动的形式应丰富多彩、不拘一格,可以是科学课程学习中常用的"科学探究",也可以是其他综合实践活动中常用的"设计制作""现场调查"等不同的活动形式。

《义务教育课程方案(2022年版)》指出,义务教育要"使学生有理想、有本领、有担当,培养德智体美劳全面发展的社会主义建设者和接班人"。为落实这一目标,该课程方案同时提出了"变革育人方式,突出实践"的基本原则。《科学课标(2022年版)》在此基础之上进一步明确指出,义务教育科学课程要兼顾基础性和时代性,加强与生产生活、社会发展及科技进步的联系。要注重知行合一、学以致用,体现科学课程的基础性、实践性等特点。跨学科教学实践同样强调必备品格和关键能力的培养,注重运用知识技能促进解决现实问题所需的思考力、判断力、表达力以及人格品性的提升[1]。要转变育人方式,培养关键能力,实践是必然路径,将实践纳入跨学科课程结构之中是发展学生核心素养的必然选择。

3.多样性与开放性

开放、多元、弹性与封闭、单一、刚性相对应,多样性与开放性具体表现在两个方面。一是主题的包容性大、可进入性强,每个学生都能找到自己进入的"触点"。二是学习的过程与结果选择性强、可变通,允许多种可能性,包容多种结果,为学生发挥主体性充分提供机会。当然,开放不是漫无边际的,也不是没有基本要求的。开放性反对教师强制、干涉和指定,但并不忽视教师的作用,反而特别强调教师的设计、启发和引导作用。

---

[1] 钟启泉.基于核心素养的课程发展:挑战与课题[J].全球教育展望,2016,45(1):3-25.

跨学科教学的多样性和开放性源于其与社会生活和科学研究的高度相似，即过程和结果都是不确定的，这种不确定性带来的无限可能，正是跨学科教学的魅力。然而，越是开放自由的活动，就越应该提前设置好边界和要求，要保证跨学科教学的过程是有意义、有价值、有教育性的。教师要向学生阐明每一项行动在整体活动中的重要意义，引导学生顺利完成学习活动。比如，在布置"环境地图绘制"的活动任务时，教师要明确"地图三要素齐全、版面布局合理、绘制精良"的具体要求，同时要求学生"调查过程要完整、有逻辑性，并能针对调查结果提出针对性建议"。这一任务涉及数学、语文、道德与法治等学科，学生可以任选自己想绘制的内容，有自由发挥的空间，但同时教师对学生也提出了明确的要求：通过数据分析与地图绘制，学生要经历自主审慎的思考，发现问题并提出有效建议。明确的要求和清晰的边界能够确保活动的价值和意义，保障学生在跨学科主题学习中发展核心素养。

4.探究性与主动性

跨学科教学的最大特点是不再局限于知识的传授，而是在教学过程中充分体现学生的探究性和主动性，因此其过程是由教师引导，学生主动学习来完成的。学生主动学习的过程包括：主动发现情境中的问题；自主分析问题，进行探讨、猜想；独自或小组合作解决问题，验证猜想。这些都是通过学生自主探究、动手操作完成的，在探究的过程中，学生运用已有知识经验，内化知识，构成新的知识体系，并进行应用；明白学习科学的意义，能够运用所学知识解决生活中的实际问题。学生在实验探究过程中，一般以小组为单位，对情境问题共同进行探讨，制订计划，并分工完成任务；最后小组汇合，分享任务完成情况，进行反馈和修改以达到最终目标。可以看出，跨学科教学任务的完成是多人协作的结果，跨学科教学的探究过程也是具有协作性的。教师在组织小组合作时，要合理分组，善于引导，使每位学生都能在小组中发挥作用，这样不仅可以帮助小组达到学习效果，也可以使学生的学习效率得到提高。学生在小组协作探究的过程中，能提高人际交流、沟通协调等能力。

(二)本质特征

1.跨学科性

跨学科性是指超越单一学科界限,整合不同学科的知识、方法和思维方式来解决问题的特性。在科学跨学科教学中,这一特性具有深远的含义和重要的价值。跨学科性强调将不同学科的知识体系进行有机融合,形成一个更加全面、深入的理解框架。首先,跨学科教学意味着不再局限于某一特定学科的知识点,而是将相关学科的知识联系起来,共同解释和探究自然现象或社会问题;其次,它鼓励学生在解决问题时,跨越学科界限,灵活运用多种学科的研究方法,如实验、观察、调查、模拟等,以获取更全面、准确的数据和证据;最后,它注重将理论知识与实践相结合,促进不同学科思维方式的交流和碰撞,助力学生形成多元化的思维方式,学会从不同角度审视问题,提出更具创新性的解决方案。

跨学科性是科学跨学科教学的本质特性。它强调知识的整合、方法的融合和思维方式的碰撞,旨在培养学生的综合素养、创新精神和实践能力。这不仅要求学生具备跨学科的知识和技能,还要求学生形成良好的综合素养,使他们能够更好地适应复杂多变的社会环境。

2.综合性

分科教学将知识进行系统分类,成体系地教授给学生,被认为是目前最快速、有成效的教学方式之一,能在较短时间内,让更多的学生建立起学科体系,形成学科思维。但是当学生走出校园后,他们会发现,面临的问题大多不是单一的简单问题,而是需要运用多学科知识组合,或者利用多元思维方式去解决的复杂问题。如果某些学科知识掌握不牢,某些学科能力有所欠缺,或者分析解决问题的能力不足,那么学生也无法充分发挥其专业学科的优势。

以学科为中心的教学体系明晰了学科知识的边界,强化了学科间的隔离,使学科知识走向专业化。由此,在分科课程体系中实施跨学科教学,必须打破学科间的壁垒,对多学科的教学目标、教学内容及教学方法进行整合。跨学科教学目标的整合不是多学科教学目标的简单相加,而应体现"1+1>2"的教学效果,以核心素养为统领,要求学生在获得知识和技能的基础上,生成更高层次的思维能力。在教学内容的整合上,跨学科教学强调围绕发展学生的核心素养来设计跨学科主题,精选具有关联性的学科知识,搭建不同学科间的桥梁,使多学科知识走向融合,增强其迁移及综合育人价值。在教学方法的整合上,教师应聚焦教学主题的类型,分析主题所涉及的学科知识,综合运用各学科的非主流的教学方法,如吟诵法、实验法、探究法等,丰富教学形式,发挥综合教学方法的独特育人价值[①]。

综上所述,真实性、实践性、多样性与开放性、探究性与主动性是小学科学跨学科教学的一般特征。跨学科教学要结合真实生活,激发学生的实践与探究兴趣,使个人在参与群体活动的过程中,能够运用两种或两种以上学科的知识、信息、理论等探究具有真实意义的、与学科知识应用相关的难题,并整合相应观点提出解决方案,以促进学生对知识的深度理解。跨学科性和综合性是小学科学跨学科教学的本质特征,强调学科间的关联与整合,提示教师在开展跨学科教学时,不能只重视某一学科知识和技能的教授,更要关注学科之间显性或隐性的联系,并在此基础上,结构化组织教学内容。

---

① 田娟,孙振东.跨学科教学的误区及理性回归[J].中国教育学刊,2019(4):63-67.

第三节 小学科学跨学科教学旨归与价值实现

小学科学跨学科教学作为一种蕴含高阶思维的教学范式,是新课程改革背景下教师教学实践转型升级的全新发展方向,为新时代科学教师培育学生核心素养提供了新的教学理念与教学方式。因此,厘清、明晰并探索小学科学跨学科教学旨归与价值实现,既有助于科学教师有效认知、理解和践行跨学科教学,也对促进学生跨学科主题学习有所裨益。

跨学科教学连接教师和学生两大核心主体,旨在形塑学生核心素养,是整合两种或两种以上学科内容而开展的主题式、问题式和项目式综合性教学实践活动。《义务教育课程方案(2022年版)》明确提出,课程标准编制要"坚持素养导向,体现育人为本",要"基于核心素养培养要求,明确课程内容选什么、选多少,注重与学生经验、社会生活的关联,加强课程内容的内在联系,突出课程内容结构化,探索主题、项目、任务等内容组织方式"。不难发现,小学科学跨学科教学既是对科学学科教学内容的重新组织(打破教师教学内容编排的学科逻辑),也是对教学方式的创新变革;一边重视学生跨学科主题学习的学科实践,一边又要反映教学知识观的迭代升级。小学科学跨学科教学的关键在于教学内容与教学方式,而这两个关键因素的深层次要求则在于教学知识观。可以说,教学知识观、教学内容和教学方式是理解和把握新时代跨学科教学意蕴和价值的"钥匙"。据此形成的"教学知识观→教学内容"的静态组织、"教学知识观→教学方式"的动态实践和"教学内容↔教学方式"的体悟构建,透射出小学科学跨学科教学的结构性价值、实践性价值和迁移性价值[1]。

---

[1] 朱德全,彭洪莉.新时代跨学科教学的价值旨归、思维转向与实践理路[J].课程·教材·教法,2024,44(6):52-59.

一　倒逼课程整合：构建结构性跨学科知识体系

教学依托课程，然而课程向来不是一种价值无涉的载体，而是价值选择的结果[1]，基于整合思维的小学科学跨学科课程也是如此。从"教学知识观→教学内容"的静态组织来看，跨学科教学要求课程的教学知识、课程内容更加结构化、体系化，因而强调学科知识之间、学科课程之间的整合，比如以大概念、大主题和大单元为节点和纽带，优化学科课程的教学内容结构。基于此，在科学课程体系保持不变的情况下，推动跨学科课程整合，是跨学科教学结构性价值的深刻体现。与此同时，我们要坚守科学课程是跨学科课程建设逻辑起点的基本原则，跨学科课程整合不仅是一个理论问题，而且是一个实践问题。由此可见，小学科学跨学科教学必须处理好跨学科课程与科学课程的关系及其整合问题。

小学科学跨学科教学的关键在于将学生的知识有机融入生活，有效设计并开展科学教学实践活动，这将倒逼小学科学跨学科课程整合。一方面，科学教师要辩证看待跨学科课程整合，跨学科课程与科学课程二者之间是相互依存的关系。跨学科课程整合实际上是对科学课程进行解析与重构的过程，所创设的跨学科课程以学科课程为基本材料和生长土壤，是对学科课程的梳理演绎和有机整合。基于课程的知识属性、人本属性和社会属性，教师可以依循学科知识整合取向、儿童经验整合取向、社会生活整合取向等设计和构建跨学科课程[2]。另一方面，科学教师对跨学科课程的构建仍然要根植于科学课程，特别是要处理好主体科学课程与其他学科课程之间的关系，即"1"与"X"的关系。事实上，美国的"一体化课程"、英国的"交叉课程"、德国的"合科教学"、加拿大的"综合学科群"、日本的"综合学习"等学科统整实践，早已提供了学科课程整合的有效经验。我国也对学科课程整合进行了探索。诸多学科课程重构实践证明，缺少良好的结构化主题设计与项目设计，会影响学科课程整合质量，致使教学效果不升反降。为此，李学书(2019)提出跨学科课程整合应当重视以下两点。一是合理选择主题。跨学科课程整合在主题选择上可以借鉴波斯纳(Posner)的六类课程整合主题，分别为探究导向主题、鉴赏导向主题、问题导向主题、决策力导

---

[1] 徐继存.学校课程建设的辩证逻辑[J].教育研究,2018(12):48-55.
[2] 李学书.STEAM跨学科课程：整合理念、模式构建及问题反思[J].全球教育展望,2019,48(10):59-72.

向主题、技能导向主题、个人成长导向主题[①]。二是科学设置结构。跨学科教学的关键点在于课程内容的结构化设计,实现从知识点到知识结构,再到学习单元的顺畅转化,促使学生在学习和体验的过程中构建知识体系,发展关键能力,形成必备品格。因此,小学科学跨学科课程整合在内容设计与结构设置上,可以遵循学科课程内容综合化设计、跨学科课程内容主题化设计、面向生活实践项目式设计等思路。

二 牵引主题学习:践行"实践性"科学教育理念

诚如马克思(Marx)所言:"全部社会生活在本质上是实践的。凡是把理论引向神秘主义的神秘东西,都能在人的实践中以及对这种实践的理解中得到合理的解决。"[②]小学科学跨学科教学是一种蕴含高阶思维的教学方式,融实践于其中,带动学生以跨学科主题学习的方式参与实践,在实践中理解、掌握、运用知识,最终淬炼成关键能力,内化成科学学科核心素养。从"教学知识观→教学方式"的动态实践来看,小学科学跨学科教学强调探究实践,注重"做中学",引导学生参与学科探究活动,由此彰显出小学科学跨学科教学的实践性价值,让学生在问题发现与解决、知识构建与运用的跨学科主题学习实践过程中形成科学学科核心素养。新课程方案也强调了跨学科教学这一新兴教学理念与教学方式,以促进学生的跨学科主题学习。跨学科主题学习是超越知识识记、指向素养培育的主动式学习,寻求真实性,回归探究性,强调创造性。因此,为有效引导学生进行跨学科主题学习,科学教师在跨学科教学中扮演的角色和发挥的效用须有所转变。一方面,在教学角色扮演上,科学教师应充当跨学科课程设计、组织和实施的平等对话者、积极创设者和行动引领者;另一方面,在教学效用发挥上,科学教师的教学能力应从传递力向创造力转变,视野应从学科视野向课程视野转变,教学作用应从控制者向引领者转变。

---

① 李学书.STEAM跨学科课程:整合理念、模式构建及问题反思[J].全球教育展望,2019,48(10):59-72.
② 马克思,恩格斯.马克思恩格斯选集:第1卷[M].中共中央马克思恩格斯列宁斯大林著作编译局,译.北京:人民出版社,2012:135-136.

三 形塑核心素养:培育迁移性创新思维能力

"双基"时代,科学教学关注的是学生对基础知识和基本技能的掌握;"三维目标"时代,科学教学落脚在学生知识与技能、过程与方法、情感态度与价值观的培育上;"核心素养"时代,科学教学转向聚焦学生核心素养的形成[①]。相较于科学学科围绕学科知识内容的设计教学,小学科学跨学科教学以培育学生核心素养为主轴,更加关注人的全面发展,即更加重视课程与教学的育人价值。事实上,从教学内容与教学方式的双向互动关系来看,小学科学跨学科教学注重为学生创设真实情境,通过有机耦合学生所学知识和实践经验与现实世界、真实社会的内在关联,促使学生能够举一反三、融会贯通,最终形成灵活处理复杂情境与问题的综合能力,即形塑学生的核心素养,凸显跨学科教学的迁移性价值。作为培育学生核心素养的关键举措,小学科学跨学科教学主张科学育人要面向生活实践,旨在打破学科壁垒,避免陷入"知识至上"的教育陷阱,追求学科教学服务学生全面发展和适应社会发展需要的价值理念。核心素养是在一定情境中积极调动和运用知识、技能、态度来有效应对和解决现实复杂问题的综合素质,因此培育学生核心素养的首要前提便是将学生置身于真实问题情境中,促使学生沉浸式深度参与发现问题、解决问题的全过程。小学科学跨学科教学作为整合两种或两种以上学科内容而开展的主题式、问题式、项目式综合性教学实践活动,具有整合性、实践性、创新性、开放性等特征。由此可见,小学科学跨学科教学完全契合培育学生核心素养的时代诉求。一方面,小学科学跨学科教学能为学生创设真实问题情境,帮助学生吸收和运用知识,引导学生自主、自愿和自发解决问题,促使学生形成融会贯通、学以致用的知识体系和关键能力;另一方面,小学科学跨学科教学能让学生在主题学习空间中充分发展非认知能力,发展学生敢于质疑、勇于创新、善于合作等必备品格。总而言之,小学科学跨学科教学注重学生的人格构建与多元发展,能让学生的认知与非认知都得到充分发展,即"整体的人"的发展[②]。

[①] 余文森,龙安邦.论义务教育新课程标准的教育学意义[J].课程·教材·教法,2022,42(6):4-13.
[②] 朱德全,彭洪莉.新时代跨学科教学的价值旨归、思维转向与实践理路[J].课程·教材·教法,2024,44(6):52-59.

第二章

理论矩阵:小学科学跨学科教学的理论基础

第二章 理论矩阵：小学科学跨学科教学的理论基础

在当今全球化的知识经济时代，教育作为推动社会进步与科技创新的基石，正面临着前所未有的挑战与机遇。小学科学教育有着培养学生科学素养、激发创新潜能的关键作用，其教学模式与内容的革新尤为重要。跨学科教学作为一种突破传统学科界限、促进知识融合与创新能力提升的教学策略，已成为国际教育改革的重要趋势，亦是中国教育现代化进程中不可或缺的一环。本章旨在深入探讨小学科学跨学科教学的理论根基，构建一个既具有国际视野又便于一线科学教师理解的理论框架，从哲学的高度审视跨学科教学的价值导向，汲取教育学理论的精髓以明确其教育目的与实施路径，同时，借鉴心理学理论的研究成果，揭示学生认知发展与跨学科学习之间的内在联系。本章不仅是对理论的梳理与整合，更是对教育实践的深刻反思与前瞻。通过理论矩阵的构建，笔者期望能够为小学科学跨学科教学提供坚实的理论支撑，引导教育者在教学实践中勇于创新，培养学生的跨学科思维与综合素养，为科学教育事业贡献智慧与力量。

第一节 哲学理论基础

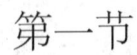

哲学理论主要关注人的本质、意义、自由、知识和价值等方面。它探讨人类存在的意义和价值,以及人类对自身和世界的认识和思考方式。杜威认为,哲学作为一种智慧,可以影响人们生活的品性。当人们面临社会制度的冲突、自我选择的矛盾以及行为态度的犹豫不决时,哲学的智慧就会发挥作用。因为只有处在这些矛盾中,人们才会思考诸如心灵与物质、经验与对象、科学与实践等哲学主题。梳理哲学理论,旨在帮助教师更好地理解自己和世界,探索人类存在的意义和价值,以及更好地实现自我和社会的和谐与发展。跨学科教学的哲学理论支撑是一个多元化的体系,主要包括实用主义、整体主义等,它们强调了实践性、整体性、主动性、开放性和复杂性等关键要素。这些哲学理论为跨学科教学提供了哲学基础和指导原则,可以帮助教育者更好地理解跨学科教学的本质和价值,以推动跨学科教学的实施和发展。

一、实用主义

约翰·杜威(John Dewey)是美国实用主义的集大成者,他非常重视教育和哲学的关系,甚至把哲学看作"教育的普通理论""广义的教育学说",他的哲学活动没有与其教育活动分开。杜威的教育思想是在20世纪初提出的,他强调教育应以生活实际需要为出发点,注重教育与社会生活的联系。杜威认为教育应该与生活实际相结合,注重学生的经验和兴趣,培养学生的实践能力和问题解决能力。他的教育思想对现代教育产生了深远的影响,成为现代教育发展的重要基石。区别于传统教育"课堂中心""教材中心""教师中心"的"旧三中心论",杜威提出了"儿童中心(学生中心)""活动中心""经验中心"的"新三中心论",在世界范围内产生了深远的影响。这一哲学理论强调真理是相对于实践情境而言的,知识必须与实践相结合才能发挥其真正的价值。

(一)杜威实用主义教育思想的主要内容

1.道德教育论

杜威认为,道德是教育的最高和最终目的。因此,在杜威的教育思想中,德育占有重要地位。杜威重视德育在学生道德养成方面的作用,主张道德教育应该贯穿于学生教育的全过程,让学生在潜移默化中完成道德价值的养成。道德过程和教育过程是统一的,甚至从广义上说,道德就是教育。在杜威看来,教育不仅传授知识和技能,还具有很强的社会属性,教育过程也应该在此基础上进行。

2.教育主体论

"教育即生长"是杜威教育主体论提出的教育理念。他主张教育要根据儿童在不同阶段的发展特点,采用符合阶段特征的教育方法,才能更好突出学生在教育中的主体地位,提高教学效果。杜威指出,教育并非传授与习得的被动过程,而是主动、有建设性的过程。因此,他主张将教育过程分为内外两个目的,对内的目的是由儿童的天性、兴趣决定的,强调要依据儿童身心发展规律与兴趣需要,去促进其生长与发展;对外则是由家长和教师赋予的社会目的。

3.教育方法论

杜威十分重视实践在教学过程中的作用,反对传统教育中呆板灌输课本知识的教育模式,认为间接传授不能发挥直接经验的作用,也难以体现学生的个体追求。因此,杜威提出了"从做中学"的教育方法,鼓励教育要以直接经验为起点,将教育和生活紧密联系起来。为了更加突出学生的主体地位,杜威提出了"思维五步法",即创设疑难情境,明确疑难所在,提出解决疑难的几个假设,推定能够解决疑难的假设,验证假设。同时,杜威在"思维五步法"的基础上,又提出了"五步教学法",即在教学过程中,教师为学生创设一个与社会经验相联系的情境,并给予学生充足的时间,对需要解决的问题进行必要准备,在准备过程中,学生会自觉对问题进行思考和假设,并会自主地将这些假设进行整合、排列,最后教师再引导学生通过实践检验方法是否有效,从而找到问题的最优解。

4.学校属性说

杜威批判美国传统教育理念中把学校当作独立社会机构的说法,他认为学校不应具有和社会对立的属性,学校应该是现实社会的雏形,是具有系统性、组织性的社会缩影,因此在道德层面,学校应该和社会共用同一套伦理体系。因为教育的终极目的就是为了培养合格公民,所以在伦理道德方面,学校与社会应该具有一致性,如此才符合教育的目标要求。杜威的学校属性说给我们带来了一些对学校和社会关系的思考,教师应改变陈旧的教育观念,让学生能够在学校中获得进入社会所需的能力和品格。

(二)实用主义对跨学科教学的启发

(1)融合德育元素,注重学生品德培养。跨学科教学不应仅仅关注知识与技能的传授,还应重视道德教育的渗透。在设计跨学科课程时,应考虑如何将道德价值观融入教学内容和活动中,使学生在学习知识的同时,也能养成良好的道德品质和社会责任感。

(2)以学生为中心,倡导主动参与学习。跨学科教学应充分尊重学生的兴趣和需求,根据学生的发展阶段和认知特点设计教学活动。教师应作为引导者和合作伙伴,与学生共同探索问题,鼓励学生主动参与、积极实践,而不是被动接受知识。

(3)教学注重实践,推行"从做中学"理念。跨学科教学应强调"从做中学",通过实践活动让学生亲身体验和探究,将理论知识与实际应用相结合。教师可以借鉴"思维五步法"和"五步教学法",设计引导学生发现问题、提出假设、进行实验验证、得出结论,培养学生的创新思维和解决问题的能力。

(4)紧密贴合社会需求,着重培养适应能力。跨学科教学应考虑社会需求,设计与社会实际问题相关联的教学内容,使学生能够将所学的知识与技能等应用于现实生活。学校应成为社会的缩影,通过跨学科教学培养学生的社会适应能力和公民意识,为社会输送具备综合素质的人才。

二 整体主义

整体主义强调以研究对象整体特征性为出发点,并以实现研究对象整体特性的完整揭示为旨归。教育领域的整体主义主张跨学科的学习和教学,认为不同学科之间存在着内在的联系并相互影响。整体主义在哲学、科学和艺术等多个领域都有体现,其中具有代表性的研究者包括柏格森、怀特海、哈肯等。以下是几位代表人物的具体理论观点。

(一)学者的理论观点

1.柏格森的观点

伯格森(Bergson)是法国哲学家,他被认为是生命哲学和直觉主义的先驱之一。他的整体主义观点主要体现在对时间的思考和对直觉的强调上,他认为通过直觉可以深入到时间的流动中,获得对事物的完整认识。具体包括:

(1)关于时间与直觉。柏格森认为时间是一种不可逆的整体流动,它不是线性的,而是包含了过去、现在和未来的连续体。这种流动不是机械的、量化的,而是充满生命的、质性的。他强调通过直觉去深入体验时间,从而获得对事物的完整认识。

(2)生命的连续性。柏格森认为生命是一个不断变化和发展的过程,它不是静止的、孤立的。生命的本质在于其连续性,这种连续性超越了空间的限制,表现为一种整体性的流动。

(3)创造性的演化。柏格森认为宇宙是一个不断创造进化的过程,这种进化不是机械的、线性的,而是充满了多样性和创造性的。他认为整体主义强调的就是这种创造性的演化过程。

2.怀特海的观点

怀特海(Whitehead)是英国哲学家、数学家,他提出了过程哲学的观点。

(1)相互联系的世界。怀特海认为,整体主义强调事物的内在联系和相互作用。他主张从整体出发来研究事物,认为一切事物都是相互联系、相互作用的,只有从整体出发才能理解事物的本质。

(2)有机宇宙观。怀特海认为宇宙是一个有机体,各个部分之间存在着密切的关联和相互作用。这种有机宇宙观强调了整体与部分之间的动态关系,以及整体对部分的决定性影响。

(3)过程哲学。怀特海提出了过程哲学的观点,认为一切存在都是过程,而不是静止的实体。这种过程哲学强调了事物的发展和变化,以及整体与部分之间的相互作用和演化。

3.哈肯的观点

哈肯(Haken)是德国物理学家,是复杂性科学的先驱之一,他提出了协同学的观点。

(1)自组织系统。哈肯认为整体主义强调系统的自组织能力。他研究了系统的各个组成部分通过相互作用可以自发地形成有序的结构的现象,并提出了协同学的理论框架来解释这种现象。自组织系统在没有外部指令的情况下,通过内部相互作用和演化,能够形成一种新的结构和功能。

(2)序参量。在协同学中,哈肯引入了序参量这一概念来描述系统中的有序结构和功能。序参量是系统内部各组成部分之间相互作用的产物,它反映了系统的整体性质和行为模式。通过序参量的演化,可以预测和控制系统的自组织行为。

(3)从混沌到有序。哈肯认为,在一定的条件下,混沌的系统可以通过内部相互作用自发地形成有序的结构。这种有序结构的形成不是偶然的,而是系统内在属性的必然结果。他认为整体主义强调的就是这种从混沌到有序的演化过程。

(二)整体主义理论观点对跨学科教学的启发

通过文献梳理,笔者发现整体主义作为一种哲学思想和方法论,在不同的领域和学科中都有体现和应用。柏格森、怀特海和哈肯等研究者的观点和研究内容(见表2-1-1)表明,整体主义作为一种思考方式和研究范式,在不断发展和深化中,为跨学科教学的研究提供了重要的理论支持和方法论指导。

表 2-1-1 柏格森、怀特海和哈肯的观点一览表

内容	柏格森	怀特海	哈肯
整体与部分的关系	强调整体与部分之间的紧密联系和相互作用。认为整体不是部分的简单组合,而是各个部分相互作用的产物。 整体具有独特的性质,是单独部分所不具备的,只有通过整体的角度才能真正理解。		
内在联系和相互作用		强调事物的内在联系和相互作用。	
动态演化和创造性	宇宙是一个不断创造进化的过程,充满了多样性和创造性。		强调系统内在的创造性和演化能力。
直觉与理性的结合	认为通过直觉可以深入到时间的流动中,获得对事物的完整认识。		

第一,整体主义强调整体与部分之间的紧密联系和相互作用,这为跨学科教学提供了一种新的视角。在跨学科教学中,各个学科的知识体系不再是孤立、分割的,而是相互关联、相互渗透的。通过整体主义的视角,教师可以更好地理解学科之间的内在联系,从而更好地进行跨学科教学设计和实施。

第二,整体主义强调事物的内在联系和相互作用,这为跨学科教学提供了一种动态的、生成性的教学方法。在跨学科教学中,教师需要关注各个学科之间的内在联系和相互作用,引导学生发现不同学科知识之间的联系和交叉点,从而培养学生的跨学科思维能力和创新能力。整体主义的方法论可以帮助学生发现知识之间的内在逻辑和联系,更好地整合各个学科的知识,形成一种综合性的认知结构。

第三,整体主义强调动态演化和创造性的重要性,这为跨学科教学提供了一种创新的教学理念。在跨学科教学中,教师需要关注学生的创造性和创新能力的发展,鼓励学生主动探索和发现新的知识和领域。整体主义的方法论可以帮助学生理解事物的内在属性和演化规律,从而更好地进行创新和实践。

第四,整体主义强调直觉与理性的结合,这为跨学科教学提供了一种综合

的教学方式。在跨学科教学中,教师需要将直觉与理性相结合,引导学生通过观察、体验和思考来深入理解事物的本质和内在规律。整体主义的方法论可以帮助学生将感性和理性结合,更好地理解知识的内在含义和价值。

第五,整体主义强调跨学科的视野,为跨学科教学构建了广阔的、开放的教学空间。在跨学科教学中,教师需要关注不同学科之间的交叉和融合,引导学生从多个角度来思考问题和探究实践。整体主义的方法论可以帮助学生跨越学科的界限,发现不同学科之间的内在联系和共同点,从而更好地进行跨学科的学习和研究。

第二节 教育学理论基础

教育学理论的发展是一个长期的过程,经历了多个阶段。从早期的直观主义、行为主义和认知主义,到后来的人本主义、建构主义等,这些理论在发展中不断演变和完善,为跨学科教学提供了深厚的理论基础。教育学理论在科学跨学科教学中起到了关键的作用,主要体现在以下几个方面:首先,指导教学设计,强调学生的主动性和实践性,注重培养学生的知识建构能力和创新能力;其次,促进知识整合,通过跨学科的知识整合,提高学生的综合应用能力和创新能力;再次,激发学习兴趣,关注学生的个体差异和特点,通过多样化的教学活动和评价方式,激发学生对科学的兴趣和热情;最后,提升科学素养,引导学生掌握科学方法,形成科学思维、科学精神和探究能力。教育学理论为跨学科教学提供了不同的教学理念和方法,有助于提高教育实践的科学性和有效性,推动教育的改革和发展。本节主要介绍深度学习理论、课程统整理论。

一、深度学习理论

在以提升素养为导向的课程与教学变革中,美国督导与课程开发协会(Association for Supervision and Curriculum Development,ASCD)的核心专家杰伊·麦克泰格(Jay McTighe)基于理解、大概念、真实性任务、核心问题、逆向教学设计、表现性评价等概念系统建构出的深度学习理论体系影响广泛,具有重要的理论与实践指导意义。该理论秉持过程取向,强调深度学习的核心在于通过高阶思维技能对知识内容的心理操作、迁移与运用,实现概念性的理解与建构。

(一)深度学习的内涵

麦克泰格提出,以知识灌输、整齐划一为取向的工厂式教育模式,已难以保证学生能够应对未来社会复杂的挑战。通过研究,他指出,传统教学过于注重知识灌输,缺乏对学生理解的关注,理解才是定位学习深度的重要标志。

麦克泰格秉持过程取向,强调深度学习是学生积极运用高阶思维技能对知识进行积极的心理操作与意义建构,并将知识迁移到新的情境之中的学习过程,这一学习过程旨在获得持久的、深入的概念性理解。深度学习的条件在于真实的问题情境,过程在于复杂情境中的知识迁移与运用,方式在于高阶思维技能的运用,结果在于获得对重要学科观念、概念的持久理解。

(二)深度学习的特征

1.深度学习是追求理解的学习

"理解"是麦克泰格深度学习理论中最核心的词。他明确提出,理解既有动词意义,也有名词意义。动词的"理解"指向能够智慧而有效地运用知识和技能;名词的"理解"指向努力去理解(动词)的结果——对一个不明确观点的最终掌握和对许多无关联的知识元素所做出的有意义的推断。他还指出,理解的内涵不是单一的,而是解释(explanation)、阐明(interpretation)、运用(application)、洞察(perspective)、共情(empathy)和自知(self-knowledge)六大维度的组合。

2.深度学习是迁移导向的学习

能将所学知识运用、迁移到多样化的、新的情境中是深度学习的重要特征。高阶思维导向下的知识迁移与实践运用是提升学生概念化理解品质,发展核心素养的关键过程。同时,该理论还强调,基于迁移的深度学习没有否认基础知识的重要性,缺乏基础知识将难以支撑学生开展有效的迁移与运用。唯有获得对知识的深度理解,才能实现相关知识的迁移。

3.深度学习是大概念本位的学习

深度学习通过揭示、建构大概念来回应知识的结构化诉求,以更好地实现知识的联系、理解和运用。深度学习旨在建构并发展较少的、较大的概念,这样既有助于学生摆脱肤浅地掌握相关学科知识的困境,也能为建构积极的、有意义的理解性大概念提供时间保障。该理论强调大概念的重要性,一方面旨在回应现代教育发展与变革的基本趋势,即知识爆炸式的增长要求学习者关注学科中少量的大概念;另一方面源自关于专家知识与新手知识的研究基础,专家知识的本质特征是围绕核心概念或大概念组织建构的。因此,指向知识迁移与运用的深度学习需要建构、理解相关大概念。

(三)深度学习理论对跨学科教学的启发

麦克泰格的深度学习理论强调学生应该通过探究、发现和实践来深入理解和掌握知识,而不是仅仅通过机械记忆或表面理解来学习。这种学习方式与跨学科教学的理念相吻合,可以说麦克泰格的深度学习理论为跨学科教学变革与核心素养的培育提供了重要参考,其理论观点可以帮助我们更好地理解和设计有效的教学策略和方法,促进学生主动学习和全面发展。

(1)强调真实情境的学习。学生应该在真实的情境中学习,这样可以帮助他们更好地理解和应用知识。在跨学科教学中,通过创设真实的、贴近学生生活的情境,引导学生主动参与、积极思考,可以培育他们的核心素养。

(2)提倡基于问题解决的学习。基于问题解决的学习方式可以帮助学生更好地理解和掌握知识。在跨学科教学中,通过引导学生解决实际问题,激发他们的学习兴趣和动力,可以提升他们的问题解决能力和创新能力。

(3)注重学科交叉的学习。不同学科之间的交叉学习可以帮助学生形成更加完整的知识体系。在跨学科教学中,通过引导学生探索和实践,可以促进他们综合素质的发展。

(4)提倡反思性学习。反思性学习可以帮助学生更好地理解和掌握知识,并促进其元认知能力的发展。在跨学科教学中,引导学生进行反思性学习,可以促进他们的知识建构和创新能力的发展,从而更好地实现核心素养的"落地生根"。

二 课程统整理论

课程统整理论最初起源于欧洲,是赫尔巴特、齐勒等课程研究者发现学校科目之间知识割裂,为建立科目之间的有机联系而提出的一种理论,后来在帕克、杜威、布鲁纳、比恩等学者的推动下,该理论逐步得到发展与完善。霍普金斯(L. T. Hopkins)于1937年发表著作《课程统整:理论与实践》,这标志着课程统整正式进入课程领域,并作为一个独立的研究问题得到关注。课程统整理论包括四个方面,分别为经验统整、社会统整、知识统整和课程设计统整。其中,经验统整一方面指把新的经验整合到一个有意义的情境中;另一方面指将过去的经验进行统整和组织,用于解决新问题。知识统整强调整体的知识观,认为知识之间都是有机联系的。这与跨学科教学注重学科知识之间的逻辑关联,帮助学生建立系统的知识观,培养学生在真实情境中解决问题的能力相契合。由于课程统整打破了内容组织环节的范畴,被视作有别于分科课程的完整的课程开发方式。[①]

(一)国外课程统整理论的发展

通过分类梳理国外课程统整理论的发展进程可以发现,国外学者对课程统整的研究存在不同的视角,见表2-2-1。

表2-2-1 国外课程统整理论的发展

时间	视角	代表人物	核心问题或观点
19世纪中期—末期	知识本位	赫尔巴特、斯宾塞等	学科之间的联系;知识的系统化;学段衔接
20世纪初期	儿童本位	杜威、帕克等	儿童人格发展;受教育者与课程开发者的统一
20世纪上半叶	社会本位	阿普尔、曼恩等	学习者与社会的统一;课程开发中的主导角色;学校课程与社会的联结
20世中期—末期	综合视角	比恩	以人为中心的、建构主义的、以主题呈现的、超越学科的整体性课程

1.知识本位的课程统整理论

19世纪中期,德国心理学家、教育家赫尔巴特提出的统觉类化学说被认为是课程统整研究的起源,该学说认为经验与知识的储存建立在类化的基础上,统觉过程是把许多感觉散片结成整体[②]。他提出了课程设计的"相关"(correlation)和"集中"(concentration)原则,这两个原则这被视为课程统整的开端。1855年,英国教育理论家斯宾塞在他的著作《心理学原理》一书中提出"合理机

---

① 刘登珲.课程统整的概念谱系与行动框架[J].全球教育展望,2020,49(1):38-53.
② 黄甫全.整合课程与课程整合论[J].课程·教材·教法,1996(10):6-11.

能整合论",这一创造性的尝试有意将分化的学科进行联结。19世纪末期,受赫尔巴特统觉论思想的影响,课程统整开始应用于学校课程设计。这一阶段的理论处于课程统整理论发展的初期,一般被归纳为以知识为中心即知识本位的课程统整理论。

2.儿童本位的课程统整理论

20世纪初期,杜威提出"儿童经验中心统整论",进一步发展了课程统整理论。杜威强调要重视儿童生活经验并在此基础上结合学校教育,以儿童的兴趣为出发点进行课程设计。帕克在同时期的主张与杜威有相似之处,他主张学校课程应该从儿童活动出发,课程设计应当是儿童活动的延伸,教学内容要与儿童的活动相关、统一整合。这类理论被归纳为儿童本位或以儿童为中心的课程统整理论。

3.社会本位的课程统整理论

20世纪上半叶,进步主义教育思潮在美国盛行,在发展中分为两个派别:"社会改造型"和"社会适应型"。以阿普尔和曼恩等为代表人物的"社会改造型"认为,学校课程有必要与社会联结,学生学习的目的是将其中的观念应用到真实的世界中,学校应围绕重要的社会议题来组织课程设计,创造民主的、高参与度的学习情境,以此来培养学生的民主意识和公民意识。这类理论被归纳为社会本位或以社会为中心的课程统整理论。

4.走向成熟的课程统整理论

20世纪50年代,比恩对已经出现的课程统整理论做了梳理,在《课程统整》一书中对课程统整做了详细的阐释。他认为真正意义上的统整课程即以人为中心的、建构主义的、以主题呈现的、超越学科的整体性的课程。比恩将课程统整分为四个方向,即经验统整、社会统整、知识统整和课程设计统整。20世纪80年代,拉塞克、维迪努基于联合国教科文组织的实例研究,发布了《从现在到2000年教育内容发展的全球展望》,就课程统整问题进行了专门研究,概括性地阐述了跨学科性课程统整命题,并设计出了课程计划的方法论框架,以实现课程统整。在此阶段,一些国家开始了统整课程的理论研究和实践改革,例如澳大利亚从八个学习领域构建了其课程体系,英国公布了整体课程方案等,它们都要求教师在教学活动中设计统整课程,培养学生的综合能力。从此,课程统整理论趋于系统化,分科课程向综合课程的转变成了一种趋势。

以上内容是通过查阅文献,从时间顺序上对课程统整理论在国外的发展情况进行的简述。国内学者关于课程统整的研究,一方面表现在对国外课程统整相关理论的研究和其对本土课程及教学的启示等;另一方面表现在针对本土课程改革所进行的课程统整的相关实践探索。综上所述,国外课程统整的发展起步较早且受社会发展、哲学、心理学等多重因素影响;国内课程统整的发展受国外相关研究的影响,主要集中在本土化的实践探索上。

(二)国内外课程统整的不同模式和研究成果

国外课程统整的模式非常丰富。例如,米什(Meeth)依据课程整合度将课程统整分为四类,即学科内部的整合、交叉学科的整合、多学科的整合、超学科的整合[1]。Brazee 和 Capelluti 依据课程统整将课程划分为传统课程、多学科课程、统整的课程以及超越统整的课程四个层次[2]。雅各布斯(Jacobs)提出的课程统整模式包括:学科本位课程、平行学科课程、多元学科课程、科际整合、统整日、完全统整方案。德雷克(Drake)提出的课程统整模式包括:传统课程、多学科课程、科目内统整、多学科、科际整合、超学科。福格蒂(Fogarty)在深入研究后提出了课程统整的三大类十种模式,包括单科统整(分立式、联立式、巢穴式)、科际统整(关联式、共享式、网状式、线串式、跨科式)和学习者统整(浸入式、网络式)[3]。

随着课程改革的推进,我国学者在理论与实践方面也积极总结和探索课程统整的形式。1998年,黄译莹从学科间、学习者与课程等方面将课程统整模式中的学科统整形态归纳为四大类,包括复科、多科、跨科、科际统整课程,将课程统整模式分为学科、己课、己我、己世统整课程[4]。2003年,周佩仪在其著作《课程统整》中归纳和比较了各类课程统整的形式,将课程统整的类型分为单一科目内的统整、维持原有科目界限的跨科统整、科目交融的跨科统整、超越科目界

---

[1] 代文利.课程整合视角下的跨学科作业设计研究[D].武汉:华中师范大学,2021:6.
[2] 唐光燕.台湾二十一世纪初国民中学实施社会科课程统整的适切性之研究[D].广州:华南师范大学,2002:9.
[3] 韩雪.课程整合的理论基础与模式述评[J].比较教育研究,2002(4):33-37.
[4] 杜政荣.课程统整的理念与实践[J].中国远程教育,2002(12):13-18.

限的跨科统整四类。有学者根据时间和范围来区分课程统整模式,例如单元、学期以及学年统整形式。张才龙等(2006)论述了学期课程统整研制的前期准备、设计的基本思路,以及具体的实例评析和评价反馈[①]。刘登珲(2018)讨论了核心素养和课程统整的契合性,认为课程统整具有层次性,并依据课程统整的层次将课程统整的框架划分为国家方案层面的、学校规划层面的、科目开发层面的课程统整[②]。此外,还有一些较为经典的课程统整模式,例如:课程统整的故事模式,该模式将"故事"作为一种学习方式来探究各种主题;课程统整的"实在"模式,该模式以时间(when)、环境(where)、行动者(who)、思想(what)以及行动(how)"5W"作为课程统整的参考框架来探究主题。这两种模式都属于超学科课程统整的范例模式。

(三)课程统整理论对跨学科教学的启发

课程统整理论起源于欧洲,经过众多学者的推动,逐步得到发展与完善。该理论强调整体的知识观和学科之间的有机联系,与跨学科教学注重学科知识之间的逻辑关联相契合。课程统整理论的发展形成了一种趋势,即分科课程向综合课程的转变。这一转变过程对跨学科教学带来了以下启发:

(1)强调知识的整体性和跨学科性。课程统整理论强调知识的整体性和跨学科性,认为知识之间都是有机联系的。在跨学科教学中,教师应注重学科知识之间的逻辑关联,帮助学生建立系统的知识观,培养他们在真实情境中解决问题的能力。通过跨学科的学习,学生可以更好地理解和应用知识,形成完整的知识体系。

(2)注重学生的经验和兴趣。课程统整理论强调经验统整,即把新的经验整合到一个有意义的情境中,并将过去的经验进行统整和组织,用于解决新的问题。在跨学科教学中,教师应关注学生的经验和兴趣,将他们的生活经验与学科知识相结合,以激发他们的学习动力和探究欲望。通过设置与学生生活相关的情境和问题,引导他们进行跨学科的学习和探究。

---

① 张才龙,严一鸣,杨向谊,等.《学期课程统整指南》研制的方法论研究[J].上海教育科研,2006(3):53-57.
② 刘登珲.促进核心素养有效转化的课程统整策略探讨[J].教育发展研究,2018(6):40-47.

（3）关注社会议题和实际应用。课程统整理论在社会统整方面强调学习者与社会的统一，以及学校课程与社会的联结。在跨学科教学中，教师应关注社会议题和实际应用，将学科知识与社会问题相结合，引导学生运用跨学科知识解决真实世界中的问题。通过这样的教学方式，学生可以增强社会责任感，提高实践能力。

（4）倡导灵活多样的课程设计。课程统整理论强调课程设计统整，即以人为中心的、建构主义的、以主题呈现的、超越学科的、整体性的课程设计。在跨学科教学中，教师应倡导灵活多样的课程设计，超越学科界限，以主题或问题为中心进行课程设计。通过跨学科的主题或问题，引导学生进行深入探究和学习，培养他们的创新思维和综合能力。

综上所述，课程统整是基于一定的逻辑，使原本分化的课程要素形成有机的整体或把未分化的经验、知识纳入学校课程的持续性行动。由分化走向统整，是当今世界基础教育课程改革的主流趋势。跨学科统整强调突破学科边界，连接不同学科，使课程形成一个有机整体，帮助学生减轻负担，形成完整的知识体系。由此可见，课程统整理论能够为跨学科教学的实施提供强有力的理论支撑[1]，教师在进行跨学科主题学习活动设计和教学时要关注跨学科课程统整。

---

[1] 彭雪.小学语文跨学科主题学习活动设计研究——以观察主题为例[D].重庆：西南大学，2023：16.

第三节 心理学理论基础

心理学是一门研究人类心理现象及其影响下的精神功能和行为活动的科学,兼顾理论性和应用(实践)性。心理学作为一门独立的科学,是从1879年德国学者冯特受自然科学的影响建立心理实验室,脱离思辨性哲学开始的。通过心理学的科学方法,教师可以更好地理解学生的认知和情感需求,以更好地设计和实施教学活动。支撑跨学科教学的心理学理论基础包括建构主义学习理论、多元智能理论、认知心理学等。心理学理论对教学研究的作用是提供科学的理论基础,为教师提供实用的教学策略和技巧,以促进学生的全面发展。

一、建构主义学习理论

建构主义学习理论是对教育领域影响很大的理论之一。建构主义学习理论引入中国后,得到了不少中国学者的重视,经过不断发展,正在逐步适应时代的发展和要求。建构主义的代表人物有皮亚杰、科恩伯格、斯滕伯格、卡茨、维果茨基等。建构主义的教学思想反映在知识观、学习观、学生观、教学观等方面。建构主义学习观的主张主要体现在学习的含义和学习的方法上。在学习的含义上,建构主义认为学习是在一定的情境即社会文化背景下,借助他人的帮助即通过人际的协作活动而实现的意义建构过程,学生要成为意义的主动建构者;在学习的方法上,建构主义认为学习应是在教师的指导下,以学生为中心的学习,既强调教师的指导作用,也强调学生在学习过程中的主体作用,学生要对知识进行主动探索、主动发现,对所学知识的意义进行主动建构。

(一)建构主义学习理论的基本观点

建构主义学习理论的基本观点主要包括知识观、学习观、学生观、教学观四个方面。

1.建构主义学习理论的知识观

建构主义学习理论的知识观认为,虽然世界是客观存在的,但是每个人对客观世界的理解都是在自身已有经验的基础上建构的,人们可以根据具体情境对具体问题进行再创造。因此,不同的人由于经验的不同,对同一事物会有着不同的理解。知识只是一种解释和假设,并不是对客观世界绝对正确的表征,它只是一种相对合理的阐述,无法对世界的普遍规律进行归纳,也不是问题的最终答案。知识对于不同事物来说有不同的特性和意义,也会随着人类思想和科学技术的进步不断地被推翻,形成新的解释。正如皮亚杰所说,知识并不取决于主体的内在结构,也不取决于其内在的性质,它是利用内在结构的中介对事物加以认识的。

2.建构主义学习理论的学习观

建构主义学习理论的学习观认为,学习应该是学生自己建构知识的一个过程,并不能让教师一味地向学生传递和灌输知识。在这个过程中,学生不是被动的信息吸收者,而是信息意义的主动建构者,这个建构过程也不能由其他人代替。建构主义学习理论的学习观认为学习主要有以下几个基本特征。

第一,学习具有主动建构性。学习者想要达到更高的知识水平,需要在自己已有的知识和经验的基础上,主动对信息进行判断和选择,促进新旧知识和经验的相互影响和整合,逐步完善自己原有的认知结构。

第二,学习具有情境性。建构主义认为,知识不可能独立于活动情境而抽象地存在,学习需要与社会实践活动结合起来。

第三,学习具有社会互动性。学习者的学习是在一定的社会环境下进行的,学习过程注重人与人之间的互动与协作。

3.建构主义学习理论的学生观

建构主义学习理论的学生观认为,学生并不是空着脑袋走进教室的。学生在以往的学习和生活中已经形成了自己丰富的知识经验,学生之间的已有知识经验是不尽相同的。在教学中,教师不能忽视学生已有的知识经验而另起炉灶,应该在每个学生原有知识经验的基础上,引导他们生长出新的知识经验。建构主义学习理论的学生观尤其强调学生知识经验的丰富性和差异性。

4.建构主义学习理论的教学观

建构主义学习理论的教学观认为,教学并不是简单的知识传递的过程,教师应该对知识进行处理和转换。这个处理和转换是指教师要倾听学生的声音,了解他们内心的想法,关注学生的观点和看法,从而想办法引导学生丰富和调整自己原有的理解。它强调教师不能一味地做知识的灌输者,而要和学生形成良性的互动,听取学生的心声,最终让学生更乐于主动地丰富和完善自己的认知结构。

(二)建构主义学习理论的教学模式

建构主义学习理论强调学生在学习过程中主动建构知识,尊重学生以往的学习和生活经验,尊重个体差异,强调充分发挥学生的主体性,强调学生学习的主观性、社会性、情境性。其教学模式主要包括支架式教学、抛锚式教学、随机进入教学等。

1.支架式教学

支架式教学(scaffolding instruction)认为,教师应该为学生理解知识提供一种概念框架,这种框架中的概念有助于学生进一步理解问题。因此,为了将学生对问题的理解逐步引向深入,教师需要提前把复杂的学习任务进行分解。这能够让学生逐渐加深对知识的理解,提高自己解决问题的能力。这一教学模式可以充分发挥学生的主体性,教师只是在学生无法解决问题时起到指导作用。

2.抛锚式教学

抛锚式教学(anchored instruction)又被称为实例式教学,这种教学模式提倡教师为学生提供一个与本课相关的情境,抛出一个具有真实性的、与学生生活相关的"锚点"问题,让学生先尝试解决较为简单的问题,理解知识的使用情境,然后再引导学生解决其他较难的问题,发展他们灵活迁移和运用知识的能力。

3.随机进入教学

随机进入教学(random access instruction)认为,同一个学习内容需要在不同的时间通过不同的途径和方式多次进行,每次的学习情境都各有差别,有着不同的侧重点,这样可以让学生在不同情境中对同一个事物或问题有不同的理解。"随机"并不是指随便地、毫无目的地进入学习,而是强调同一知识要在不同情境下呈现。"进入"也不是无意识地简单重复,而是强调对不同情境下的知识进行多维度的理解。随机进入教学能够提高学生在不同情境下多维度思考和分析问题的能力,获取对相同知识的不同理解,促进学生对知识的理解迁移,进而发展学生的发散性思维和创造性思维[①]。

(三)建构主义对跨学科教学的启发

1.倡导知识动态建构,鼓励跨学科探索创新

建构主义认为知识是相对的、动态的,每个人是基于自身经验进行知识建构的。在跨学科教学中,教师应引导学生认识到这一点,鼓励他们不仅要接受现有知识,还要勇于质疑、探索和创新。学生需要学会在不同学科间建立联系,整合知识,形成自己的知识体系,以应对复杂多变的科学问题。

2.尊重学生主体差异,引导跨学科知识建构

建构主义强调学生的主动学习和知识建构,认为学生并非一无所知地走进教室。在跨学科教学中,教师应充分尊重学生的已有知识和经验,引导他们从这些经验出发,进行跨学科的知识建构。同时,教师要关注学生的个体差异,提供个性化的教学支持,以满足不同学生的学习需求,促进他们在跨学科学习中全面发展。

3.创设真实学习情境,强化跨学科社会互动

建构主义认为学习是在一定情境下,通过社会互动实现的。在跨学科教学中,教师应创设真实、有意义的学习情境,让学生在实际情境中运用知识、解决问题。同时,应鼓励学生进行合作学习,通过交流、互动和辩证沟通来深化对知识的理解,培养他们的团队协作能力和社交技能。这样的教学方式有助于学生在跨学科学习中更好地适应社会环境,提高解决实际问题的能力。

[①] 刘栎杉.基于建构主义学习理论的高中小说阅读教学策略研究[D].长春:吉林外国语大学,2023:13.

总之,建构主义学习理论为跨学科教学提供了重要的理论指导。它强调知识的动态性和建构性,突出学生的主体性和差异性,以及注重学习的情境性和社会性。这些理念有助于教师在跨学科教学中更好地引导学生进行学习、探究和创新。

二 多元智能理论

多元智能理论是由美国的教育学家和心理学家霍华德·加德纳(Howard Gardner)于1983年提出的。多元智能理论认为,教育机会均等不仅仅指学生能获得相应的教育资源和学习资源,更意味着每一个孩子应享有均等的成才机会,每一个孩子都应有机会让自己的才华得到充分展示。加德纳在《多元智能新视野》一书中解释道,智能是一种计算能力——处理特定信息的能力,这种能力源自人类生物的和心理的本能。多元智能理论本身就是按照生物在解决每一个问题时本能的技巧构建而成的。每个人都拥有自己的优势智能领域。多元智能理论最初提出了七种智能,后增加为八种智能,分别为言语-语言智能、音乐-节奏智能、逻辑-数理智能、视觉-空间智能、身体-动觉智能、自知-自省智能、交往-交流智能和自然观察智能。多元智能理论认为人的智能是多元的,并且这种多元是开放的,人们可以不断地对智能进行挖掘。

(一)多元智能理论的相关研究

1.国外相关研究

多元智能理论一经提出,便在世界各地引起了极大反响,在心理学、行为学、生物学等领域备受关注,尤其是教育领域。许多国家的学者都开始研究或借鉴多元智能理论。在加德纳的支持和帮助下,一些教育工作者运用该理论来指导教学实践。

第一,智能评估方面。多元智能理论提出后,关注度最高的问题之一就是是否有多元智能测试。加德纳主张创设真实的、多元化的情境,通过观察学习者在活动过程中的表现和解决问题的能力来评估人的智能。

第二,学校改革和课程改革方面。多元智能理论为众多学校提供了改革的理论依据。而后美国成立了上百所多元智能学校,这些学校以多元智能理论为指导思想进行了教学改革并取得了突出的成绩。坎贝尔、狄瑾逊等人著的《多元智能教与学的策略》堪称多元智能理论与教育实践结合的范本。

2.国内相关研究

沈致隆教授是在国内宣传加德纳思想和推广多元智能理论的先锋。他翻译的《多元智能》称得上是推动多元智能理论在中国传播和应用的奠基之作。此外,我国还有很多学者都进行了相关研究,如霍力岩(2000)指出,多元智能理论对我们的教育教学改革有五个方面的启示。霍力岩(2005)还认为多元智能理论在追求平等、尊重差异、倡导合作三个方面为多元文化教育提供了新的实际支持。她总结了美国"多元智力理论实验学校研究项目"的主要成果,认为该研究对我国基础教育改革有四个方面的启示:构建新型的校园文化、提倡个性化的教师教育、加强学校艺术教育、为促进学生的理解而教。曾晓洁(2003)总结了多元智能理论的评估理念与评估原则,认为多元智能理论对我国当前的学校教育评估改革提供了理论参考。郅庭瑾(2004)认为多元智能理论是素质教育的最好诠释,并从教学设计、课堂提问、课堂讨论等方面论述了如何将多元智能理论渗透到教学当中。梅汝莉(2011)从多个角度阐述了多元智能理论在我国学校教育中的新进展。王芳(2019)对2002—2019年我国有关多元智能理论的教学研究进行了回顾和总结。可以看出,国内关于多元智能理论的著作、论文大量涌现,相关研究成果逐渐丰富。

(二)多元智能理论对跨学科教学的启发

(1)以人为本,重塑教育目标。多元智能理论强调,教育应以人为本,注重体现人的价值。在跨学科教学中,这意味着教育目标应超越单一的知识传授,转而关注学生的全面发展。教师需要重新思考并设定教育目标,确保它们不仅涵盖学术成就,还包括学生的创造力、批判性思维、社交技能等综合素养的发展。通过跨学科整合,教师可以创造更多机会,让学生在多样化的学习环境中探索和发挥自己的潜能,从而真正体现教育的人本价值。

(2)尊重差异,实施个性化教学。多元智能理论认识到每个学生都拥有独特的智能组合和潜能。在跨学科教学中,教师应充分尊重学生的个体差异,关注他们的学习风格和智能优势。为了实现个性化教学,教师需要采用灵活多样的教学策略,如分层教学、小组合作、项目制学习等。通过这些策略,教师可以更好地满足学生多样化的学习需求,激发他们的学习兴趣和积极性,进而促进他们在不同智能领域的发展。

(3)情境评估,全面反映智能表现。加德纳强调智能评估的情境化,认为智能的表现与具体情境密切相关。这提示教师在跨学科教学中,评估方式应更加多样化和情境化,以全面反映学生在不同智能领域的表现。教师需要采用项目展示、口头报告、艺术创作等多种评估方式,观察学生在实际情境中的智能运用情况。同时,注重过程评价,关注学生在学习过程中的表现和努力,以更准确地了解他们的学习状态和智能发展情况。

(4)整合资源,创新教学策略。跨学科教学需要整合不同学科的教学资源,创设丰富的学习情境。多元智能理论为这种整合提供了理论指导,它鼓励教师创新教学策略,以激发学生的多元智能。教师可以利用技术工具、社区资源、实地考察等多种手段,设计包含多种智能元素的教学活动。通过小组合作探究、问题解决、项目制学习等方式,学生可以充分发挥各自的智能优势,在互动交流中共同解决问题、完成任务,从而加强团队合作精神,提高创新能力。

第三章

跨域重构：小学科学跨学科课程类型和设计

2022年4月,教育部印发的《义务教育课程方案(2022年版)》明确指出"强化课程综合性和实践性""着力发展学生核心素养""加强学科间相互关联,带动课程综合化实施""注重培养学生在真实情境中综合运用知识解决问题的能力"。可以说,超越单一学科、注重关联性的跨学科课程开发已经成为我国基础教育领域探索人才培养的一种积极又稳妥的课程实践活动。从本质上来说,跨学科课程建设既是不同学科间价值追求与时代精神的整合,又是一种基于知识研究方法论与认识论的合作探究。正如杜威所言,课程知识并非冷漠的建构,知识本身就是从有生命、有体验的人的交互作用中得来的。

本章将阐述小学科学跨学科课程的类型和设计。笔者认为,要在梳理学界关于跨学科课程已有观点和成果的基础上,结合小学科学教学实践的特点和实际样态进行迁移和内化,经过真实的实践、论述、提升后,表达和分享项目实践后的思考。最终达成跨学科课程的建设既要"跨"得出去,又要"跨"得回来,既要认识到人的整体性,又要意识到课程整合的学科基础的目标。

第一节 小学科学跨学科课程的类型与结构

随着基础教育课程改革的深入,教育更加注重提升人的核心素养、综合技能、批判思维和创造性思维、合作能力、合作意愿、领导力、创业精神,以及在这个时代生存和发展所需要的其他关键能力和品质。学校跨学科校本课程建设逐渐成为课程改革关注的重点。无论是创新育人方式,还是发展学生的核心素养,都需要跨学科课程创新样态。对于中小学而言,要推进学校跨学科教学,需要不断地强化学科课程的关联性、综合性、层次性,实现跨学科课程的综合育人价值。本节旨在深入剖析跨学科课程的内涵、类型和设计模式,归纳阐述小学科学跨学科课程的内涵、模型和类型,以期揭示其内在规律,掌握设计此类课程的基本思路和方法,为跨学科实践提供有力支撑。

一、跨学科课程的内涵、类型和设计模式

课程即科目,课程即知识,这种观念在人们心中根深蒂固。其实,最早的课程是无学科的,到了后来才发生了分化。古代社会的课程是以综合为特征的,专门化程度很低,与严格意义上的分科课程不能相提并论。换言之,原始的课程其实是"跨学科"的,是以人们对自身和外部世界的初态认识为基础的,分科教学是近现代以来形成的教育模式。今天的跨学科课程可以说是课程发展过程的"否定之否定",更是教育对时代复杂问题的一种现实回应。

(一)跨学科课程的内涵

什么是跨学科课程?学者张紫屏(2023)认为,跨学科课程即选择一个对学生有意义的现实问题或学科主题,将问题转化为探究主题,引导学生运用两种或两种以上学科的观念、知识与方法对主题展开持续探究,形成观念物化的产品,由此发展跨学科理解及核心素养。跨学科课程着眼于跨学科思维培育和整体性人格培养,具有实践性、情境性和社会性特征。若从"目的—手段"维度来

看,跨学科课程就是以获得跨学科思维为目的,以跨学科观念和方法为手段,以解决真实问题为中介的课程理念,也是一种综合探究性质的课程形态。跨学科课程视学习为发生于具体情境中的社会关联实践,是具体、鲜活的,也是与多维社会关联互动的。

(二)跨学科课程的类型

当前基础教育领域日益兴盛的跨学科课程源于世界范围内兴起的"跨学科运动",该运动发轫于20世纪70年代。随着信息时代的到来,20世纪90年代以后,跨学科课程获得蓬勃发展。以下是国内外研究者基于学科整合和学科融合视角提出的几种主要课程类型。

1.美国中小学跨学科课程模式的主要类型

美国的跨学科活动最早出现于20世纪20年代。20世纪60年代以来,跨学科活动水平不断提高,创建跨学科课程的运动盛行于美国教育的各个阶段。美国中小学跨学科课程模式的主要类型有以学科为中心的多学科课程、以各学科共有的学习内容为中心的跨学科课程和以学生的疑问与兴趣为中心的超学科课程。[1]第一种类型为多学科课程,它以学科为中心,教师多围绕某一主题组织各学科的学习标准。创建多学科课程的方式有很多种,它们会因跨越程度的不同而显示出不同的整合水平,主要有学科内整合和融合课程。第二种类型为跨学科课程,这里的跨学科课程是狭义的,在这种课程形式中,教师围绕各学科的共有学习内容组织课程,他们挖掘不同学科中共有的学习内容,强调跨学科技能和概念的学习。第三种类型为超学科课程,在这种课程形式中,教师围绕学生的疑问和他们关注的事情组织课程,目的在于发展学生的生活技能。超学科课程主要包括两种方式:项目学习和协商课程。在项目学习中,学生学习解决局部的问题,一些学校把这种学习称为问题中心学习或位置中心学习。以上三种跨学科课程模式的跨学科程度有所不同,但在课程目标、内容、方式上存在诸多跨学科特性。与传统单一学科的教学相比,跨学科课程教学内容的设计往往围绕活动主题,内容的融合及渗透涉及多学科知识,其课程的实施强调以学生

---

[1] 林春福,杨天平.美国中小学跨学科课程模式:主要类型、教师角色及其启示[J].课程·教材·教法,2010,30(2):109-112.

的问题、兴趣和需要为生长点,强调学生的主体参与。

2.我国跨学科课程实践形态

我国学者杨四耕(2024)依据学科之间的整合程度与行动特性,将跨学科课程分为三种实践形态:一是多学科课程,即在保留学科界限的前提下,用多个学科的视角、观念和方法探究一个问题或主题,由此催生多学科理解的课程实践形态,其特点是既保持学科原有的逻辑体系,又在学科之间建立联系;二是融学科课程,即将两种或两种以上学科融合起来,模糊学科界限以生成新的思维逻辑,在探究一个问题或主题时催生融学科理解的课程实践形态,如艺术课程融合了音乐、美术、戏剧、舞蹈等学科,就可以视为融学科课程;三是超学科课程,即跨越所有学科的界限,围绕共同主题展开探究性学习,在解决问题的过程中发展超学科理解能力,综合实践活动课程就属于超学科课程范畴。[①]

3.国际科学教育STEAM跨学科课程整合模式

为了解决科学与人文割裂的问题,20世纪70年代以来,美国学者开始探索科学、技术、社会(Science,Technology and Society,STS)课程,试图打破知识中心和分科课程开发的传统,围绕科学素养的培养,通过选择相关主题促进科学教育和人文教育的融合。这后来成为国际科学教育改革运动的一个重要方向。随着相关研究的升级和迭代,这类课程后来发展为STEM(科学、技术、工程和数学)、STEAM(科学、技术、工程、艺术和数学)等,这种课程整合模式意在减少课程内容的重叠与分化,彰显知识、技能与生活的联系及其价值,强化知识的系统性。瓦斯克斯(Vasquez)等学者在充分调研和实践基础上,对STEAM课程跨学科整合模式的类型和划分依据进行了阐述。他们基于不同学科之间的交叉融合程度,以递增方式对STEAM构成的多门课程进行了一体化整合设计。这种整合设计模式按照学科之间相互依存和联系的级数进行了层次划分,包括学科整合、多学科整合、科际整合、跨学科整合模式。学科整合模式多指学科内部的知识、技能和相关概念之间的整合,在学科框架内以相对同一的知识内容为主题实现课程的统整。多学科整合模式可以分为两种类型:一是围绕两门相关学科的某些主题开发相应课程,并在相对同一的时间开展教学,如将STEAM课程

---

① 杨四耕.跨学科课程:课程变革的时代走向[N].中国教师报,2021-01-13(6).

中的数学和科学组成科学课程,技术和工程组成技术工程课程等,而两门平行学科之间的关联要靠学生自己掌握;二是围绕一个共同的主题将多个相关学科调整到一个课程单元或学程里,而各学科保持独立,整合内容分属于不同学习领域,学科特点影响整合学科的教学和评价。科际整合模式指以主题、问题、概念、基本学习内容、技能等为组织中心,或按相关课程方案和课程标准的要求,将学校课程中的所有学科有意识地统合在一起,形成大单元或学程。跨学科整合模式的特点是学科不再是课程的组织中心,取而代之的是社会生活中的现实问题,学科知识被融入单元或主题之中,成为服务于解决现实问题的主要内容,解决问题所需要的知识、技能、态度以及相应的高阶思维成为课程关注的重点。这种整合课程非常重视学生主体性的发挥以及课程与真实情境和世界的联系。[1]不管以何种视角来进行分类,跨学科课程本质上是在学科之间建立联系、实现跨越,最终让知识成为"统一体",帮助学生更好地理解和创造世界,发展批判精神并完善人格。

(三)跨学科课程的设计模式

跨学科主题学习的落地依托于跨学科教学的设计与实施,已有研究对跨学科主题学习设计模式的探索提供了其落地的操作手段。值得说明的是,有研究者在跨学科课程研究中涉及了主题学习设计等相关内容,尽管应用范围有差异,但也为跨学科课程的设计提供了重要参考。笔者将可供借鉴的部分设计模式做了梳理与说明,力求实现它们在跨学科课程设计中的迁移与应用。同时,鉴于现有的不同模式之间往往具有内在关联性,表现为在侧重点上有一定的共性,因而笔者将其进行了分类,初步划分为基于标准的跨学科课程设计模式、基于概念的跨学科课程设计模式、基于问题的跨学科课程设计模式。

1.基于标准的跨学科课程设计模式

基于标准的跨学科课程设计模式强调在进行跨学科教学内容设计时,教学内容要与作为教学指导性文件的课程标准相联系。正如德雷克所认为的,各科

---

[1] 李学书.STEAM跨学科课程:整合理念、模式构建及问题反思[J].全球教育展望,2019,48(10):59-72.

课程标准并不仅仅是个别化的任务,学生并非独立地去学习每一门学科,教师可以在学科内以及学科与学科之间将课程标准融合成有意义的集合,此时,教师不再将跨学科教学理解为一种冒险行为,而会认为它是一项颇具吸引力的选择。

(1)德雷克等人强调基于标准的跨学科课程设计,在《综合课程设计》一书中,他们提供了设计跨学科课程的模板,主要包括以下步骤:①对课程标准进行纵向和横向的浏览与集合,以对各个时期发展起来的概念与技能有所感知,并选择进行综合的课程领域,在这些学科领域中,为每一个学科领域挑选一到两个范围宽泛的课程标准;②选择一个与学生年龄相适应且相关的主题或题目;③围绕主题创建一个网络,对课程标准进行融合;④建构"知—行—为"的桥梁,梳理课程所关涉的知识、技能与态度价值,确保课程是有目的的、连贯的;⑤设计一个总结性的评估,评估要反映知、行、为三部分并且要明确学生需要做的事情;⑥创建导向性的问题,这些问题要包含主题问题与基本问题,能够为学习提供框架并且与学生的兴趣相联系;⑦开展能与"知—行—为"桥梁以及总结性评估相连接的教学活动与评估。德雷克强调,在实践中这样的设计步骤不是线性的,是反复进行的。总之,德雷克构建的设计模板具有较广泛的适用性,涵盖了课程设计的要素,它所强调的基于标准的设计、对主题与基于主题的内容的组织、以"知—行—为"为目标的设计等为教师开展基于标准的跨学科课程开发提供了可操作的行动方案,也为跨学科教学内容设计提供了参考。

(2)美国科罗拉多州的中大陆地区教育实验室(The Mid-continent Regional Educational Laboratory,McREL)的跨学科课程开发模式同样强调标准的价值,但它对标准的理解不局限于政策文件,而是更为宏观的标准。如格莱迪(Grady)提出运用标准和基准的观念指导目标远大的整合式、主题式教学。

该模式(图3-1-1)认为对于跨学科课程开发来说,学生学习的自主性很重要,他们需要为主题、问题或事件的真实本质所驱动,这是课程设计的核心。主题是模块的组织中心,主题比特定的焦点、问题或缩小主题的问题更一般化。在模块的设计中,焦点包括将主题缩小到与之相关的特定方面、事件或问题。这为教师的教学提供了一种可能性,即在一个主题上可以有多个焦点,用以探索该主题的不同方面。行动计划是对"教什么"的描述,包括模块的目的、形成性的表现性任务等,活动时间及具体说明、课程资源清单也需要包含在行动计划之中。整个模块的跨学科目标需要通过一个最终的、总结性的表现性任务来评价,这些任务都需要通过特定的量表来呈现。此外,该模式还包括内容标准、终身学习标准、评价等组成部分。该模式强化了跨学科课程开发的原则,为跨学科主题学习设计提供了重要参考。

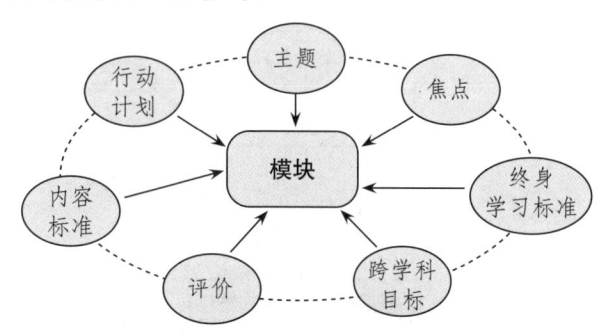

图 3-1-1　McREL 跨学科课程开发模式

总体而言,基于标准的跨学科课程设计模式为教师从现有的课程标准框架出发来设计跨学科课程提供了借鉴,为跨学科教学应用于国家课程提供了实施路径。

2. 基于概念的跨学科课程设计模式

不同于基于标准的跨学科课程设计模式,有研究者提出以概念作为组织统领来设计跨学科课程,这种概念超越了事实性知识,具有很好的聚合价值,能够有效驱动学生的理解与迁移。其主题成为理解跨时间和文化迁移的概念的一种手段。典型的基于概念的跨学科课程设计模式有埃里克森(Erickson)、周淑卿、罗伯茨(Roberts)等人提出的设计模式。

(1)埃里克森认为课程学习要以深层的概念性观念为中心,关注反映学科最深层寓义,可跨时间、跨文化进行迁移的"重要思想"。他认为这些概念能够超越事实,对于整合的跨学科课程单元具有很好的概念聚合作用。埃里克森提出的跨学科课程设计步骤(图3-1-2)包括:第一,选定一个单元主题使得各课程组成员进入整合过程之中;第二,识别一个主要概念作为合适的聚合概念;第三,依据科目和领域,围绕主要概念和单元主题来确定学习主题;第四,集体讨论基本问题,促进学生的基本理解;第五,列出课程单元教学和活动中强调的复杂行为表现和主要技能;第六,编写教学活动;第七,编写最终行为表现,最终行为表现需要回答"通过这个整合课程单元的教学,我希望学生知道什么和能够做什么"的问题;第八,设计评分指南(衡量尺度与标准)来评定行为表现任务。

值得说明的是,埃里克森研究认为,以主题为本的课程设计注重学生对具体事实的学习与思考,而以概念为本的课程设计关注学生运用事实来理解可迁移的概念与观念。

```
选定单元主题
    ↓
识别主要概念
    ↓
确定学习主题
    ↓
集体讨论基本问题
    ↓
列出复杂行为表现和主要技能
    ↓
编写教学活动
    ↓
编写最终行为表现
    ↓
设计评分指南
```

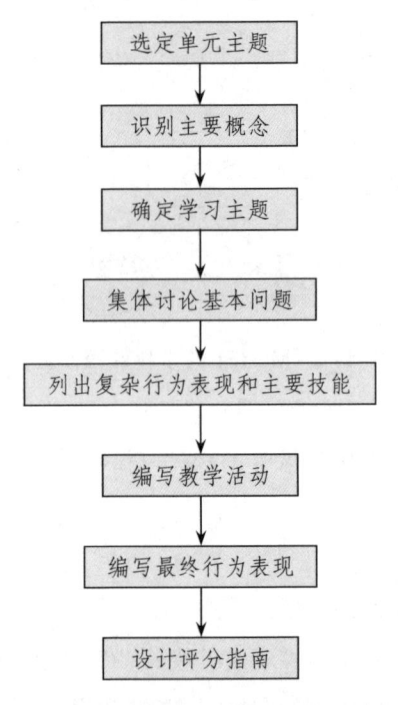

图3-1-2 埃里克森提出的跨学科课程设计步骤

(2)受到埃里克森课程设计框架的启发,学者周淑卿在构建跨学科课程设计框架方面进行了深入的探索。她在主题式科际课程设计框架中融入了埃里克森"概念透镜"的观点,认为在跨学科课程开发中,应当基于概念以及可迁移理解的层次来审视知识之间的关系。因此,她提出在确定引导问题之前,应先探寻学科概念之间的关联,从而形成一些核心的理解概念。学习者应透过各学科的概念,从不同的角度理解主题的内涵。她强调主题虽然是课程的目标,但学习的目标并不在于主题包含的事实,而是主题之内的重要概念。基于这样的理念,她提出如下设计步骤(图3-1-3)。第一,形成有价值、有意义且师生感兴趣的主题。主题可以是一般性的、不专属于某个学科的概念,也可以是社会议题或社会现象。第二,基于主题分析概念框架。她认为想让学生获得可以迁移应用的能力,就必须使其掌握学习层次较高的概念、原则而不是一堆事实,因此概念框架的分析首先须进行头脑风暴,形成与主题相关的事情或问题,其次将事情或问题依据其性质,归入不同的学科或领域之中,最后根据学科性质,抽象出重要概念。第三,建立引导性问题。第四,形成初步的学习目标,明确包括学习内容与获知内容的方法与过程。第五,寻找对应的能力目标。第六,基于目标设计学习活动的评价方式。

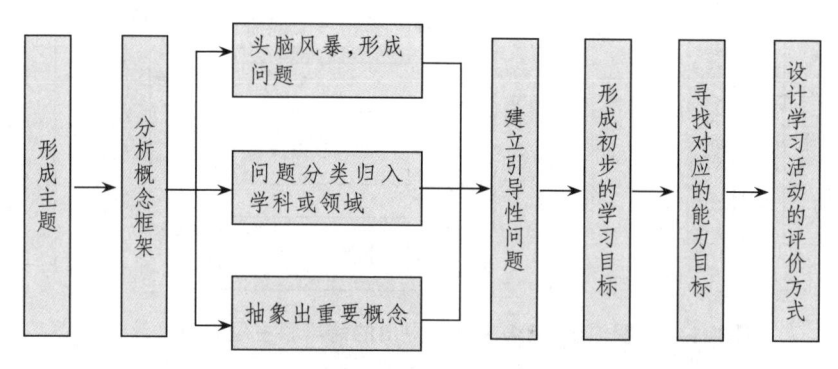

图3-1-3 周淑卿提出的主题式科际课程设计步骤

(3)美国学者罗伯茨、克洛夫(Kellough)等人在大量实践研究的基础上提出了一个完整的跨学科主题学习设计模式,他们也强化了概念的价值,其设计模式包括如下基本步骤(图3-1-4)。第一,选择一个概括性主题,并通过与学生或团队其他成员协商,确定最终的题目与话题。罗伯茨强调,概括性主题要包括学生在主题研究中涉及的基本学习内容(要点)、交流活动(信息)和观点(概念、准则、模式、设计),选择的主题必须符合法定学习内容的要求,且应该是学生感兴趣的。第二,写出学习概述或概要、有关目的、涉及的主要概念、可能达到的最充分的教学目标。第三,确定教学资源。第四,组织学习内容,包括:确定内容领域;提出核心问题;设计学生活动(包括建构知识、讨论问题、绘画、评价、做实验、询问、听讲、观察、组织、角色扮演、解决问题、分享经验、实地考察等),并针对此制订详细计划;布置班级环境,以提高学生兴趣,激发学生的求知欲。第五,安排跨学科主题学习的总结活动,并引导学生总结。第六,设计诊断性、形成性与总结性评价。[①]相较于埃里克森等人的设计模式,这种跨学科主题学习设计框架提出了一些更为具体与可操作的建议,它对于教学资源、环境等的设计为跨学科主题教学的落实提供了有益参考。

[①] 罗伯茨,克洛夫.跨学科主题单元教学指南[M].李亦菲,等译.北京:中国轻工业出版社,2005:29-30.

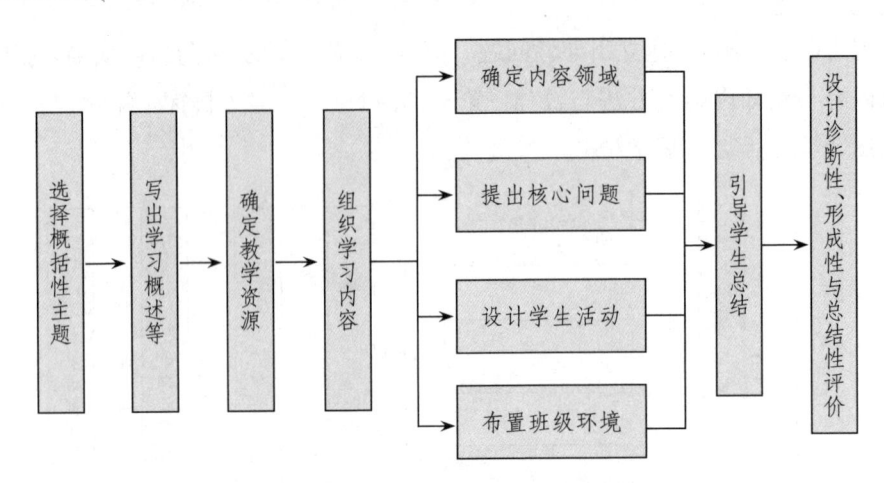

图 3-1-4　罗伯茨、克洛夫等人提出的跨学科主题学习设计步骤

除上述较为经典的设计模式之外，还有一些研究者也提出了相关的设计框架。如格蕾琴（Gretchen）等人认为在社会科学课程中，跨学科主题学习能够使社会科学课程更具挑战性、更有趣，能够与学生的经验相联系。其提出的发展主题学习的步骤包括：选择主题，在句子中陈述主题；辨别焦点，在句子中阐明焦点；基于现有内容标准寻找相关概念，将主题划分为概念，将概念划分为要素，将概念置于序列中；确认教授的概念，做技能或任务分析；描述宽泛的学习目标，通过讨论问题来处理学习目标与概念；列出有关概念技能的教学活动与行为目标，列出教学材料与资源；选择活动启动主题学习，选择活动结束主题学习；列出开始、中间与结束的课时计划，设计课时计划细节；为每个主题设计每天的活动，呈现混合学习。该框架步骤更为细致，且强调了对课时计划的拟定。其对概念逐级分解转化的强调也值得借鉴。总的来说，这类跨学科课程设计模式对概念的强调，凸显了跨学科学习深度的问题，为跨学科主题教学内容组织提供了新的思路。

3. 基于问题的跨学科课程设计模式

基于问题的跨学科课程设计模式强调从主题出发，设计相关问题，如引导性问题等，引领学生对主题展开学习。这里的问题并非严格意义上的真实性问题。这些问题一方面能让学生明确学习的范围与顺序；另一方面也作为探索组织中心的框架用于设计活动。事实上，上述基于标准、概念的跨学科课程设计模式中也提到了导向性问题、引导性问题、基本问题等，但它们强调的是标准与概念，其问题也是围绕标准与概念设计的。

(1)雅各布斯的跨学科课程设计框架就关注到了"问题",他提出的设计步骤(图3-1-5)包含选择组织中心、开展头脑风暴、创设引导性问题、组织活动四个部分。

01 教师与学生共同参与组织中心的选择,组织中心可以是议题、话题、问题、主题、案例研究等不同的类型。

选择组织中心

开展头脑风暴

02 从数学、语言、社会、艺术、人文或哲学、科学等六个基础学科领域出发,联想与组织中心相关的子问题。

跨学科课程设计

04 通过活动让学生在探究问题的过程中进行跨学科学习。

组织活动

创设引导性问题

03 教师将这些问题与观点按照一定的逻辑与结构重新梳理,形成从易到难的引导性问题。

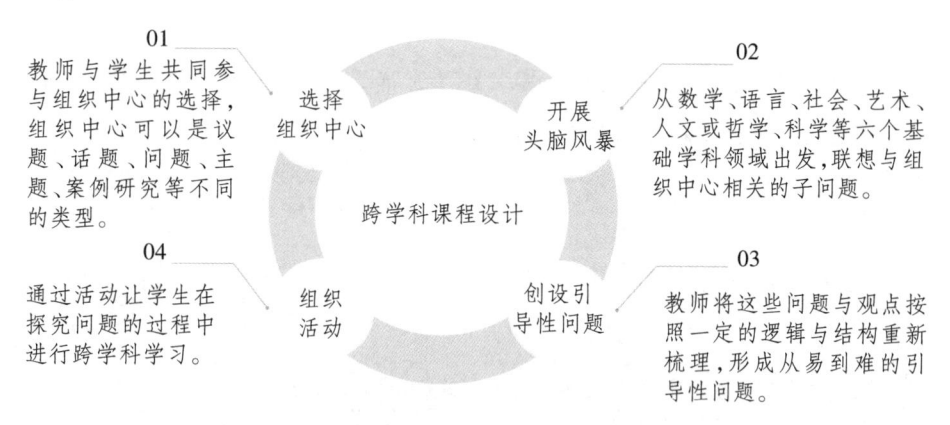

图3-1-5 雅各布斯提出的跨学科课程设计步骤

第一,教师与学生共同参与组织中心的选择,组织中心可以是议题、话题、问题、主题、案例研究等不同的类型。第二,确定组织中心以后,师生共同开展头脑风暴,从数学、语言、社会、艺术、人文或哲学、科学等六个基础学科领域出发,联想与组织中心相关的子问题,从不同的学科视角来审视同一组织中心,以确定要学习的内容。第三,创设引导性问题,教师将这些问题与观点按照一定的逻辑与结构重新梳理,形成从易到难的引导性问题。第四,组织活动,通过活动让学生在探究问题的过程中进行跨学科学习。[1]在课程评价方面,由于所探究的问题没有标准答案,因此需要采用多种评价方式,由师生共同参与评价任务及量规的设计,强调创设真实的评价情境,师生共同作为评价者。[2]雅各布斯的跨学科课程设计路径为课程内容的选择提供了清晰的操作方式,它基于学科立场的跨学科学习课程形式,兼顾了学科知识本身的深度及逻辑和学科之间的联系,为突破学科本位课程发展的现状提供了可能。雅各布斯还强调了对于课程地图这一工具的应用。他将课程地图的绘制作为课程整合的起点,认为教师首先要以行事历的形式独自绘制出上一学期或学年教授过的课程,绘制的内容包括关键问题、课程内容、技能与评价方式等。之后,由不同学段和学科的教师

---

[1] JACOBS H H. Interdisciplinary curriculum: design and implementation [M]. Alexandria: Association for Supervision and Curriculum Development Press, 1989: 53-66.
[2] 徐晨盈.雅克布斯跨学科课程整合思想研究[D].上海:华东师范大学,2019:83-85.

进行合作，通过对比彼此的教学内容寻找重复的内容，确定潜在的可整合的内容与技能，并以此作为跨学科课程设计的突破口，进行课程的重新整合。他对组织中心多样化表征方式的阐发，依托问题对组织中心的分解及活动设计等，都为跨学科课程设计提供了参考。

（2）福格蒂的跨学科整合设计模式更为灵活多样，她提出了共有式、张网式与整合式的跨学科主题学习整合方式（图3-1-6）。

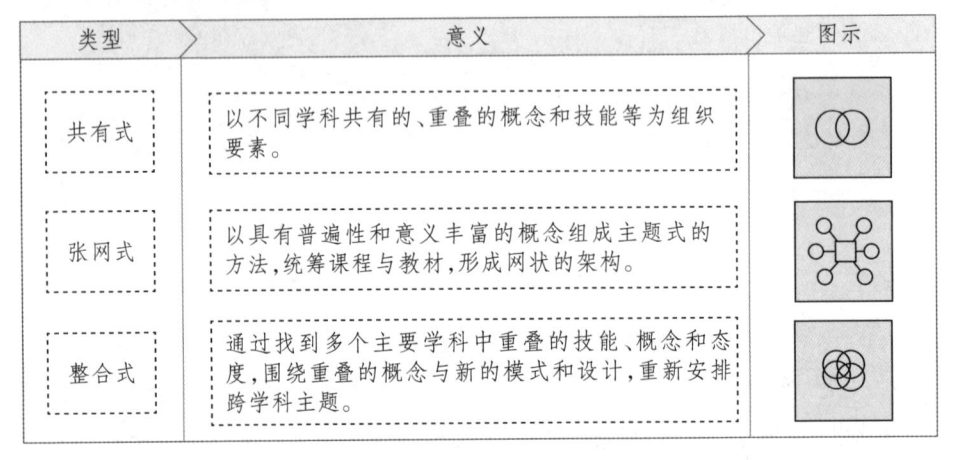

类型	意义	图示
共有式	以不同学科共有的、重叠的概念和技能等为组织要素。	
张网式	以具有普遍性和意义丰富的概念组成主题式的方法，统筹课程与教材，形成网状的架构。	
整合式	通过找到多个主要学科中重叠的技能、概念和态度，围绕重叠的概念与新的模式和设计，重新安排跨学科主题。	

图3-1-6　福格蒂提出的跨学科主题学习整合方式

以张网式跨学科整合为例，福格蒂提出了一个"THEME"主题课程设计步骤，即T——Think（思考，建立一个数量可观的主题库），H——Hone（细磨，将话题、概念或问题分类列表，话题可以是相关学科内的，但概念与问题应该拓展到其他学科中），E——Extrapolate（推断，推断、探讨主题的选择标准与理由），M——Manipulate（操作与使用，通过提出关键问题，从多个角度探索，发现促进主题研究的重点及其连带的"链钩"问题），E——Expand（扩展，通过学习活动对主题进行扩展，运用多学科知识网覆盖主题，开展有目的的学习活动）。张网式强调通过主题来组织教学内容和激发学生的学习热情。而共有式和整合式依循的是一种归纳的思路，即教师对现有的课程进行分析，确定学习目标与学习内容，并基于此确定主题。一旦确定了主题，教师就要借助一系列高层次问题深入主题，将之扩展为活动形式，并仿照张网式的模式选定学习目标与评价工具。

概括来说，这种设计模式以问题为引领，使跨学科课程设计的逻辑性更强，其对问题的探索与解决构成了学生进行跨学科学习的线索。

二 小学科学跨学科课程的内涵、模型和类型

20世纪60年代,布鲁纳(Bruner)等人倡导学科结构运动,即运用基本概念整合零碎知识,构建学科体系,引导学生理解学科结构。《义务教育课程方案(2022年版)》提出"加强学科间相互关联,带动课程综合化实施"。虽然它没有明确大概念的含义,也缺乏具体的操作流程,但是大概念能够在重新整合跨学科课程的基础上培养学生的跨学科知识、能力和素养是一个不争的事实。郭重泰等学者(2024)认为,大概念视域下的跨学科课程建设作为新时代课程改革的方向,是指以活力知识为跨学科课程知识,以高通路迁移为课程能力,以专家思维为跨学科课程素养,以深度教学为跨学科课程教学的课程建设模式。在实践层面运用大概念建设跨学科课程,实现课程理论与教学理论的耦合,是落实课程标准的有效路径。

(一)大概念统摄的科学跨学科课程的价值意蕴

大概念的思想可以追溯至布鲁纳的教育学、心理学理论。他指出,无论教师教授哪类学科,一定要使学生理解该学科的基本结构。掌握事物的基本结构,就是以许多别的东西与它有意义地联系起来的方式去理解它,学习这种基本结构就是学习事物之间是怎样相互关联起来的。将具有高度融合性、统整性的大概念作为跨学科课程建设的着力点,可以推动跨学科课程知识、能力、素养、教学走向多层次、立体化的融通。处在跨学科课程中心地位的大概念具有强统摄性,呈现出层级性网状结构,可为各类小概念的合理归类提供框架结构。以大概念为线索串联各类知识、能力、素养、教学,有助于从横向层面凸显要素间的关联,建设以育人为最终目标的跨学科课程。换言之,大概念视域下跨学科课程建设关注的不是孤立的跨学科课程,而是有机整合的跨学科课程。大概念统摄的小学科学课程有利于实现课程内容组织的结构化、科学知识的整合化、学习层次的深度化。

大概念具有中心化、网络化、弹性和可迁移的特征[1],从功能上看,大概念可以使学习内容更加连续和完整,并促进知识的转移。以大概念为基础的教学模

---

[1] 李刚,吕立杰.国外围绕大概念进行课程设计模式探析及其启示[J].比较教育研究,2018(9):35-43.

式有助于跨学科课程的设计与实践。在进行跨学科教学时,我们必须回归各个学科本身,其中,最能反映学科本质的上位核心概念就是学科大概念,而学科大概念群则集中体现了学科的结构特性。2022年的新方案和新课标都提出课程内容结构化设计要深入每一个学科内部,强调运用主题、项目等方式整合学科知识与经验,进而使课程组织具有新活力、新秩序。新课标强调的内容结构化,并非以单一学科的基本概念、基本原理为起点进行知识抽象化的建构,而是站在跨学科的立场,整合相通的大概念,引导学生融会贯通,实现多学科综合应用,以培养学生的问题解决能力。[1]鉴于此,跨学科教学更强调学科间大概念的联系与交织,即学科间大概念网,它是指将某些学科进行横向联结,跨越两个或者更多个知识领域,让不同学科之间基于某一个共同的大概念进行合理对接,从而有效模糊学科之间的边界[2]。通过学科内大概念与学科间大概念网,学生可以有效吸收在跨学科教学系列任务与活动中遇到的概念、过程与事实方法,从而建立起学科间的联系,感受到自身所进行的探究、合作与学习过程都是与大概念紧密相关的。结构化并不只是课程内容的结构化,而是将学生及其活动纳入课程结构,使静态的内容能够动起来、活起来。[3]因此,学科大概念带动的跨学科教学内容的选择与组织,不仅关注学科知识结构化,还关注学生跨学科经验方式的结构整合。总之,学科大概念作为跨学科教学的基本结构,是基于事实基础抽象而来的可迁移的核心概念,是连接学科内知识和学科间知识的桥梁。以学科大概念为核心开展的跨学科教学有助于发挥多学科育人功能,进而提高教学质量。

(二)小学科学跨学科课程的课程模型

小学科学课程的内容属性,决定了在大概念统整视域下进行的科学跨学科课程设计是有效路径。许多学者对此进行了研究,如:国外学者威金斯等人建构的逆向设计三步骤;国内学者刘徽在大概念上开发了一个由三个关键步骤组

---

[1] 余文森.论学科核心素养形成的机制[J].课程·教材·教法,2018,38(1):4-11.
[2] 李刚,吕立杰.大概念课程设计:指向学科核心素养落实的课程架构[J].教育发展研究,2018(C2):35-42.
[3] 郭华.落实学生发展核心素养 突显学生主体地位——2022年版义务教育课程标准解读[J].四川师范大学学报(社会科学版),2022,49(4):107-115.

成的区块,包括目标设计、评价设计、过程设计和基于问题的基本学习过程,即"准备→设计→应用"等。通过研究和对比,笔者认为在设计小学科学跨学科课程模型时,可以将基于"C-POTE"的教学设计模型作为一种研究范式和模仿路径。基于"C-POTE"的教学设计模型也是从大概念视角下的"概念群、问题链、目标层、任务簇、证据集"进行建构的。大概念并非仅仅依靠某节课的内容学习就能够形成,而是要以单元为基础,通过一系列的问题、任务来提高学生的核心素养能力,直到形成大概念。基于"C-POTE"的教学设计模型构建的小学科学跨学科课程比基于逆向设计三步骤、整体教学三步骤、线性链模式等构建的跨学科课程更加明确具体。可以说,基于"C-POTE"的教学设计模型的跨学科课程是在核心素养目标的导向下,遵循以大概念为基础的跨学科教学思路形成的课程体系,它结合了学习进阶和"教—学—评"一体化设计的核心思想。下面具体阐述该模型的相关内容。

1.金字塔形的模型结构

该模型主要包括概念群(Concept Group)、问题链(Problem Chain)、目标层(Objective Layer)、任务簇(Task Cluster)和证据集(Evidence Set)五个部分,如图3-1-7所示。

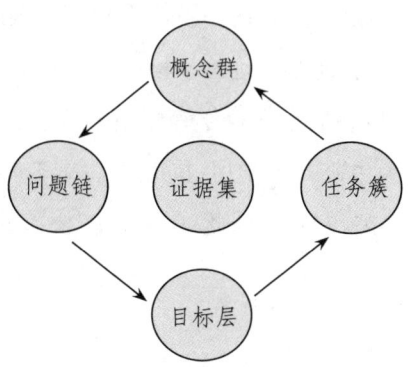

图3-1-7 "C-POTE"模型具体结构

小学科学跨学科教学是基于某一研究主题,以某一学科课程内容为主干,运用并整合多学科的知识和方法,开展综合学习活动的过程。为了帮助一线教师更好地开展小学科学跨学科教学,笔者借鉴"C-POTE"模型构建了金字塔形的小学科学跨学科课程模型,如图3-1-8所示。

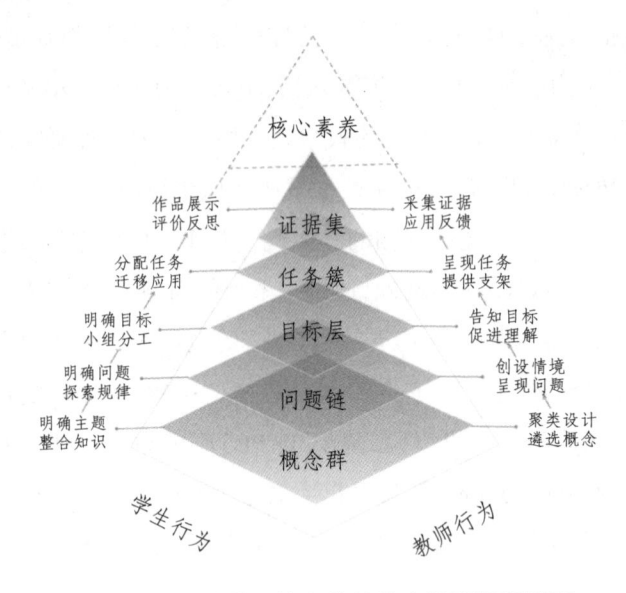

图3-1-8　金字塔形的小学科学跨学科课程模型

2.模型具体内容

"C-POTE"模型遵循以大概念为基础、以核心素养为导向的跨学科教学思路。其中,概念群是实现跨学科整合的关键,它作为主线会贯穿整个教学环节。问题链是围绕多个大概念产生的,它有利于发挥问题对学习的导向作用。目标层是将核心素养具体化的落脚点。任务簇作为学科实践的承载,是实现学生问题解决与迁移应用的抓手。证据集是跨学科评价的核心,也是核心素养发展水平的具体体现。基于大概念的小学科学跨学科教学关注学生对大概念的深层理解,它强调以学习者为中心开展学习,同时也注重教师在跨学科实践活动中的参与和引导作用(吕立杰,2020),因此"C-POTE"模型的每一个阶段都囊括了师生的共同活动。

(1)概念群。

概念群作为整个模型的基底,承担着异质性知识耦合的任务(谢坤,2017)。小学科学跨学科教学并不是抛开原有学科形成大杂烩式的"拼盘",而是要围绕本学科的基本概念、基本规律、基本原理等,形成有内在联系、螺旋式上升的教学框架。其生成逻辑是由学科大概念群到跨学科大概念群,再到超学科大概念群,最后上升到哲学观念,示意图如图3-1-9所示。

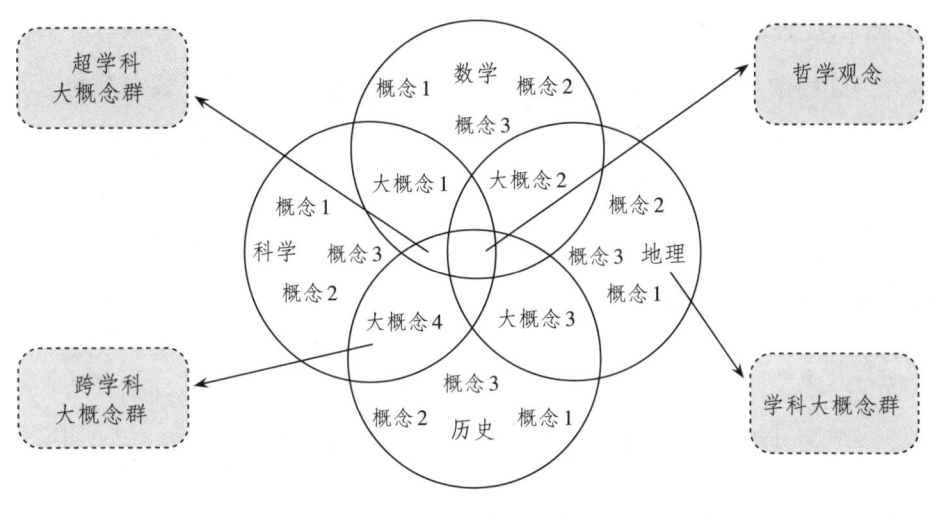

图3-1-9 概念群示意图

这些内容作为展示当代学科的图景,是构建学科核心素养和跨学科素养最基本、最重要的组成部分。因此,概念群这一环节要求教师对学习内容进行聚类设计。教师应站在学科的高度,从概念性视角对事实性内容进行高站位的审视,以素养发展为主线,组织学科内及学科间的知识,遴选重要的大概念,使之形成更大的具有意义的认知网络。此时,学生并不是游离于小学科学跨学科教学活动之外的,而是在教师指导下围绕社会生活中的现实问题选取合适的小学科学跨学科主题,并在这个过程中明确"我们要做什么,我们要解决哪些社会领域的关键问题"。然后,教师要围绕主题调用各种知识和技能,有意识地将不同学科的知识进行整合,为跨学科教学实践做好准备。

(2)问题链。

问题是通向理解之门的大道,大概念只有依附于具体的问题才能焕发出活力。问题产生的逻辑是围绕真实的情境设计而呈现出指向和突出大概念的核心问题(威金斯等,2017),从情境化到去情境化,从具体到抽象,通过解构大概念生成与之相关的主干问题,并围绕主干问题铺设序列化子问题,如图3-1-10所示。在问题链这一环节中,教师要逐步给学生呈现一系列由现象到本质的开放异构性问题,激发学生探究实践的欲望,通过问题将零散的学科概念进行二次组织和调用,引导学生在问题情境中积极思考,主动探索并发现隐藏在"类"背后的某种规律。在问题导入过程中,教师要做好文化情境与问题情境的选择与创设。因为素养的形成往往不是靠单一的问题情境就能实现的,而是情境越多、越丰富,形成的素养的可迁移性就越强。根据认知弹性理论,要达成复杂理解并为迁移做好准备,就必须在不同时间内,让学生在用不同方式安排的情境脉络中遍历所有指向问题的可能(刘徽,2022)。因此,在问题链的设计中,教师需要首先考虑问题情境的多样性和丰富性,让学生在"探究—综合—整理—提炼"的过程中,完成思维的发散和收敛的迭代,进而实现对"子问题—主干问题—核心观念—核心素养"的进阶式领悟。

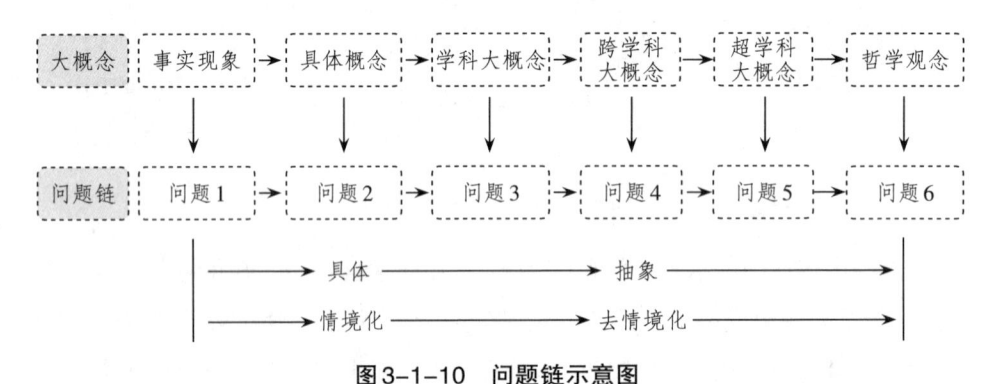

大概念	事实现象 → 具体概念 → 学科大概念 → 跨学科大概念 → 超学科大概念 → 哲学观念
问题链	问题1 → 问题2 → 问题3 → 问题4 → 问题5 → 问题6

具体 ──────→ 抽象
情境化 ──────→ 去情境化

图3-1-10 问题链示意图

(3)目标层。

在明确了教什么以及怎么组织内容之后,便应设计小学科学跨学科教学的目标。相较于传统的三维教学目标,核心素养三层次结构更关注人的发展内涵。但核心素养是一个上位概念,教师需要厘清核心素养由静态知识向动态能力转化的内在机理,并基于大概念将其拆解为清晰、有序、可评的教学目标。在目标层这环节中,教师要根据各学科课程标准提到的核心素养,将其转化为小学科学跨学科课程教学要达成的"双基—学科思维—高阶素养"三层次目标。然后,教师要将预期的目标告知学生,让学生专注于实现这些目标的内容、方法和活动,促进其有意义的理解。在学生清楚了预期目标后,教师便要指导学生根据自己的兴趣爱好和小学科学跨学科学习主题等加入不同的跨学科实践共同体。与此同时,教师要鼓励小组成员领取具有挑战性的表现性任务,进入跨学科实践环节并进行知识建构,在不断地同化和顺应过程中促进自身认知结构的变化(陈琦等,2007)。

(4)任务簇。

任务簇是课程内容的组织和呈现方式。借助跨学科任务簇可以实现社会关系的自治性组织与重建。通过设计具有连贯性、梯度性和拓展性的情境任务,将任务簇拆分为若干个核心活动,从而驱动学生利用头脑中形成的大概念来解决现实问题。在这一环节中,教师将具有挑战性的任务簇呈现给学生,学习共同体对任务簇进行分解,确保每个成员都能参与其中。同时,教师要引导学生通过调研访谈、创意设计、动手制作、语言运用、方案评价等多样化的活动,把已学得的知识进行叠加、组合、反复加工、验证以形成概念网络,在迁移应用过程中不断深化对跨学科大概念的理解。小学科学跨学科教学强调多样化的学习成果,因此任务的表述要注重使用"设计、制作、创造"这类动词。同时,迁移和应用是对概念理解的反应,当学生处于学习鸿沟,难以进行有效的概念内化与提取时,教师应及时提供各类学习支架(如情境型支架、资源型支架、策略型支架、评价型支架和交流型支架等)(张瑾,2017),鼓励学生有意识地利用信息技术解决问题,帮助他们从事实性知识走向概念性理解,从而达成"富有成效"的知识迁移,产生良好的学习效果。

(5)证据集。

评价是对小学科学跨学科教学是否达成预期结果进行综合性判定的过程。由于素养目标的构成是复杂的、多元的,因此评价的类型和方法也应该是多样的。指向证据集的评价源于朱莉·斯特恩(Julie Stern)等人提出的概念教学评价模型,该模型以创新实践过程为中心,将评价分为学习性评价、学习的评价以及学习式评价三类(斯特恩等,2017)。在这一环节中,教师要有意识地收集学生在跨学科实践过程中的表现证据(即完成学习性评价),并根据学生的学习表现提供即时反馈,引导学生通过案例阐述、作品展示等形式对自己的创新实践过程进行自我评价与反思(即完成学习式评价)。教师应该紧扣不同学科核心素养的关键维度,让评价发生在知识处于生成或应用状态的情境之中。同时,教师要以学生创新实践过程的阶段性学习结果为切入点(即完成学习的评价),对学生聚类问题的解决情况、产品迭代的优化效果、概念内化的吸收程度、文化内涵的理解程度等进行合理测评,以促进学生对大概念的理解和学习反思。

(三)小学科学跨学科主题课程类型

与其他学科相比,我国大部分地区的科学课程在义务教育阶段采用了合、分的组织方式,比如,小学阶段的科学课程包含生物、化学、物理、地理等学科,到了初中阶段又采用生物、化学、物理、地理等独立分科的方式。小学科学课程内容涉及生命科学、物质科学、地球与宇宙科学、技术与工程等多个领域,课程的学习本身就具有跨学科学习的特点,因此,小学科学跨学科课程可以是两个或多个课程领域内部的整合,也可以是其他学科与科学课程以有意义的方式进行的关联,两种方式的目的都是增强和丰富科学课程的学习[1]。

《科学课标(2022年版)》提出"强化课程综合性和实践性,推动育人方式变革,着力发展学生核心素养"的修订原则和"聚焦核心概念,精选课程内容"的课程理念,秉持核心素养导向深化课程改革。核心概念也可称为大概念,根据它的复杂程度可以分为学科核心概念和跨学科概念,是处于更高层次、居于中心地位、可广泛迁移的活性观念。[2]科学大概念是以科学事实为基础,但又超越科学事实,将科学方法、科学思想、科学观点等抽象内容概括并用语言表达出来的观念性认识。[3]无论大概念的意义如何深远,其价值都需要在具体的课程之中落地实现。在《科学课标(2022年版)》颁布和"双减"政策实施的背景下,面对当前科学教学存在的内容孤立、知识零散、学习浅表等问题,探明大概念统摄下科学课程的价值追求与实践路径具有重要意义。

笔者经过多年实践提出,基于大概念统整视域下小学科学跨学科主题课程可以分为基础课程、核心课程、延伸课程三类(图3-1-11)。基础课程是以学科核心概念统整的重构型课程;核心课程是以跨学科概念统整建构的拓展型课程;延伸课程是以超学科概念统整的跨学科型课程。通过聚焦概念,提升学生的核心素养,并提供清晰、可操作、可实践、可复制的具体方法,以达到丰富和促进小学科学教育的目的。

---

[1] 史加祥.新课标视野下小学科学跨学科教学的理解与实践[J].教学与管理,2022(29):61-65.
[2] 李松林.以大概念为核心的整合性教学[J].课程·教材·教法,2020,40(10):56-61.
[3] 何善亮.论中小学科学教育的内容选择与表达方式——兼谈科学教育需要什么样的大概念[J].天津师范大学学报(基础教育版),2019,20(2):61-67.

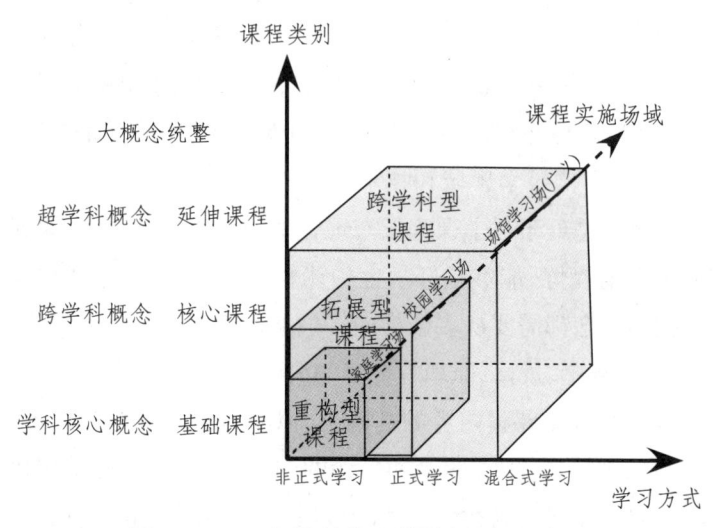

图 3-1-11　小学科学跨学科主题课程类型

1.基础课程:以学科核心概念统整的重构型课程

教学是一种知识密集型的实践,知识拥有课程意义,在信息化、人工智能快速发展的今天,知识的本质和边界被模糊,知识被理解为事实、信息和符号,人们忽视了对知识的多维理解,轻视甚至是无视了知识发生的逻辑。小学科学跨学科教学需要师生对知识进行多元的理解,在分析科学知识与概念教学现状的基础上进行知识与概念的整合。学生在科学学习过程中获得了很多知识,形成了众多的科学概念,然而这些知识与概念呈现出散点状、碎片化、不连贯和不全面的特点,需要在跨学科学习中整合并转化为对科学连贯性的整体认识。知识的价值可以理解为功利价值、认知价值和发展价值,但在实际教学中,知识的功利价值被过分关注与强调,知识的认知与发展价值未能得到教师的足够关注与重视。[1]由此可见,小学科学跨学科教学不能忽视知识,因为学生如果没有足够的知识,就会缺乏知识与概念的整合能力,也不能只将不同学习领域中的符号表征、学科概念等知识进行简单组合,而应该要在知识掌握甚至是精熟的基础上,对科学知识的其他层次和价值完成进一步的建构。

学科核心概念由同一内容领域中的不同学科的核心概念组合而来,目的是将《科学课标(2022年版)》与实际教学中的学科核心概念进行联系与整合,建立更为完整的科学概念。这种组织方式虽然与传统意义上的跨学科教学有一定

---

[1] 吴支奎.论课程与学生幸福——基于知识意义的视角[J].教育评论,2009(5):48-51.

的差异,但对学生科学核心素养的发展至关重要,需要教师充分的教学关注与重视。学科核心概念的整合教学是科学教学中常见的、主要的方式。《科学课标(2022年版)》设置了13个学科核心概念,其中物质科学与生命科学领域各4个核心概念,地球与宇宙科学领域和技术与工程领域的核心概念分别为3个和2个。学科核心概念是处于科学课程核心地位的科学概念或观念,是对众多科学学习内容的整合与提炼,能够减轻学生的认知负荷,促进学生建构科学体系[①]。每一个学科核心概念都需要从多个横向一般概念和纵向进阶进行持续教学,需要围绕科学知识、概念、规律、原理等众多的科学事实展开。

重构型课程在国家课程内容的基础上,以学科核心概念为纽带,按照概念建构由低到高的逻辑,打破了学段和单元的壁垒,对课程进行结构化重构。它重视知识点之间的连接及其在生活中的运用,是把素养培育目标和学习活动有机融合在一起的项目式课程。课程设计需要把握三个要素。第一,以学科核心概念为中心连接课程内容。为更好促进核心概念迭代升级,在该概念的视角下,学科小概念围绕项目主题,以单元建构的方式进行连接和重构。第二,结合不同主线对概念进行有序整合。主线可以是主题、科学史、大概念等,按任务或时空发展,如"整体—部分—整体"或"简单—复杂"的学习方式,改变零碎、分散的知识形式,促进核心概念的有效同化。第三,将学习活动和资源有效整合以促进核心概念迭代。以核心概念为纽带结合校内外资源进行课程设计,可以更好地促进学科核心概念的迭代升级。

重构的课程内容会更贴合学生的日常生活。在多样的探究实践活动中,课程重新定义了学习内容与学习方法,经过不间断地实践与优化,充分展现出其整合性和实践性的特点,逐渐实现由以知识为重向素养提升的转换,形成小学科学跨学科课程重新建构后的教学方案。

2. 核心课程:以跨学科概念统整建构的拓展型课程

小学科学跨学科教学不仅是科学课程改革和学生核心素养发展的应然要求,也是理解多维与多层科学知识的实然要求,亦是体现科学课程育人价值的必然要求。小学科学跨学科学习目的是帮助学生处理在单一知识概念或教学框架中不易甚至无法理解或解决的自然现象及现实世界中的问题,在激发学习

---

① 张玉峰,郭玉英.围绕学科核心概念建构物理概念的若干思考[J].课程·教材·教法,2015,35(5):99-102.

热情和学习兴趣的同时,帮助他们在特定内容与领域发展复杂的理解能力,促进复杂知识观的发展,培养学生的科学探究与实践技能,提升思维的独特价值。[1]《科学课标(2022年版)》强调科学教学要促进学生思维型探究和实践的开展,而跨学科教学可以作为培养学生思维尤其是高阶思维的有效手段。实践证明,跨学科教学促进了学生的演绎、类比推理、批判性思维和元认知反思等能力的发展。[2]同时,跨学科教学还能够帮助学生在迁移与应用知识技能的过程中应对诸如科学文明、技术发展、道德层面等方面的现实问题,帮助学生从抽象的科学概念以及科学在现代社会中的作用和功能等方面理解科学,从而对现实世界有更全面的看法。[3]还有实践证明,跨学科教学对学生的态度与学习动机有积极价值,能够为学习行为和实践行动提供驱动力,激励学生产生更好的学习表现。[4]可见,新一轮课程改革强调开展跨学科教学有着重要的价值与意义,科学课程这一体现科学本质的综合性基础课程,需要科学教师在理解并充分实践的基础上发挥出跨学科教学的作用。

跨学科概念教学是指基于一个或多个跨学科概念的教学,这是科学跨学科教学的特色方式,也是科学课程改革需要重点探索与突破的方向。《科学课标(2022年版)》明确了跨学科概念的组成,并且提出了跨学科概念教学可以在学科核心概念的教学中进行,也可以有计划地围绕某个或多个跨学科概念设计并实施。跨学科概念教学对学科核心概念的教学有着补充与支持的作用,将学生科学观念和科学思维等方面的发展与认识从仅来自科学探究,扩展至更为广阔的科学实践领域,同时帮助学生从知道科学到了解科学发展的原因与方式,进而弄清楚科学,将形成的条目型科学观念进行组合或综合,促进科学核心素养的整体发展。跨学科概念教学可以通过多个现象、多种事物学习和巩固一个跨学科概念,也可以通过一个现象、一种事物联系整合多个跨学科概念。

基于跨学科概念的教学是跨学科教学的重要组成部分,需要在教学中给予

---

[1] 张华.跨学科学习:真义辨析与实践路径[J].中小学管理,2017(11):21-24.
[2] NEWELL W H. Designing interdisciplinary courses[J]. New Directions for Teaching and Learning,1994(58):35-51.
[3] FOGARTY R. Ten ways to integrate curriculum[J]. Educational Leadership,1991,49(2):61-65.
[4] SINGH K, CHANG M, DIKA S. Affective and motivational factors in engagement and achievement in science[J].International Journal of Learning,2005,12(6):207-218.

充分重视并形成丰富有效的策略与方法。拓展型课程从课程内容来看既是科学课程的延续,又是独立的存在;是以完善学生的跨学科概念认知结构为宗旨,充分发挥场馆展品、实地场景、真实体验等资源对小学科学教材内容的外展延伸;是着眼于激发、培养和发展学生的兴趣爱好,具有一定开放性的主题课程。拓展型课程的设计要把握三个要素。第一,确定学生跨学科概念的有待完善之处。教师首先要对跨学科概念的内涵和外延有准确的定位,从学生已有的学业水平角度出发,通过分析学情和生情发现学生的概念薄弱处,从学生待完善的跨学科概念中找准课程生长点,制订跨学科课程目标。第二,围绕跨学科概念进行跨学科活动设计。为了让学生在已有学科核心概念的基础上有新的提升和完善,首先,教师要设计驱动任务环节,让学生把将要学习的概念和生活进行连接,如收集材料让学生聚焦相关话题;其次,教师要结合资源(展品、展览、体验等)创设真实的探究空间,活动中注重学生对概念、思维、创新能力的综合运用,以此满足学生学习进阶的成长需求。第三,以最佳资源和空间为概念建构提供支撑。地方教育资源是跨学科活动开展的重要资源依托,也是跨学科主题生成的重要基础,课程要结合能用、好用、方便实施的场馆,设计时利用最佳资源为跨学科概念教学提供学习空间或特色的实践机会,真正发挥沉浸式学习环境的作用,为学生提供感知,促进学生跨学科概念的完善。

拓展型课程在不改变现有国家课程结构的前提下,充分发挥了特色资源结合场馆的展品、实地场景、真实体验等作用,对小学科学跨学科课程育人进行了创造性外展延伸,可以促进学生走向高质量学习的进阶,从而充分发挥出课程独有的魅力。

3. 延伸课程:以超学科概念统整的跨学科型课程

《科学课标(2022年版)》将科学核心素养分解为科学观念、科学思维、探究实践、态度责任等方面。科学核心素养是学生在面对复杂的、不确定的科学情境时,表现出的在科学课堂学习中孕育与形成的结构化的科学知识与观念、探究方法与能力、科学思维模式,以及在分析情境、提出问题、解决问题和交流结果过程中表现出的具有科学特征的综合性品质。[1]跨学科教学为学生核心素养的综合性发展提供了可能与抓手,有助于生成跨学科、跨内容领域的情境体验,

---

[1] 杨向东.关于核心素养若干概念和命题的辨析[J].华东师范大学学报(教育科学版),2020(10):48-59.

在将情境与知识进行联系的同时,促进学生对知识的应用迁移和深度理解。[1]基于超科学概念的跨学科教学就是要以超越简单知识组合与学科核心概念的方式,寻找指向知识重构、跨学科概念形成、思维深化和素养发展的科学跨学科教学的路径与策略。

除了在科学课程内部进行学科核心概念的整合教学以及跨学科概念教学之外,科学课程还可以与其他课程进行综合教学。小学科学涉及的领域与内容广泛,《科学课标(2022年版)》也提出了通过诸如海报、科普剧等活动来推动教学。然而在实际的跨学科教学中,教师需要充分认识不同学科在学习中的作用与意义,也需要充分尊重不同学科的内在逻辑,不能为了"跨"和整合而忽视学科发展的逻辑,因此,基于超学科概念的跨学科教学的关键是选择和把握好切入点。[2]

跨学科型课程基于"主学科+辅学科",以学习者的成长需求为出发点,以学生的核心素养培育为落脚点,选择内容,推进整合;围绕一个或几个中心主题,融合多门学科的思维方法,引导学生在真实的情境中提高综合分析问题、解决问题的高阶能力;是国家整体课程育人理念之下的复合型综合课程。《科学课标(2022年版)》多次提及科学可以与技术、工程和数学融合,鉴于《科学课标(2022年版)》已将技术与工程领域纳入了科学课程,在实际教学中将科学与数学进行融合成为了最常见的科学跨学科教学方式之一。

科学跨学科型课程与其他学科的跨学科教学相比有着自己的特点,它既可以在科学课程内部进行跨学科学习,也可以与外部其他学科综合,形成较为丰富的科学跨学科教学组织方式。同时,在科学跨学科教学中还可以利用各种教学策略或学习方式,如现场学习、项目式学习、问题化学习等。教学策略与学习方式的选择需要与跨学科的内容与学习目标紧密结合,也需要从学生的认知水平和学习能力出发,在课程改革的过程中不断探索、实践、总结,形成有效的教学模式,最终才能发挥出科学跨学科教学对学生核心素养发展的独特作用。跨学科型课程的设计要把握三个要素。第一,多学科联合是促进跨学科概念融合的基础。根据比恩等学者的观点,课程统整既是一种课程设计的组织形态,也

---

[1] 安桂清.基于核心素养的课程整合:特征、形态与维度[J].课程·教材·教法,2018,38(9):48-54.

[2] 于国文,曹一鸣.跨学科教学研究:以芬兰现象教学为例[J].外国中小学教育,2017(7):57-63.

是一种教育理念。融合设计不是纯粹的技术手段,而是通过跨学科概念联合,消除各学科领域之间的壁垒,改变内容之间缺乏衔接的设计。第二,以顶层设计促进跨学科概念融合。以学校基础课程建设作为设计起点,教师应围绕学生关注的社会生活和话题进行顶层规划,以科学学科为主,其他学科为辅,同时着重考虑场馆资源和素养目标的对接,以此强化学生经验及其概念的有机融合。第三,多方协同助推跨学科概念融合。首先,教师要全面提升自己的综合素养,对其他学科的知识有所把握,这样才能实现多学科高效整合。其次,教师要在科学素养的支撑下思考,什么样的活动才能实现学科的有机融合。最后,教师要以学生的实际能力为设计起点,设计符合小学生认知规律和学业水平的螺旋上升式的课程,努力朝着更高的教学目标发展。

  总之,经过多年的探索与实践,小学科学跨学科课程在学生核心素养的培养方面取得了良好成效。这类课程将知识从学校拓展到校外,帮助学生将书本知识延伸至现实生活,体验真实情境,打破学科限制,整合各学科的知识与方法,帮助学生从单一思维逐渐发展为多元思维。概念在活动中不断拓展、迭代、融合,学科核心素养在反复实践与认识中不断发展。与学校的一般课程相比,小学科学跨学科主题课程不仅跨出了学校的"围墙",而且在课程目标、内容、形式、评价方式等方面均有突破,成为提升学生学习能力与人文素养,促进21世纪人才自主发展和社会性发展,实现学校课程体系变革的新路径。

第二节 小学科学跨学科主题课程的设计

学者钟启泉说过，核心素养要真正融入教育，必须借助教育的主要载体——课程。2022年版新方案和新课标立足时代精神的前哨和世界教育改革的前沿，吹响了新时代课程改革的号角。它凸显了素养为纲、综合育人、实践育人的理念，绘制了新时代我国义务教育课程发展的蓝图。

一、小学科学跨学科主题课程的设计逻辑

学者詹泽慧等（2023）认为，建立合理的分析框架是进行跨学科主题学习文本内容量化分析的基础。按照学科属性，将课程标准提到的16门学科归属到自然科学或人文社科领域，并将其作为纵向维度，按照关键词集群结果，将跨学科主题学习的目标、内容、实践、评价作为横向维度，由此构建跨学科主题学习的内容分析框架。同时，依据课程标准中各学科跨学科主题学习的相关表述以及共词分析，对共通性关键词进行集群处理，可将跨学科主题学习核心要素划分到学习目标、学习内容、跨学科实践、学习评价四个维度。换言之，跨学科主题学习是落实新课程标准的重要路径，对于打破学科藩篱、实现课程的综合化和实践化具有重要意义。[1]由此提炼出的基础教育学段跨学科主题学习的基本思路也给小学科学跨学科主题课程的设计带来了深刻启发。

笔者从以学习为中心的视角，将目标、内容、实践、评价作为课程设计必须考虑的核心要素，梳理了小学科学跨学科主题课程设计的要求和规律。围绕课程目标、课程内容、课程实践、课程评价等要素，提炼出基础教育学段开展小学科学跨学科主题课程的基本逻辑。通过锚定素养发展主轴，构建"双基—学科

---

[1] 詹泽慧,季瑜,赖雨彤.新课标导向下跨学科主题学习如何开展：基本思路与操作模型[J].现代远程教育研究,2023,35(1):49-58.

思维—高阶素养"的递进目标体系;聚焦文化与社会议题核心,以大概念统揽课程内容;以问题链导航,借任务簇驱动,深化跨学科项目式学习实践;着眼核心素养成长阶梯,推行真实情境下的多元化评价,探索小学科学跨学科主题课程设计的创新之路。

(一)目标定向:锚定素养发展主轴,构建"双基—学科思维—高阶素养"的递进目标体系

小学科学跨学科主题课程在学习目标的设计上,要以核心素养为纲,在课程蓝图中明确素养发展的核心路径,确保每一步教学活动都紧扣核心素养提升这一主题,具体表现为"双基—学科思维—高阶素养"三个递进层次。第一层,事实现象、具体概念与"双基"层对应;第二层,学科观念、科学思维、综合思维等与"学科思维"层对应;第三层,创新意识、审美创造、人地协调观、态度与责任等与"高阶素养"层对应。简而言之,就是将基础知识、基本技能与学科特有思维紧密结合,为学生打下坚实的学科基础,再通过设计层层递进的挑战任务和创新项目,逐步点燃学生高阶思维的火花,为未来的创新之路铺就基石。

整体而言,小学科学跨学科主题课程学习目标的设计要紧紧围绕素养发展这一主线。在"双基"层,学习目标的制订要以具体学科的知识和技能为基础,以学习方式和过程为支撑,旨在促进学生对核心观念的建构和大概念的理解。在"学科思维"层,要强调学生通过体验、认识及内化等过程,逐步形成相对稳定的思考和解决问题的思维方法。在"高阶素养"层,要强调学生在探究实践和创新创造过程中,运用多学科知识创造性地解决劣构问题,完成复杂性任务。此外,核心素养具有整体性、一致性和阶段性等特征,在不同阶段有不同的侧重。例如,小学阶段侧重对经验的感悟,初中阶段侧重对概念的理解和应用。总之,小学科学跨学科主题课程的学习目标要以核心素养为纲,将"三有"(有理想、有本领、有担当)素质要求转化为不同层次的具体教学目标,从而保证学生在跨学科实践过程中逐步形成个人终身发展和社会发展所需要的正确价值观、必备品格和关键能力。

(二)内容整合:聚焦文化与社会议题核心,以大概念统揽课程内容

小学科学跨学科主题课程面向的是生活中的学生,课程倡导学习内容源于社会生活情境。具身认知理论认为,认知是横跨内部世界和外部环境的操作,身体与情境的相互作用有助于跨学科知识的情境化迁移。因此,具身性、情境化主题的创设有助于培养学生在复杂现实情境中解决具体问题的能力,教师要精心选择具有时代感和地域特色的文化与社会议题,确保课程内容与学生的现实生活紧密相连。人文社科类的小学科学跨学科主题课程可以多关注日常生活和社会热点等,例如,语文课程标准提倡选取文化现象、热点话题、科技活动等主题,地理课程标准提倡选取环境保护、资源利用、家乡生产生活的变化等主题,历史课程标准提倡选取水陆交通发展、国家治理、经济交流、历史变迁等主题。而自然科学类的小学科学跨学科主题课程可以注重发掘社会科学性议题,包括科学、技术、社会、环境等。

在课程内容组织方面,大概念是连接学科内知识和学科间知识的桥梁。随着知识观的不断发展,知识的存储与生产呈现出网络化的特点。《科学课标(2022年版)》强调大概念在教学中的统摄作用,注重基于大概念整体设计的单元教学。自然科学类课程标准特别强调学科大概念,但其对大概念的表述并不统一,如物理课程标准中大概念以物理概念的形式呈现,信息科技课程标准将其描述为逻辑主线(如数据、算法、人工智能等),科学、化学课程标准中则以核心概念、跨学科大概念等形式呈现。其中,科学课程标准着重强调"通过对13个学科核心概念的学习,理解物质与能量、结构与功能、系统与模型、稳定与变化4个跨学科概念"。

当前,人们对大概念思想及其思维方式已建立了较为深刻的认知,并形成了两种共识:一是不断运用和激活大概念可以有效避免"惰性知识"的形成;二是具有多种知识类型属性的大概念课程架构,能够将内容与多维目标实质性地联系起来,以促进学生从掌握基本概念转向应用复杂规则和创造性解决问题。因而,通过大概念这一桥梁来统整跨学科学习的内容,成为实施小学科学跨学科主题课程设计的共识和难点。

需要强调的是,小学科学跨学科课程内容设计倡导课程设计者要有创新精神,以超越学科之间的界限,将不同学科中的相关内容进行有机融合,为学生开拓学习视野。

（三）实践创新：以问题链导航，借任务簇驱动，深化跨学科项目式学习实践

自主合作探究提高了学生学习的主动性与自觉性，但也暴露出"虚探究"和"假探究"两大问题。《义务教育课程方案（2022年版）》的一大亮点便是用学科实践代替学科探究，要求学生在项目式学习过程中像学科专家一样思考与行动。跨学科实践包括两个要点：一是设计具有启发性的问题链；二是构建指向核心素养的表现性任务簇。

构建问题链，引领探究过程实践，设计任务簇，激发内在潜能实践。首先，教师要设计一系列逻辑严密的问题链，引导学生逐步深入探究，培养其问题解决和科学探究的能力。由多个劣构问题串联而成的问题链是学生深度参与学习的关键。问题必须要以大概念为载体，让学生在问题解决的过程中不断深化对大概念的认识，由"为什么做"到"做什么"再到"怎么做"，层层追问，形成问题链。此外，跨学科问题应具备针对性、挑战性、逻辑性、递进性和应用性等特征。其次，教师要围绕大概念和跨学科内容，设计具有挑战性和吸引力的任务簇，充分激发学生的内在学习潜能。跨学科问题的设计尤为重要，其向上联通核心素养和大概念，向下承接具体的表现性任务簇，问题环环相扣、层层递进。从目的上看，问题链是通过有逻辑结构的问题群，引导学生从低通路迁移转向高通路迁移，并促进其对问题的深度理解。再次，采用项目式学习方法，可以让学生在解决实际问题的过程中综合运用所学知识，提高跨学科的综合能力。以项目式学习为主体构建指向核心素养的表现性任务簇，有助于将实践过程进一步细化。此处的学习任务有两种：一是解决大任务统领下的真实问题；二是开展促进核心概念建构的系列活动。

小学科学跨学科主题课程中的实践活动应是递进式螺旋上升的，教师应将大任务拆解成若干个活动序列，以便让学生更好地参与到跨学科实践中。其拆解要点是将真实问题解决框架作为外显主线，将核心概念作为路径，以核心素养培育为指引方向，将活动表征为学习理解、问题解决、创新应用三个递进层次。

（四）评价革新：着眼核心素养成长阶梯，推行真实情境下的多元化评价

《义务教育课程方案（2022年版）》指出："创新评价方式方法……注重动手操作、作品展示、口头报告等多种方式的综合运用，关注典型行为表现，推进表

现性评价。"这明确了如何确立素养本位教育评价观,设计并实施表现性评价,是当前课程改革的关键问题。侧重表现性评价对发展学生的核心素养有重要价值。表现性评价是素养本位课程体系的主要评价方式。

聚焦素养阶梯,明确评价航标。在评价体系中明确核心素养的发展层次和具体指标,可以确保评价能够真实、准确地反映学生的素养水平。在评价内容方面,《义务教育课程方案(2022年版)》强调围绕学生核心素养和发展水平的提升来展开。一是对学生参与实践过程中的核心素养进行评价。例如,自然科学类和人文社科类小学科学跨学科主题课程学习,既要求对学生表现出来的各学科共通性素养进行评价,如科学观念、科学思维、唯物史观、家国情怀等,又要求对运用多学科知识能力、批判性思维、提出和解决问题能力、收集和处理信息能力、团队合作能力以及情感价值观和态度等跨学科素养进行评价。二是对学生参与小学科学跨学科主题课程学习活动的表现或成果进行评价,即开展表现性评价。表现性评价是一种基于循证思想的教学评价,它要求素养的达成通过外显的行为来体现,其中的物化学习成果(如文本、模型、设计图、调研报告、设计方案、创意制品等)是最能体现学生达成预期学习目标的证据。三是通过建立综合素质档案袋捕捉关于学生知识、技能、态度的学习证据,为评价学生核心素养的发展情况提供客观依据。

要精心创设或模拟真实的情境评价任务,让学生在完成任务的过程中充分展示其核心素养。在评价方法方面,《义务教育课程方案(2022年版)》强调针对不同的跨学科学习内容,师生应共同制订多种基于核心素养的评价量表,如选题评价表、活动过程评价表、作品评价表和综合评价表等,用于学生自我诊断、组间评价以及教师的评价反馈。跨学科教学评价应注重创设具有综合性、实践性和开放性的跨学科问题情境。这与易克萨维耶·罗日叶提出的整合性逻辑评价的思想不谋而合,都强调在真实的情境中运用跨学科知识和技能去解决现实问题。

总之,评价不应游离于课堂之外,而应是贯穿整个跨学科实践过程、在真实的问题情境中开展的多元评价;应采用多种评价方式和工具,形成对学生全面发展的多元化评价,以确保评价的客观性、全面性和准确性。它旨在形成对学生跨学科知识运用水平、学习活动表现等方面的全程记录,以及对学生在创意实践过程中成长与变化的全面追踪。

二 小学科学跨学科主题课程的设计原则

人工智能、量子技术、空间探索、能源危机等共同定义了当前的教育4.0时代。面向深度学习、复杂问题解决、快速革新的跨学科教学受到广泛关注,成为培养拔尖创新型人才的重要手段。跨学科教学在培养学生的创新能力、辩证思维、沟通合作能力、问题解决能力等共通性素养上独具优势,已被多国纳入国家层面的教育战略,如芬兰的现象式教学、澳大利亚的跨领域统整课程、美国的STEM教育等。在我国,跨学科教学在基础教育中早已落地生根,但因还未建立起成熟和丰富的高质量跨学科主题课程,在教学实施过程中存在目标游离化、内容拼盘化、形式杂糅化、方法研究化等实践落差(田娟等,2019)。因此,在开发小学科学跨学科主题课程之前应先确立一些原则,才能为课程开发提供明确的方向,规范课程开发的目标、内容。一般而言,以核心素养为着力点,从课程设计的视角出发,依据课程标准和相关知识领域,主动选择有意义的教学内容和非正式学习(广义场馆)资源素材,制订精准的学习目标,策划结构化的学习内容,设计序列化的跨学科实践活动,辅之以全程持续性的学习评价等,才能够更好地发挥跨学科主题课程教学的优势。

笔者从小学科学跨学科主题课程教学的目标、内容、实施与评价四个维度建立了框架,并对全过程、各环节进行了整体规划和系统设计。在目标维度,要以跨学科素养的养成统领小学科学跨学科主题课程教学目标,并以此整合具体的目标、内容、实施及评价;在内容维度,将学科大概念作为跨学科素养的基本结构,这是促使小学科学跨学科主题课程教学内容结构化的关键;在实施维度,在有针对性地选择学科核心大概念,厘清大概念群之间的关系的基础上,建立小学科学跨学科主题课程教学的大单元知识脉络,明确大单元知识和任务之间的内在联系,这是促使小学科学跨学科主题课程教学实施情境化的逻辑前提;在评价维度,"教—学—评"的一致性强调三者均围绕学科大概念的理解和运用来展开,以实现小学科学跨学科主题课程教学评价的科学性和适宜性。显然,目标、内容、实施与评价的明确需要紧紧围绕着跨学科素养及其基本结构——学科大概念,从而体现出一种高度的适配性,这是小学科学跨学科主题课程设计所必须遵循的根本准则。

(一)课程目标设置:精准式定位,面向未来

基于融合视域下的小学科学跨学科主题课程是在校学生都要掌握和共同学习的综合体系,因此目标的设置要符合课程规范。只有在课程标准等政策和文件的指导下,系统分析学习者的需求、跨学科学习的内容、校内外资源的优势,才能让课程规划更为精准,设置的课程目标、课程内容和教学要求才能够契合主题学习实际。[1]因此,课程目标制订应该秉持"下限思维",即课程目标要面对全体学生,把握好难易程度,不可把课程目标制定得过高或过低,应该是学生通过努力可以摸得到、够得着的标准,这样才能发挥目标的导向作用。第二,课程目标应该具有唯一性,即目标是依据学生的发展需要制订的,是针对校内没有完成或是完成效果不佳的现状,制订出的校内外有所侧重、紧密相连但又不交叉、分层又有递进的课程目标。第三,用具体行为动词描述目标,可以采用布鲁姆对认知领域教学目标的分类方式,从知道、理解、运用、分析、综合和评价六个层次呈现课程目标,以明确评价方式并满足师生自我评估的要求。以课程标准为核心指导,结合跨学科学习内容精细化地设置目标,才能够合理地制订出有利于课程实施、学生成长的标准,让他们能够带着明确的目的在跨学科学习中开展有意义的探究活动。推进课程目标设计的科学化和精准化,更利于教学质量与教学效果的提升。

(二)课程内容策划:结构化布局,创新融合

小学科学跨学科主题课程的内容往往是小学科学课程内容的延伸和拓展,因此,需要建立新的结构化的内容体系,以确保课程内容的科学性和系统性。小学科学跨学科主题课程内容结构化对于跨学科实践具有重要作用,课程设计者必须结合学生的认知规律和发展阶段,将课程内容与真实问题场景或社会热点议题相结合,按照一定的纽带进行排序和归类,使孤立的、无序的内容变成具有一定逻辑关系且相互联系的整体。策划结构化的课程内容可以采用以下几个方法:一是基于知识联结的结构化方法,课程设计者通过寻找知识之间的相互关系和存在的逻辑关联,或是研究对象存在的交叉与重叠,把分散的知识依

---

[1] 徐晨来,高翔.基于场馆的小学科学研学课程开发目标和原则[J].湖北教育,2022(10):46-48.

据某种要素进行结构化的编排;二是基于认识路径的结构化方法,即对于一些跨度较大的知识和内容,可以从认识路径、研究方法或应用场景的角度,寻找其内在联系,明确分类标准,使之成为有机联系的结构化课程内容;三是基于学科大概念的结构化方法,即围绕学科大概念对课程内容进行编排,将大概念分解成不同层级的概念体系,围绕概念的层级关系形成结构化内容。正如布鲁纳所认为的:获得的知识,如果没有完整的知识结构把它们联系在一起,那多半是会被遗忘的知识。当学习以结构化的方式展开时,学生可以迅速地理解所学知识的意义及来龙去脉,随着学习的积累,学生会逐渐加深对概念的理解,从而形成自己的知识体系,在今后应用时可以快速地检索提取。小学科学跨学科主题课程内容的结构化,能成为新知识的生长点,也是促进学生科学核心素养形成和发展的有效途径。

(三)课程过程设计:活动化导向,体验探究

对中小学生而言,其群体学习若离开活动,知识体系的建构就容易失去实践根基。因此,小学科学跨学科主题课程实践过程的活动化设计具有重要的现实意义。活动化设计课程实践过程是指基于泰勒的课程理念,从培育核心素养的视角出发,从活动目标、活动内容、活动实施和活动评价四个方面入手,着力改变当下研学活动的不可控性,解决原有活动的无意识化等问题,进而达到提升活动育人价值的目标。在具体的小学科学跨学科主题课程中,将活动作为跨学科学习的载体或中介,把小学科学跨学科主题课程按一定的线索或主题串联,将课程所需要传递的科学知识、科学技能、科学态度、科学精神等都融于活动之中,真正实现外部实践活动和内部学习建构活动的统一。活动化课程设计的步骤有三个:其一,把小学科学跨学科主题课程分解成序列化的主题模块,使课程过程组织具有模块化、活动化的结构和特点;其二,把活动化的模块课程和真实生活情境连接,使活动的具体内容与实践经历产生有效互动;其三,采用多种视角建构课程活动过程,设计引导学生主动参与、主动体验、协助生成、积极反思等有目的的行动。通过活动促进外在学习环境和客观事物耦合,实现主观能动群体之间的交互通感过程,实现学习环境信息化传导过程,实现个人知识的积累与整合。

(四)课程环境搭建:沉浸式体验,潜能激发

认知发展领域的研究表明:儿童的学习过程即通过与环境的积极互动,在头脑中形成结构或概念。具身认知理论认为,学习环境是指一种心智嵌入大脑、大脑嵌入身体、身体嵌入环境的多重嵌套型学习环境。[1]金伯利·基尔在畅想未来时曾说,教育不仅发生在课堂,它还发生在包括博物馆在内的各种社会资源所组成的生态系统中。从以上不同的研究成果中可以看出,跨学科课程环境的选择与创建对学习同样起着重要的作用。基于校外资源(如场馆资源)开发的跨学科主题课程就是要让儿童借助场馆丰富的标本、实物、场景等环境元素来探索和了解世界,通过观察、探索和人际交往等途径来理解事物,并将不同的事物联系起来,形成对世界的认知。[2]为了让跨学科课程环境能够更好地辅助课程教学,设计者需要在搭建跨学科主题实践环境时,根据不同情况采取不同策略,例如,尽可能创设增强性的学习环境,突出与跨学科主题相关的环境,弱化无关环境,使学生能够聚焦学习目标和内容,更好地实现身体与环境的交互,进而提高学习效率。教师可以根据教学需求采用模型或模拟替代环境来搭建所需的跨学科学习环境,或者创设替代性学习环境作为必要补充。例如:"地表的形成"这类随着时间推移而演化的过程,就可以借助虚拟现实的形式进行环境复原及演示;对有些特大或微小型的环境以及无法在特定的时间内完成的学习,微型的临时展览等就成了完美的替代性研学环境。巧妙利用替代性研学环境既可解决环境空缺的难题,又可更加顺利地推动研学有序开展。[3]以具身认知理论为指导搭建学习环境,能让体验性学习实现深度回归,学生将更愿意积极主动地参与并沉浸到跨学科学习的活动之中,在跨界学习场域中获得学习的最佳体验和最大收获,从而大幅提高学习效果。

(五)课程评价实施:形成性反馈,持续发展

评价系统科学合理,评价实施才能准确有效。课程目标作为教育教学的实

---

[1] 陆庆祥,罗桂雨.具身认知理念下的研学旅行理论刍议[J].湖北理工学院学报(人文社会科学版),2021,38(6):8-12.
[2] 杨彦军,张佳慧.沉浸式虚实融合环境中具身学习活动设计框架[J].现代远程教育研究,2021,33(4):63-73.
[3] 单良,刁鹏博,谭晓红.基于具身认知理论的研学旅行策略研究[J].地理教学,2020(5):57-60.

践方向,是教师制订课程评价系统的唯一依据。学生作为学习的主体,他们的学习过程更应是评价的关注重点。将课程评价融入跨学科学习过程之中,让评价成为教学过程的一部分,才能实现"教—学—评"三位一体的目标。教师应正确认识形成性评价的作用,立足于学生的个性发展和全面发展,构建科学的评价指标体系,建立健全学习评价反馈机制,以此促进评价内涵的发展。在小学科学跨学科主题课程设计过程中,创设科学的评价方式,对学生学习的各环节进行信息收集,如及时收集学生的调查报告、思想感悟作文、研学手册、成果作品、自评表、同伴互评表等,能为教师开展形成性评价提供多维度、客观的评价依据。教师应把评价机制渗透到项目式学习前、中、后每个阶段,利用收集到的信息引导学生反思,肯定其学习收获,帮助他们不断改进学习方法,提高学习水平,以发挥形成性评价的系统作用。①

三 小学科学跨学科主题课程的设计步骤

《义务教育课程方案(2022年版)》确立了"加强课程综合,注重关联"的基本原则,其主要内涵包括三个方面:第一,就每一门学科而言,均须加强课程内容与学生经验、社会生活的联系,强化学科内知识整合;第二,优化道德与法治、科学、艺术等学科群的综合课程设计,以及综合实践活动等生活类综合课程设计;第三,增设跨学科主题学习,开展跨学科主题教学,即围绕学生感兴趣的现实世界中的主题,以一门学科为主体,跨越其他学科,设计系列探究活动,帮助学生开展探究学习。这些举措均旨在"培养学生在真实情境中综合运用知识解决问题的能力",这种能力即核心素养。核心素养不能传递,只能通过学生亲身经历的跨学科实践而获得;同时,核心素养的培养不是一蹴而就的,而要经历足够长的时间,通过由浅入深的系列探究活动才能累积而成。②实践证明,传统分科课程难以支撑跨学科素养的培育,结合小学科学跨学科教学的综合性与实践性,构建基于单元的整体设计,即大单元设计,能有效促进跨学科素养形成。小学科学跨学科主题课程设计,按其序列要素,需要推进确定单元主题、确定单元目

---

① 徐晨来,高翔.基于场馆的小学科学研学课程开发目标和原则[J].湖北教育,2022(10):46-48.
② 张紫屏.跨学科课程的内涵、设计与实施[J].课程·教材·教法,2023,43(1):66-73.

标、建构单元内容框架、设计单元实践活动、设立单元教学评价这五个环节。

(一)确定跨学科单元主题

主题是普遍的学科内容与学生的心理经验和社会生活相融合而生成的探究要旨。跨学科单元课程主题是运用两种或两种以上学科的观念、知识和方法探究一个现实问题所形成的单元学习要旨。主题要在不同学科之间建立联系,实现学科知识的深度情境化,体现跨学科性;要与社会生活建立联系,实现知识的应用价值,体现社会适切性;要与学生的心理经验和认知发展水平建立联系,让学生喜闻乐见,体现意义性。教师可根据学生的发展需要,从课程标准建议的跨学科主题中选择,也可基于课程标准的相关要求、当地社会生活和学生发展特点生成新的跨学科单元主题,充分体现跨学科主题的生成性。[1]

(二)确定跨学科单元目标

教学的成果主要看教学目标的达成情况,教学目标既是一堂课的起点,也是一堂课的终点。小学科学跨学科主题课程教学从一个具有引导功能的学科出发,运用关联学科的知识,通过有意义的连接,实现跨学科素养的培育。跨学科素养是学生在课程学习过程中逐步形成的跨学科价值观、必备品格和关键能力。我们可以从跨学科观念、跨学科思维、跨学科的探究实践、跨学科的态度和责任这四个维度进行考量。

首先,跨学科观念是从跨学科视角理解不同领域的概念、原理和规律,形成对客观事物的总体认识和基本观点。知识是学生发展的起点,要落实核心素养,必须借助知识基础,才能解释科学现象和解决实际问题。其次,跨学科思维是从跨学科的视角,对自然界客观事物的本质属性、内在规律和相互关系的认识方式,运用比较分析、抽象概括、模型建构、推理论证、迭代测试、作品展示等方法思考和分析问题。跨学科思维是培育学生批判质疑、协作沟通、创新等科学精神的重要途径。再次,在跨学科的探究实践方面,跨学科主题来源于实际生活,跨学科教学强调学生与自然相遇,从学生的视角思考人与自然的相处之道,在对主题进行积极探索的过程中,倡导学生自主构建知识,掌握规律,提高问题解决的能力。最后,跨学科的态度和责任是在认识自然规律、理解人与社

---

[1] 张紫屏.跨学科课程的内涵、设计与实施[J].课程·教材·教法,2023,43(1):66-73.

会的关系的基础上形成的科学态度和社会责任。科学态度主要体现在学生乐于探索自然界的奥秘,保持积极向上的探究热情,基于事实和证据大胆求真。社会责任主要体现在基于跨学科的认识及对真实世界的理解,学生积极参与社会事物的讨论,并做出理性的判断,担当社会责任,遵守伦理道德。例如"光影设计师"这一课基于科学教材"光"单元,关联技术、数学、工程、艺术等学科,旨在培养学生的跨学科素养(表3-2-1)。

表3-2-1 "光影设计师"跨学科素养目标

跨学科观念	光的反射定律、物质的运动与相互作用、工程设计与物化等
跨学科思维	构建模型,能基于现象阐述、分析问题,形成问题解决方案
跨学科的探究实践	利用原材料创新性地完成产品构思、草图设计、原型制作、测试和评估;在此过程中大胆质疑,从多角度解决问题;同伴交流,虚心接受别人的意见,反思自己的不足,以同理心与产品用户产生共鸣
跨学科的态度和责任	小组合作,形成集体意识;积极承担组内工作,助推团队目标实现

(三)巧借概念统领,建构单元内容框架

仅明确跨学科单元主题和目标对于跨学科教学来说是远远不够的,为了使跨学科的教学设计更加完整且有效,教师必须基于一个主题对跨学科的教学内容进行整理和删选,而大概念就是组织跨学科教学内容的有力抓手。跨学科课程统整的知识由学科知识、学科间知识、跨学科知识三部分构成,其中大概念作为跨学科知识的核心,可以将零散的事实、技能和经验有机组织起来。

美国《下一代科学标准》提出了图式与模式、原因与结果、尺度与比例、物质与能量、结构与功能、系统与模型、稳定与变化7个跨学科大概念。在小学科学跨学科主题课程教学时,教师可以利用它们对核心概念进行细化分解以及横向联结,实现学科大概念的跨越。小学科学跨学科主题课程教学知识的构建需要四个步骤。一是精心挑选,教师需要挑选利于小学科学跨学科主题课程教学的各科核心概念,这些核心概念不是人为设计出来的,而是来源于课程标准。核心概念往往存在于课程标准的每一个主题背后,例如"声和光"就是蕴藏在"运动和相互作用"这个主题背后的一个核心概念。二是横向串联,从不同学科选

出来的核心概念,有些看似关联,但对解决问题并无意义,因此要摒弃那些无用的、重复的、再生性差的概念与知识。在跨学科大概念统整下横向串联起精心挑选的核心概念,可以消除学科壁垒,实现学科大概念的跨越,构建适用于本主题的核心概念群。三是细化分解,将挑选出来的核心概念细化分解到每一个知识点当中,并将其作为学生的学习任务。这些知识点也可为学生的知识测验和技能测试以及学业评价提供参考。四是更新改造,教师要时刻关注社会发展和新的教育理念,剔除繁、难、旧、偏的内容,将最新、最具时代特色的知识带给学生。例如,在"光影设计师"这一小学科学跨学科主题课程实践活动中,学生在设计和制作光影灯的各个环节,都需要综合运用跨学科的知识:学生在设计投影图案时,需要学习光和影子的相关科学原理;在设计投影灯的时候,需要了解设计图的尺寸、比例尺等数学知识;在具体制作时,需要掌握材料的切割和组装等工程技术知识;在设计光影剧场时,需要学习剧本的撰写、配音等艺术知识。而这些跨学科知识的组织,需要依据跨学科主题课程教学知识构建的四步骤来完成。

(四)聚焦学习理解,设计单元实践活动

理解是基于已有证据去发掘事实和方法背后的含义,并迁移应用在特定情境的思维活动,通常反映了人们推理等技巧方法的运用能力。威金斯和麦克泰格为基于理解的教学设计提供了"WHERETO"(W:Where,Why;H:Hook,Hold;E:Equip,Experience;R:Rethink,Reflect,Revise;E:Evaluate;T:Tailor;O:Organize)工具。学习实践活动作为教学设计的一部分,是知识内容与素养之间的纽带,"WHERETO"工具中的"WHER"为小学科学跨学科主题课程单元实践活动的设计提供了详细的路径参考。

1.了解学习需求

教师在明确了教学目标以后,要考虑学生已知的内容有哪些,想知道的内容有哪些,以及学习结束后学生能够学到什么。

2.设置问题与任务链

学习实践活动中的问题往往是那些有效的、发人深省的"锚点",它可以让课堂教学变得更生动有趣。教师可以从三个方面去思考。一是设置真实的问题。在小学科学跨学科主题课程教学中选择和创设的单元学习情境应该是与学生日常生活较为密切的真实生活情境。它可以帮助学生精深学习内容,引导学生投入其中。二是让问题激发探究的欲望。在日常教学中,一个问题被抛出来时,教师要留出几秒钟甚至几分钟让学生思考和讨论,问题的解决需要学生从不同方面进行考量,运用灵活多样的方法突破问题关键,最终让问题产生真实的教学效果。三是关注真问题。问题本身是为了解决认知冲突,而不是为了有趣,更不能让提问流于形式。好的问题可以将学习主题的核心概念连接起来,有效架构起主题的内容框架,从而使生活经验与学习内容产生有意义的关联。学习实践活动中的任务主要是指学生在信息收集、理解、加工或问题解决、决策时的课堂交际活动,问题与任务相互关联、相互呼应。小学科学跨学科主题课程教学中的问题驱动式教学、情境教学、小组协作、翻转课堂等具有实践性和互动性的教学方法经常被用于完成各种学习任务。

3.探索和体验

学习实践活动的核心在于探索和体验。学生如何参与到核心概念的学习和探索中?加深核心概念的学习需要什么样的体验?面对这些问题,教师要从以下两个方面进行思考。一是丰富学生体验。换句话说,只有经历了丰富的体验,核心概念才能明晰,学生才能把抽象的概念带入生活。二是提供学习支架。在学习探索阶段,学生难免遇到不同的问题,导致探索过程停滞不前。这时,教师应该及时为学生提供教学支架,帮助他们完成学习探索,当支架最终被"撤"去时,学生已经具备了一套可应用的行动本领,并能够完成迁移。

(五)基于多元理解,设立单元教学评价

理解是多维和复杂的,为了构成成熟的理解,威金斯和麦克泰格提出了理解的六个层次——解释、阐明、应用、洞察、神入和自知。教学评价反映了学生对知识的理解情况。

首先,过程性评价对应理解的解释、阐明、应用这三个层次。教师可对学生在学习过程中的解释现象、收集和处理数据、运用图片和模型等过程性行为进行评价。例如,在"追梦航天——我是小小探险家"主题课程教学中,教师可以把跨学科教学活动的过程分为活动参与度、活动中的沟通能力、提出想法的能力、小组合作能力四个评价维度,每个维度按照"积极""比较积极""偶尔""基本

没有"设置不同的评分标准。其次,同伴互评对应理解的洞察、神入两个层次。洞察是聆听别人的观点,用批判的眼光看待问题;神入是从同伴的观点、思路中寻求新的价值。因此,教师可以让学生对小学科学跨学科主题课程活动的过程进行互评,鼓励学生像评估员一样思考,在互评中互学、互进。例如:"追梦航天——我是小小探险家"评价表中的"小组其他成员对我的建议""我从其他成员那里学到的知识、技能",这些都是学生与同伴进行互评的部分。最后,自我评价对应理解的自知层次。自知是一种正确的自我评价,自我评价的前提是了解自己的个人风格、思维习惯和喜好。例如"追梦航天——我是小小探险家"评价表中的"我对本次活动做出的贡献"就是学生的自我评价。

因此,小学科学跨学科主题课程教学评价应坚持这样几个原则。第一,教师评价的前提是理解学生。教师只有理解学生的学习特征,才能引导学生对小学科学跨学科主题课程进行持续思考,提升学生对学习的投入程度。第二,教师要对学生进行课前、课中、课后的过程性评价,才能够全面评估学生是否发生了真正意义上的学习,才能激励学生在理解的基础上进行创造性学习。第三,教师要根据不同的场景和评价目标,自主设计评价工具,在使用的过程中不断修订和完善评价工具,以实现对学生的精准评价。第四,教师要善于运用多元和个性化的评价方式来综合考查学生的学习表现。

在实际教学中,由于评价对象的不同、个体的差异性以及学科的独特性等因素,我们不能套用一个模式,教师应该将这些特殊性纳入考量,用多把尺子衡量教学,关注学生知识的获得和能力的提升。但不论采用哪种评价方式,都要求教师在评价的过程中育人,促进学生的全面发展和个性发展。

第四章

趣探科学:小学科学跨学科教学的主要操作策略

小学科学教育是知识启蒙与素养培育的基石，正面临着前所未有的挑战与机遇。面对快速变化的世界与日益增长的知识需求，传统的教学模式已难以全面满足新时代对人才培养的要求。因此，探索一种促进学生综合素养全面提升的教学新范式，显得尤为重要。在此背景下，本章深入剖析小学科学跨学科教学的主要操作策略，旨在构建一个既根植于现实基础，又面向开放未来的教育体系。为实现"育全面发展的人"的目标，本章将详细阐述四大教学策略：情境连接策略，通过构建跨学科的真实情境，增强学生的学习代入感与情境理解力；实践互动策略，以加强学生之间、师生之间的深度交流与合作，促进思维碰撞与知识共享；思维外显策略，鼓励学生以多种方式表达自己的想法与理解，促进思维的可视化与深度加工；多元评价策略，建立全面、多维的评价体系，不仅关注学习结果，而且重视学习过程与个性差异，为每位学生的成长提供精准支持。本章还将介绍如何建构大概念统摄下的评价连续体，这一创新性的评价体系旨在确保教学评价的科学性、连贯性与发展性，为跨学科教学的持续优化提供坚实保障。本章不仅是对小学科学跨学科教学实践策略的深度挖掘，更是对教育发展方向的积极探索。笔者期望通过本章的论述，能够为教育者提供一套可操作、可复制的教学策略与评价体系，共同推动小学科学教育迈向更加融合、开放、实践与评价并重的新高度，为培养具有创新精神与实践能力的人才奠定坚实基础。

第一节　小学科学跨学科教学的方式方法

在当今全球化与教育改革的背景下,小学科学教育正经历着一场深刻的变革。传统的学科界限逐渐被突破,跨学科整合与创新成为新的发展趋势。在这场变革中,跨学科这一教学模式以其独特的魅力和深远的意义,逐步成为教育改革的重要方向。小学科学跨学科教学作为培养学生综合素质与创新能力的有效途径,其方式和方法鲜明且富有深意。本节从教学目标、教学内容、教学过程、教学设计、教学方法五个维度,着重对小学科学跨学科教学的方式方法进行剖析和明确,以期揭示其内在逻辑与价值,为梳理跨学科教学策略奠定坚实的基础。

一　教学目标的设置:注重"五育"融合与素养提升的共进

我国基础教育的改革与发展进入了"五育"并举、融合育人的新阶段。2019年6月《中共中央　国务院关于深化教育教学改革全面提高义务教育质量的意见》明确提出要"坚持'五育'并举,全面发展素质教育",以及突出德育实效、提升智育水平、强化体育锻炼、增强美育熏陶、加强劳动教育的具体要求,促进德育、智育、体育、美育和劳动教育的有机融合成为推进素质教育的重要理念与举措[1]。要实施"五育"融合需要学校在育人体系、课程规划、教学模式等方面进行变革,更需要教师基于"五育"融合的理念与特征在思维方式上做出改变。其中,教学思维方式的变革决定着教师教学行为的变化,在教学的基本环节中影响着"五育"融合目标的实现。

"五育"融合是由"五育"和"融合"这两个概念结合而成的复合概念。"五育"是指德育、智育、体育、美育、劳动教育,包括了"五育"各自的目标、内容、方式

---

[1] 李政涛."五育融合"推动基础教育高质量发展[J].人民教育,2020(20):13–15.

等;融合是指几种不同的事物合为一体;"五育"融合则指德、智、体、美、劳"五育"在目标、内容、方式等方面相互关联、彼此渗透、融为一体,共同作用于学生全面发展的过程。[1]其内涵可从三个方面来理解:一是"五育"的目标虽然各有侧重(分别为向善、求真、健体、立美、践行),但其宗旨一致,那就是促进学生作为完整的人的全面发展;二是"五育"的每一育都很重要,它们是全面培养教育体系中不可或缺的组成部分,在人的成长过程中共同发挥作用;三是各育在目标、内容、实施过程等方面具有内在联系,它们相互影响、互为条件、互促共进,是不能分割的有机整体。"五育"融合的提出,直指长期以来存在的"疏德""偏智""弱体""抑美""缺劳",以及各育之间"彼此分离""相互割裂""互不相关"等痼疾导致的"片面发展""片面育人"[2],对树立全面发展的育人理念,推进素质教育以及深化课程与教学改革具有重要意义。

促进"五育"融合与素养提升共进意味着在确立教学目标时,教师要打破还原思维的限制,以整合思维进行目标设计。还原思维是一种分解、分析型思维,是把一个完整的对象分解为若干单元或组成部分进行认知的思维方式。这种思维将任何复杂的对象都视为由一个个部分组成的整体,它把整体当成各个部分的相加,认为经过分解、还原,把每个部分弄清楚之后累加起来,整体的面貌就显现出来了。还原思维在日常的课程与教学中时有体现。例如,课程与教学目标的三个维度原本是一个整体,在教学实施中却常割裂为各自独立的目标维度,很多教师以为分别实现了各维度的目标就达到了整体的教学目的。再如,核心素养是综合性、整体性的素养,可是各学科教学将其还原为十分精细的学科核心素养要素,然后对照划分的要素来进行教学目标设计。如果仅用这种还原思维来确定"五育"融合的教学目标,就容易把目标视为各育目标要素的简单相加,再根据这些细化的目标要素来实施教学。这样的教学实现的是各育分立的目标而非"五育"融为一体的目标,"五育"融合的整体性则无法实现。整合思维是把对象视为一个完整的统一体来加以认知的思维方式。这种思维认为任何事物都是一个不可分割的有机整体,一旦分割就将失去其本来的结构和特性,因此不能把对象分解为一个个的部分来加以理解,而应将其作为一个整体来看待。

---

[1] 刘登珲,李华."五育融合"的内涵、框架与实现[J].中国教育科学,2020,3(5):85-91.
[2] 罗生全,周莹华.跨学科共同体提升教师专业发展效能的价值、经验及策略体系[J].湖南师范大学教育科学学报,2020,19(3):73-79.

以整合思维进行"五育"融合的教学目标设计时,首要关注的是作为整体的"五育"的内在统一性,尽管"五育"有各自分立的目标,但要以整体观之,即要把各育的目标统筹起来,根据各目标之间的有机关联来规划、设计教学目标。具体而言,首先需要对各育的目标系统进行详细的分析,找到各育目标之间的内在关联,然后根据不同学科的特点进行整合。需要注意的是,整合的方式可以是以一育的目标统整其他各育的目标,也可以是根据各育目标的结合点来设计教学目标;可以从教学目标的知识技能、过程方法、情感态度价值观三个维度来整合各育目标,也可以侧重于某一个维度来加以整合。而不论哪一种方式,整合思维关注的是各育目标之间的协同性,以及与学科特点的契合度[1]。在"跨域趣探"课程体系中,不管是家庭中的"趣·玩"、学校中的"趣·探",还是社会中的"趣·悟"学习过程,都要聚焦学生核心素养的提升,同时突出德育实效,提升智育水平,强化体育锻炼,关注美育熏陶,加强劳动教育等,通过"五育"并举立德树人,全面发展素质教育,促进"五育"融合与素养提升并进。

二 教学内容的选择与重构:注意基础性与开放性的统筹兼顾

《科学课标(2022年版)》指出:"义务教育科学课程是一体现科学本质的综合性基础课程,具有实践性。"可以理解为义务教育科学课程是一门基础性、综合性和实践性课程,其目的是帮助学生掌握科学本质。

科学学科的基础性指义务教育阶段的科学课程是国家依法统一实施的所有适龄儿童、少年必须接受的教育。基础性是义务教育阶段所有课程的属性,要求聚焦学生的核心素养,培养学生适应未来发展的正确价值观、必备品格和关键能力,引导学生成为有理想、有本领、有担当的时代新人。科学课程的目标亦是培养学生的核心素养,包括科学观念、科学思维、探究实践、态度责任等,为学生今后学习、生活以及终身发展奠定良好的基础,提高全民科学素质,促进经济社会发展和科技强国建设。小学科学跨学科课程是在国家课程的基础上建构的课程,因此也具有基础性。此外,在选择教学内容时,要把科学学科最有价值的内容作为基础知识,同时兼顾开放性,以充分发展学生各方面的能力,适应未来社会发展的需要。

---

[1] 辛继湘.基于"五育融合"的教学思维方式变革[J].中国教育学刊,2022(9):88-92.

第一，要注重学科知识的基础性和整合性。在真实世界中，问题解决的过程是复杂的，学生需要综合运用不同学科的知识来解决问题。《义务教育课程方案(2022年版)》也明确提出"加强学科间相互关联，带动课程综合化实施"。指向问题解决的跨学科主题教学，可以通过基于真实问题解决的不同学科知识、技能和方法的统整，促进知识结构化，形成有组织的知识结构，从而达成问题解决的目标。

第二，注重问题解决的开放性。跨学科教学不局限于对某一学科知识的认知和理解，它鼓励学生基于有思维含量的真实问题，探索问题解决的多种可能。真实问题的开放性和问题解决方法的开放性，能够赋予学生主动探索的时空，有助于学生摆脱标准答案的禁锢，调动和激活相关知识，主动寻求解决问题的多元视角并做出决策。同时，在实际问题的探究和解决过程中，学生能形成可迁移的思维方式，完成对学科知识的深度理解。例如，针对暑假后校园杂草丛生的情况，有的学校设计了"植物造纸"跨学科主题教学。在这一探究过程中，杂草处理的方式、造纸的流程、纸的用途等问题赋予学生极大的思考和探索空间。[1]

第三，内容的选择与重构要兼顾基础性与开放性。跨学科教学的知识生产源于现实问题，整合后的新知识又融入不断变化发展的环境中，并产生新的问题，进而不断开启跨学科知识生产的新一轮循环。因而，跨学科教学的知识生产系统应是基础的、可持续的，开放性特征是其核心动力。

三 教学过程的设计：注重趣味性与教育性的和谐统一

余文森教授是国内较早研究提升课堂趣味的学者，他认为趣味属于心理学中积极情绪的范畴，提出当学生有了学习兴趣，学习活动对他们来说就不是一种负担，而是一种享受、一种愉快的体验，学生会越学越想学，越学越爱学。小学科学跨学科教学主张的趣味教学的价值在于，借由愉悦感的持续获取形成学习上的良性循环，直至积极品格的树立、科学素养的养成以及终身爱好的形成。在探究实践中，教师可以根据学生对新知的情感、态度将教学过程分为"激趣"

---

[1] 俞莉丹.指向问题解决的跨学科主题学习：典型特征与实践路径[J].基础教育课程，2023(14)：10-18.

"延味"两部分,目的分别是激发探索欲望和延长体验的满足感。也可以把小学科学跨学科教学的主要原则与"激趣""延味"相结合,将学习者持续获得的愉悦感化作主动学习的需求,做到趣味性与教育性的和谐统一。

第一,以真实情境激发学生的探究兴趣。情境教学是常见教学手段,但不少教师创设的情境却存在主观、随意、低效等弊端。真实情境不是要求情境一定是真实存在的,而是指该情境对学生来说具备合理性。浙江大学教育学院刘徽教授曾提出,好的情境必须满足现实性、复杂性、吸引力三要素。小学生已经具备足够的判断力,可以分辨教师创设的情境源于真实事件还是虚构事件。而前者的代入感显然要优于后者,因此真实情境更易激发学生的探究兴趣。基于真实情境衍生来的问题往往也是学生曾经有过或可能会遇上的同类问题,因此更容易得到他们的认同。随着学习和探索的深入,这种认同感会逐步加深,学生的参与度也会随之提升,从而达到"延味"目的。

第二,以精简实验装置"腾"出学生的思考空间。美国心理学教授威林厄姆认为,思考是人在环境中获取的信息与自身长期记忆相互组合的产物。而记忆空间是有限的,一旦拥挤,人就很难思考。精简实验装置可以降低复杂环境对思考活动的干扰。当思考有结果时,学生就能感受到大脑系统生成的满足感、成就感。重复这种积极体验,可以为教学增添趣味并形成良性循环。

第三,以工程项目增加学生的成功体验。《科学课标(2022年版)》新增技术与工程领域相关内容,将工程学教学内容融入小学科学体系。与其他三个传统领域的教学方式相比,技术与工程教育以项目为驱动,以解决实际情境中的问题为引导,要求学生主动参与,在任务求解中完成知识、技能、情感和创新的有机融合。因此,工程项目的考核并不以知识为唯一指标,而应注重解决实际问题。对大多数学生来说,这意味着成功机会的增多。他们可以不用囿于标准答案,在更宽松、包容的氛围中思考,并在多元指标中获得更多成功体验。[1]

教育性是小学科学跨学科教学最基本和最核心的特征,而趣味性是课程的灵魂,在教学过程中,需要做到二者相辅相成,和谐统一。在教育中融入趣味性,在趣味性中蕴含教育,才能更好地提升教学的有效性。为此,一方面,教师可以把知识内容转化为真实生活中一个个有趣的问题,把学科知识和实际生活联系起来,组织学生思考和实践;另一方面,教师可以把具体的教学内容游戏

---

[1] 林祺.小学科学趣味教学策略[J].教育与装备研究,2020(7):52-55.

化,以提升学生的学习体验,比如精心设计闯关、角色扮演、猜谜等小游戏,抑或是组织实地调研、外出郊游等活动,在拓宽学生学习空间、激发学生学习兴趣的同时,有效达成教学目标。

四 教学设计:注意学习进阶与思维发展的匹配

跨学科教学的进阶设计在各学科课程标准中的体现方式有所不同,但也表现出一定共性,可以归纳为三种,包括学段间的进阶、主题间的进阶、主题内部任务活动的进阶。

第一,学段间的进阶。它是指围绕学生核心素养发展这一主线,以素养发展的分学段目标引导学生的认知进阶。教师可以直接参考课程标准中的内容要求和教学提示,结合学科知识在学段内的划分,以及不同学段学生的知识基础与生活经验,进阶式地安排小学六年或初中三年的跨学科主题教学活动。课程标准中各学段的主题内容和活动任务具有高度的关联性、层级性,能够帮助教师结合学科知识在学段内的划分,以及学生认知发展的生长点与阻碍点,科学设置跨学科主题教学的难度,对主题内容进行合理组织,加强主题内容的衔接,使学习呈现出逐级进阶的状态。

第二,主题间的进阶。它是指立足于学科高度,以主题为框架组织学科活动进阶,并以层级主题的形式呈现学科课程的内容框架,使之成为低位、零散知识得以关联的固着点。这些主题是结合各学科的内容特点而凝练的学科核心知识,各主题间既相对独立又有实质性的逻辑关联,多个主题之间呈现出递进的层级关系。在整体上,各层次的主题难度层层递进,就像升级打怪的闯关游戏,不断提高对学习者的要求。一级主题具有高度的抽象性、统摄性、包容性,侧重于加强对学科知识整体性、综合性的认识;二级主题是对一级主题的进一步阐释和具体化,通过样例、活动建议、学业要求、教学提示等进一步引导和说明,为具体的跨学科主题教学活动定向。

第三,主题内部任务活动的进阶。它是指将具有挑战性和开放性的主题解构为相互衔接、逐级深化的活动任务,引导学生在完成任务的过程中,螺旋上升式地探究和解决问题,从而将头脑中散落的知识碎片结构化,使思维走向深入。由"为什么做"到"做什么"再到"怎么做",层层追问,形成问题链,进而设计若干项解决问题的任务。同时,任务的建构应遵循发现问题、分析问题、解决问题的思路，前一个子任务的完成为后一个子任务的展开提供抓手，每一个子任务之下又提供了具体的学习活动与操作策略，并按照学习任务的顺序相应地呈现为不同的学习活动。整个跨学科主题教学活动表现为围绕核心任务构建的序列化学习任务群，每个学习任务中又顺次呈现若干个具体的学习活动，由此学习任务内部形成结构化的活动链，既有利于课程的逐步深入与学生思维的纵深发展，又便于教师合理地把控学生学习的节奏和重点。[1]

五 教学方法的选择：注意探究教学与实践应用的结合

科学和生活有着千丝万缕的联系。在探究教学过程中，教师必须要展现出课堂教学与实践应用的关联性，既让学生更加了解生活，又能让他们在探索科学的过程中获得知识与实际感受，成为既懂科学又懂生活的学生，进而实现综合素养的全面提升。

新课程改革以来，学习方式经历了两次转向，第一次转向是从知识授受转向探究学习，第二次转向是从探究学习转向学科实践。如果说第一次转向是对知识授受的外部超越，为的是纠正中小学"双基论"教学实践中出现的"接受学习、死记硬背与机械训练"之偏，那第二次转向则属于自我革命，为的是解决探究学习方式在中小学实践中出现的虚假化问题，从而让教学走向"源于实践、通过实践、为了实践的学科探究"。由此形成的学科实践学习方式成为了2022年课程标准修订的亮点，也是当下我国义务教育课程育人范式的新方向。

跨学科教学实践过程中，学生直接经验的积累与训练、间接经验的具象与转化，发挥了学科教学和活动教学的双重优势，连通了学科知识与个体经验，激发了学生学习的内在动机，是对"如何培养人"这一教育问题的科学回应。受应试教育理念的影响，我国义务教育阶段的课程长期致力于丰富的知识传递，往往忽视了学生学习的实践体验。例如，在科学课上，教师常常运用视频展示、电路图绘制、模拟电路板连接等教学方法向学生展示"家庭电路"这一节课程的内容，可学生回到家还是不知道自己如何动手换一个小灯泡。还有"光的传播""大气压强""物态变化"等课程，这些都需要学生基于真实的体验，把抽象的概念原理带入实践，才能深刻理解概念原理。跨学科主题教学若仅依靠课堂讲

---

[1] 袁晓萍,陶文迪.跨学科主题学习的进阶设计和实施[J].中小学管理,2023(5):13-16.

授、试题训练等教师主导的教学方式,是难以达到最理想的育人样态的,课程教学必须依托于学生主导的实践活动,才能避免落入学科间知识生硬拼凑、学科间资源无意义堆砌的困境。

  学生实践应贯穿跨学科主题教学设计的全过程,强调在学生主导下的探索问题、分配任务、合作探究、分享展示各个步骤,而非在各学科教师预先的教学目标规定和教学活动安排下的生硬推进。教师在跨学科主题教学中的作用主要是为学生的探究活动拓宽信息渠道,引导情境的创设,挖掘提炼隐藏于各学科知识中的情感态度,加强学生的体验感悟等。教师要为学生的跨学科活动搭建可供向上攀爬的"脚手架",使学生亲身经历探究、设计、合作、解决问题的完整过程,在对多学科知识深度理解的基础上灵活运用,在实践中发展综合性视角和创造性思维,促进学科知识和实践能力的相互转化,进而培养学生即使没有"脚手架"的支撑也能自主学习、终身学习的核心素养。[1]

---

[1] 穆瑶甲,刘春琼.跨学科主题教学设计的关键问题与实践路径[J].教育理论与实践,2024,44(8):9-14.

跨域趣探：小学科学跨学科教学探析

第二节 小学科学跨学科教学策略

步入小学科学跨学科教学的实践领域，教学策略的选择与实施尤为重要。本节将深入探讨四种有效策略，为小学科学跨学科教学提供具体可行的实施路径。首先，聚焦"创设真实任务·情境连接策略"，通过构建贴近生活的真实任务情境，激发学生的探究兴趣与学习动力。其次，探讨"指向深度学习·实践互动策略"，强调在实践中促进知识的深度加工与内化，让学习真正发生。再次，通过"实现学习进阶·思维外显策略"，关注学生思维的可视化与表达，助力他们逐步攀升学习的阶梯。最后，探讨"达成素养迁移·多元评价策略"，旨在通过多元化的评价方式，促进学生科学素养的全面发展与迁移应用。这四种策略共同构成了小学科学跨学科教学的实践框架，为教师的实际教学提供了有力的支持与指导。

一 创设真实任务·情境连接策略

科学技术的高速发展，促进了人们生产、生活和思维方式的变革，从而推动了人类社会的进步，但同时也加快了知识更迭的速度，带来了传统"线性增长式"的学习方式难以应对知识"爆炸式"呈指数激增等问题与挑战。这要求我们的课堂进行高质量的发展与变革，而这种现代化的转型应关注学生学习力、创新力与迁移力的培养。当前，基于学生核心素养推动课程改革已成为国际教育发展的趋势。《义务教育课程方案（2022年版）》强调："注重培养学生在真实情境中综合运用知识解决问题的能力"。《普通高中课程方案（2017年版2020年修订）》也指出："关注学生学习过程，创设与生活关联的、任务导向的真实情境，促进学生自主、合作、探究地学习"。经济合作与发展组织（OECD）在 *Future of Education and Skills* 2030中也强调，面对不稳定、不确定以及不明确的未来世界，未来的教育需要发展学习者与世界接触所需的相互关联的能力，学习者应能将他们的学习经验与现实世界联系起来,能在学校之外的真实生活中有机会去发现所学内容之间是如何相互关联的。高质量的基础教育课堂不应过度关注知识的机械累积,而应以所学知识与真实世界的联结为基点,发展学生面向真实世界解决问题的能力。

构建以真实任务为学习主线的学习过程,已然成为促进学生建构并理解学科知识、协调并提升综合素养的重要手段与必然趋势。真实任务的本质是学习任务,具有情境真实性、目标纵深性、层级进阶性、内容结构性和呈现学习性等核心特征,能在教学中帮助学生增强学习动机,积累学习经验,促进学习迁移,重塑学习意义。在实施真实任务时,应建立问题情境与现实世界的同源同型,关注学习内容与真实任务的同质同构,注重教师引导与学生探究的同伴同化,倡导反思评价与学习过程的同力同向。[1]为促进有意义的学习,真正达成核心素养发展目标,教师需要基于特定情境深入探究学生的科学学习情况。因此,创设有效的科学学习情境是开展小学科学跨学科教学活动的关键策略。

(一)情境连接策略的理论支撑

1.情境认知理论概述

情境认知理论是20世纪后期形成的一种学习理论。该理论认为,知识是人们在与外部环境的接触中而逐步形成的。

情境认知理论强调以学生的学习为主体,教学内容和教学活动的设计和安排应适应学生和社会的发展,它是一种能提供有意义学习并促进知识向真实生活情境转化的重要学习理论[2]。知识具有情境性、工具性和默会性,学习具有实践性和参与性,活动具有协商性是情境认知理论的三大核心观点。

2.情境认知理论的特征

情境认知理论认为,学习的实质是个体参与实践并与他人、环境等相互作用的过程,是个体形成实践活动能力,提高社会发展水平的过程。具有如下特征:

---

[1] 李博,吕立杰.基础教育课堂教学中的真实任务:内涵、设计与实施[J].教育发展研究,2024(2):60-68.
[2] 高文.情境学习与情境认知[J].教育发展研究,2001(8):30-35.

(1)情境性。

情境认知理论强调的情境性主要体现在对知识和学习本质的理解中,认为知识和学习蕴含着强烈的情境属性。有着完整逻辑体系的知识不仅包括了知识本身,还包括了知识的获取和运用知识来解决问题的方法,这些其实都在情境之中发生。因此,情境性是知识的根本属性。此外,该理论还认为学习是情境性活动,是一个具体的、真实的情境嵌入的过程。具体而言,学习蕴含在运用知识来解决真实情境问题的过程中。在情境中,学习者意识到知识的实践价值,并尝试运用知识来分析和解决真实世界的问题,学习便由此发生了。因此,情境性也是学习的根本属性。

(2)真实性。

真实性是教学情境创设的重要特征,让学生产生真实的学习体验是教学情境真实性的内核。情境设计越真实,就越有利于学生将获得的知识与原有的生活经验相联结,促进知识的同化迁移。

(3)实践性。

情境认知理论强调认知主体是不能与认知过程的"做"相分离的,学习与实践紧密相关,意义是在一定的情境下协商获得的,不能让实践与知识产生和应用的情境相分离。

(4)探究性。

情境认知理论认为学习是基于情境,通过自主探究,获取并建构知识意义、解决问题的过程,而不是对知识的简单识记、肤浅理解。在以机械记忆和重复训练为主的浅层学习、以理解知识和建构意义为主的深层学习之间实现完美转型是学习过程的终极目标。

(5)社会性。

情境认知理论认为,知识存在于个体和群体的行动之中,当个体参与到新的情境中并在新情境中进行协商时,知识就产生了。该理论不是把知识作为心理内部的表征,而是把知识视为个体与社会或物理情境之间联系的属性以及互动的产物。也就是说,情境认知是在真实的情境中通过实践共同体,在行动、合作、互动、反思中,协商和建构知识的意义和学习者身份的过程。

(二)情境连接策略的实践路向

选择情境素材的连接策略指的是多视角创设连接,包括连接生活和生产、连接科学学科发展和科技前沿、连接思想道德教育要素等,通过情境素材把核心素养和小学科学跨学科课程学习内容进行深度关联。

1.连接生活和生产策略

简单来说就是连接生活和生产,如日常生活、经济生活、政治生活、社会生活、工业生产、农业生产、高新技术产业等内容。其中,连接日常生活的情境是指使用真实发生在学生身边,与学生日常的起居、饮食、交通出行、学习、同学交往等生活密切相关的素材。连接经济生活和政治生活的情境是指使用国家发展过程中经济领域和政治领域的大事、要事等素材,这特别有利于发展学生的政治认同、家国情怀。连接社会生活的情境是指使用近期发生的社会热点问题等素材。例如,环境领域中污染源的成分分析和含量监测、污染源的成因分析、污染的防治和消除等都可以成为学习的情境素材,以此可以打开学生学习的视角。而社会性议题的教学可尝试应用深度学习的理念开展,这样的议题可以是由当代科学技术研究发展所引起的一系列与社会伦理道德观念和经济发展紧密相关的社会性问题,如汽车的限购限行、核泄漏、水体污染等。学生需要将科学与经济、社会、环境建立关联,综合多方因素系统思考、论证,权衡利弊,做出决策,这样有利于培养学生的科学态度与社会责任感。

2.连接科学学科发展和科技前沿策略

连接科学学科发展和科技前沿的情境素材,包括纳米科学、材料科学、航天科技、生命科学、信息科学等众多领域的新发展,以及其所面临的挑战等,这些都可以激发学生的好奇心,开阔他们的视野,形成新任务。例如,能源的开发利用、能量转化的原理和装置、能量的定量计算等都可以成为小学科学跨学科教学的素材。

3.连接思想道德教育要素策略

根据学生的发展需求,教师应结合学科特点、学段特征,充分关注、挖掘学科本身和学习过程中的思想道德教育要素,引导学生在生活中学习,在学习中思考,在思考中进行价值判断,树立正确的价值观念。例如,涉及语文、历史、地理等学科时,可以利用语言文字、传统文化、历史地理常识等丰富的思想道德教育因素,潜移默化地引导学生的世界观、人生观和价值观;涉及数学、科学、物理、化学、生物等学科时，要加强培养学生的科学精神、科学方法、科学态度、科学探究能力和逻辑思维能力，促进学生形成勇于创新、求真求实的思想品质；涉及音乐、体育、美术等学科时，要加强学生审美情趣、健康体魄、意志品质、人文素养等的培养。

二 指向深度学习·实践互动策略

课堂是教与学对话互动的场所，由对话互动塑造，即课堂对话的语境在互动中逐渐生成。在小学科学跨学科课堂教学中，教师可通过组建学习共同体，设计非良构（劣构）问题，以完善想法表达、关注并回应他人想法、磋商式互动等层层递进和迭代发展的方式，推动理性而有意义的互动。实践证明，指向深度学习的实践互动能有效锻炼学生的信息收集能力与合作能力。开放式的深度互动，可以促进解释、比较、分析、归纳、推理演绎等高阶思维的发展，有助于学生建构认知，提升科学核心素养。

深度互动是对科学课堂上师生、学生之间互动状态的描述，是学生在交流互动中抓住疑问，并自发展开质疑和挑战的过程。这既可能是意见相同时的思维认同、交流分享，也可能是意见不同时的思维碰撞，通过寻找分歧直至达成共识。这种互动的最终目的不是简单地说服对方，而是筛选想法，解决问题，得出师生一致认可的、合乎科学理论的结论。深度互动是实现深度学习的重要环节，是主动的、带有批判性的合作过程，与仅有热闹而无深度的浅层互动有着本质上的不同（表4-2-1）。

表4-2-1 浅层互动与深度互动的对比

对比项目	浅层互动	深度互动
互动起始	良构问题	非良构问题
互动内容	是什么？做什么？	怎么做？为什么这么做？怎样做更好？
互动目的	表达自己的想法	筛选共识性结论
学生表现	被动参与、简单思考、按部就班操作	主动参与、深入思考、创造性操作
教师角色	学生回答的评价者	学生回答的倾听者、完善者
评价方式	主要为结果性评价	多元评价，注重过程性评价
二者之间的关系	浅层互动是深度互动的基础，深度互动是浅层互动的发展和延伸	

实践互动教学视角下的教学过程是动态的、发展的、交互的、联系的,这种教学观符合新课程理念,契合核心素养的培育要求。教学互动质量对课堂教学成效所产生的影响是显著的。《科学课标(2022年版)》指出,科学教学活动是师生之间、学生之间交往互动和共同发展的过程。深度学习强调学习者的自主性和能动性,学习过程中往往伴随学生的自思、自疑、自悟以及基于合作探究的知识建构、重构行为。在这种学习模式下,学生收获的不是点状的、松散的学科知识,而是在思维、能力、素养等多个方面获得发展。以深度学习理念为指导,在小学科学跨学科课堂中展开实践教学互动,是提升教学成效的有效途径。

(一)实践互动策略的理论支撑

1.学习共同体理论概述

"共同体"概念最早起源于社会学,是人类群体生活的一种基本范式。[1]德国著名社会学家斐迪南·滕尼斯(Ferdinand Tönnies)在其1887年的著作《共同体与社会》中正式研究了"共同体"概念。[2]滕尼斯提出了共同体最基本的三种表现形式:血缘共同体、地缘共同体和精神共同体。[3]20世纪90年代,教育学家博耶尔(Boyer)在其著作《基础学校:学习的共同体》中首次提到了"学习的共同体"的概念,这标志着共同体概念开始从社会学领域向教育学领域渗透。杜威从民主共同体这一概念中引出学习共同体,他指出学校不应当仅仅是传授给学生知识的地方,更多的应是让学生可以开展丰富多彩的活动的包容之地。[4]佐藤学教授将学习共同体与学校教育改革相结合,提出了将21世纪的学校视为学习共同体的愿景和战略,从而使课堂教学得到全面改革。[5]佐藤学认为学习共同体的学校是一个让置身其中的学生和教师能互相探讨和改进,学生家长也可以一同参与其中共同发展的学校。依据佐藤学的研究,学习共同体的基本属性包含四个方面:学习主体、共同愿景、支持环境、协商对话。表4-2-2是对每

---

[1] 张志旻,赵世奎,任之光,等.共同体的界定、内涵及其生成——共同体研究综述[J].科学学与科学技术管理,2010(10):14-20.
[2] 高金萍.理想、理念、理论:人类命运共同体的演进逻辑[J].当代世界,2021(6):24-30.
[3] 滕尼斯.共同体与社会[M].张巍卓,译.北京:商务印书馆,2019:87.
[4] 杨小玲,陈建华.论杜威教育思想中的"学习共同体"理念[J].南京社会科学,2017(3):138-143.
[5] 蒋武超.课堂学习共同体理念的内涵分析[J].教学研究,2023,46(1):17-22.

项基本属性的说明。①

表4-2-2　学习共同体基本属性

基本属性	说明
学习主体	包括不同年龄段的学生、教师、助教、专家、家长、社会成员等
共同愿景	学习共同体成员对学习目标有认同感,拥有共同的学习目标,同时各个成员积极参与到学习中,共同得到智力的发展
支持环境	资源环境:硬件设备、信息资源等 学习环境:有利于共同体成员沟通交流的学习环境,包括线上环境和线下环境
协商对话	在学习的过程中,学习者与助学者之间相互合作、交流对话,通过评价的方式强化动机,共同解决问题

可以看出,学习共同体理论强调:实现每个学生的学习权是学习共同体的核心;共同体中每个成员在归属感和信任感的基础上,通过交互性的课堂活动,朝着共同的目标和愿景不断进步,从而满足学习需要,最终实现个人的发展;学习共同体以合作学习为主要内容,须建立相互倾听以及由此产生的对话关系。

2.学习共同体理论的特征

(1)主体性。在学习共同体教学模式下,应当重点突出学生的主体地位,师生之间的互动与交流属于主体间的相互交往。课堂上,教师是组织者、引导者、支持者,即教师应当充分了解学生的需求及兴趣,以平等、尊重的态度对待学生,坚持实事求是的原则,根据学生的情况设计教学方法,综合运用多元化的教学手段,增强学生的积极性与学习动力。

(2)互动性。在学习共同体教学模式下,师生扮演着各自的角色,从而构建一个相互影响的和谐体系。在这个体系中,学生和教师除了沟通、交流与知识传递之外,还源源不断地与学习共同体以外的其他学习共同体(如竞赛小组的同伴、家长、场馆研学导师、校外专家或辅导员等)相互交流与学习,从而实现共同进步、共同成长的理想目标。

(3)协作性。协作性是学习共同体理论的重要特点之一。小组协作学习也

---

① 曹海霞.面向师范生信息化教学设计能力培养的协同学习模式研究[D].石家庄:河北师范大学,2022:14.

是这种教学模式得以有效实施的基础和前提。现代教育大力倡导协作学习理念,尤其是在跨学科探究之中,学生之间的相互协作和配合有助于提高学生的合作能力,培养团队精神,达到较为理想的学习效果。学习共同体中的成员有着不同的想法与思路,学习方式和思维模式也各有不同,通过协作能更高效地解决科学学习中的问题。

(二)实践互动策略的实施路向

实现深度学习的显著标志,是学生能够将学到的知识、技能、方法运用到真实世界的问题解决之中,以及学生表现出主动探索未知世界的好奇心和求知欲。指向深度学习的实践互动策略主要包括学生与任务的深度互动、学生与教师的深度互动、学生之间的深度互动三种。

1.学生与任务的深度互动

这是深度学习活动的基本特征。学生在学习过程中,获取知识、加深理解和迁移应用是交叉进行的。在理解中尝试应用,才能在应用中加深理解,建构新的认识,形成新的思路和方法。设计的学习活动必须让学生有解决实际问题的经历和体悟,没有任何人能够替代他们,也不应该替代他们。好的学习任务可以将学生带入学习情境,激发他们强烈的学习动机,使他们能够积极主动地提出问题、分析问题、解释问题,或者分析推理、沟通交流,最终解决问题。学生的学习必须经历探索未知、解决问题的过程,要与真实的任务情境持续互动,这样,有意义的深度学习才能发生。这就要求在学习过程中,学生需要完成具体的任务,个人或团队要经历问题的分析、方案的设计、问题的解决、结论的反思、成果的交流等过程。在这样的学习过程中,学生与学习任务深度互动,真思考、真去做、真遇到困难、真解决问题、真锻炼意志,真正实现学科核心素养的发展。

2.学生与教师的深度互动

这是实现深度学习的基本保障。在传统的教学中,教师的角色是知识的掌握者、传递者;评价一位教师的教学水平,主要是看其讲课的科学性、清晰度、流畅性和板书情况等。而在核心素养导向下的教学活动中,教师的角色发生了变化:教师是学生的同伴、导师,有时也是教练员。上课前,教师是学生学习资源的提供者、学习活动的设计者;上课时,教师是学生学习过程的组织者、专业的支持者或教练员,帮助学生在学习的过程中不断向上攀登;下课后,教师是学生复习和解决问题的指导者、作业设计者。教师和学生的深度互动非常重要,在互动过程中,教师既要给学生尽可能大的学习空间,又要主导学习的方向和基本进程。在学生分析问题、设计方案、解决问题、讨论交流、展示成果的过程中,教师要做到以下几点:一是要适时地质疑或引导其他学生质疑,引导学生从多角度思考问题,完善方案或拓展思路;二是要巧妙地引入问题或者资源,搭设支架,帮助有困难的学生小步向前走;三是通过指导学生厘清思路、提炼方法、构建模型等,增大学生的思维容量,促进其思维进阶发展,进而促进他们批判性思维和创新能力的发展。

3.学生之间的深度互动

这是实现深度学习的关键环节。深度学习的场域是多人共同参与的场域,学生能够在参与的过程中对话沟通、共同思考。学生的身份相同,年龄相近,认知方式也相似,彼此更加熟悉,更容易接受对方的观点。同时,学生之间可以相互启发思考问题的角度、思维方式等。学生进行调查与分析、提出方案或规划的讨论过程,就是表达自己观点和开阔思路的过程,也是学生个体之间、小组之间自我修正、完善的过程。学生之间应开展深度互动。一是在学生间的互动中,他们会感到比较轻松,交流的语言比较亲近和有趣,容易产生共鸣;二是针对不同意见,从产生分歧到彼此理解再到达成共识的过程,可以很好地锻炼学生倾听、开放性思考、有分歧地合作的能力;三是把若干个学习活动串联起来,才会形成一个系统。学生自主发现和提出问题,做出有依据的假设,对实验现象和结果进行分析、比较、概括、解释、推理、建构模型等高级思维的过程,就是在深度学习的探究过程中经历了发散、想象、创意、批判性思考等创新思维活动的过程。深度学习就发生在设计方案、发表意见、讨论修正、争论辨析、实践探索、结果分享的过程中。学生被学习任务带入具体情境,在学习讨论中,他们是主体,其参与感越强,参与的程度就越深,学习的收获也就越大。

三 实现学习进阶·思维外显策略

在顺应社会发展的浪潮中,科学思维能力的发展对国家发展战略的制定影响越来越大。思维能够反映事物的本质和内部联系,但思维的间接性特点使得事物的属性和规律隐匿在内部而不可见,所以给科学学习发展学生思维造成了阻碍。思维外显是指运用一系列图示技术把原本不可见的思维(包括思考方式和思考路径)呈现出来,使其清晰可见的过程。图示技术包括思维导图、流程图、鱼骨图、六项思考帽、概念图、模型图等。思维外显的教学不再单纯把教学放在感知记忆的层面上,而是着眼于学生的思维层,是一种更加关注学习是如何发生,让学习进阶真实产生的教学方式。

(一)思维外显策略的理论支撑

1.认知学习理论

美国著名的教育心理学家布鲁纳认为,学习的目的在于发现学习的方式,将学科的基础结构转化为学生头脑中的认知结构。他基于学生认知和发展进行研究,提出认知学习理论,该理论受到学界广泛关注。

2.认知学习理论的主要观点

(1)学习的实质是主动形成认知结构。在布鲁纳的观点中,学习的本质应该是认知结构的主动形成,而不是被动形成"刺激—反应"的联结。学习者不应该是被动地接受知识,而应当是主动地获取知识,并将新获得的知识和现有的认知结构结合起来,积极地建构知识体系。因此,布鲁纳强调认知结构在学习过程中的重要作用,认为认知结构赋予经验规律性和组织性,让学习者能够超越已有的信息,可以融会贯通、举一反三。

(2)学习包括三个过程:获得、转化和评价。布鲁纳认为,学习活动是从获取新知识开始的。获得的新知识可以是旧知识的重新提炼,也可以是与原始知识截然不同的内容。转化是指学习者运用不同的学习策略将知识整体变式,从而超越原来的知识。评价是对知识转化的检验,通过评价,学习者可以确认学习方法的应用是否恰当。因此,布鲁纳认为学习者不是被动的知识接受者,而是积极的信息加工者。

(3)信息的组织是记忆投入的重要环节。布鲁纳认为,人类的记忆是认知投入的一个过程。在认知的过程中,记忆的主要作用不是存储,而是提取。如何组织信息是提取信息的关键。同时在他的知觉理论中,他强调人类思维具有策略性和目的驱动性。他认为,学习者能够系统地对环境信息加以选择和抽象概括。[①]

(二)思维外显策略的实施路向

思维外显策略是指借助真正的学生学习活动,通过学生的自我分析、学生间的质疑辩论、教师的连续追问等方式,帮助学生将内隐的思维外显。思维外显策略包括学生的自我分析、学生间的质疑辩论、教师的连续追问等。

1.通过学生的自我分析让思维外显

教师可以让回答正确的学生描述自己的思维过程、解决问题的路径和方法,以及还存在的一些疑惑,并和大家一起讨论,这样既可以解决问题,又可以形成解决问题的一般思路和方法。因此,课堂上,面对学生的回答或提出的新方案,对一些有价值的、值得讨论的回答,教师不要立即评价,尤其不要轻易做出否定的评价,而是要组织学生讨论。

2.通过学生间的质疑辩论让思维外显

当学生产生不同意见时,教师应让他们表达,使他们产生更多的想法并乐于表达。要把时间留给学生,引导他们独立思考、互相评价、提出建议,也鼓励有疑问的学生把心中的疑问表达出来,组织学生互相交流、辩论。辩论的过程是再思考、再创造的过程。辩论可以修正错误,让结论更加严密,让学生的思维容量大大增加;同时,判断、反思、深入思考等都提高了学生的思考品质,每个学生可以通过自己的努力获得成功的体验。否则,学生缺乏期待、缺乏自主思考的时间和空间,实践活动就会流于形式、浮于表面,无深度可言。

3.通过教师的连续追问让思维外显

教师对内容、方法、思路、表达等方面的追问可以让学生进行更充分的表达,留给学生更多的探索空间,让其思维有更大的发展空间。追问可以帮助学生产生更多的问题,引发学生更多的想法,避免出现学生只有实践的形式,而没

[①] 盛开.认知学习理论视阈下大学生认知投入现状及影响因素分析——以J大学为例[D].长春:吉林大学,2022:14.

有深刻的实践体验,或出现教师把结论强加给学生,学生被动接受知识的情况。

思维可视化聚焦思维层,能够把"死的知识"转化成"活的、有生命力的知识",把"死学习"转变成"理解的、发现性的学习"。这要求教师必须把看不见的思维过程和方法清晰地呈现出来,帮助学生学会更准确、更深入、更全面、更合理地思考和表达,从而不断提高思维品质,并成为一个高度自觉的理性人。

四 达成素养迁移·多元评价策略

素质教育理念要求各学科教师加强对学生德、智、体、美、劳等全方面素养的培养,以全面落实立德树人的根本任务,发挥学科育人作用,促进学生的全方位成长。评价是教育过程中的重要组成部分,对育人作用的发挥、学生的成长发展起着关键作用。在目前的教育改革中,我们可以看到,通过多元评价体系的建构来促进学生素养的迁移和提升得到重视和关注。中共中央、国务院印发的《深化新时代教育评价改革总体方案》要求"创新评价工具,利用人工智能、大数据等现代信息技术,探索开展学生各年级学习情况全过程纵向评价、德智体美劳全要素横向评价"。这指明了学生评价改革的范式要走向多元评价,将学生纵向学习的全过程与横向发展的全要素整合起来,从而开展更全面、更客观、更科学的评价。这样的评价,既涵盖了学生素养提升的德、智、体、美、劳各个方面,有利于科学育人,人人成才;又涵盖了学生不同阶段接受不同教育的学习情况,有利于系统培养,终身学习;还整合了纵横评价,聚焦学生本身,有利于回归以人为本,促进其可持续发展。

(一)多元评价策略的理论支撑

1.CIPP(决策导向或改良导向)评价模式概述

评价模式是评价理论应用于实践的具体范式,是联系教育评价理论与实践的纽带,是评价方法的基本框架[①]。背景评价(context evaluation)、输入评价(input evaluation)、过程评价(process evaluation)、结果评价(product evaluation)构成了CIPP评价模式。运用CIPP评价模式进行评价时,要采取多维度、多样化的形

---

① 刘本固.教育评价的理论与实践[M].杭州:浙江教育出版社,2000:194.

式,更加关注全面评价,而非只依据结果来进行价值判断。选择评价模式时,既要贯彻评价理论,还应与实践结合,只有评价模式与评价实践高度契合,评价模式才能更好地发挥作用。[①]

2.CIPP评价模式的特征

(1)改进性。传统教育评价的目的是证明,重结果而轻过程,而CIPP评价模式的一大特点是重视过程性评价。CIPP评价模式综合了项目的背景、输入、过程和结果,提供了一个全面的评价框架。它考虑了项目的各个方面,从环境背景到最终结果,实现了对教育全过程的有效控制。因此,它可以做到在评价过程中对各个方面随时检测并及时做出调整,达到评价的改进效果。

(2)系统性。CIPP评价模式集诊断性评价、形成性评价、总结性评价于一体。在整个教育过程中,不同的阶段需要发挥评价的不同功能,在背景评价中对教育目标的确认加以监督,在输入评价中对教育方案的选择加以评判,在过程评价中对教育方案的实施加以指导,在结果评价中对教育目标的达成度进行判断。它发挥了教育评价的全部职能,从而把几种评价类型有机地统一起来。

(3)灵活性。CIPP评价模式具有较大的灵活性,可以根据实际情况进行定制化应用。一方面,该模式兼顾诊断性评价、形成性评价和总结性评价,在评价活动中,评价者可以依据自身需求来选择实行一种或多种评价;另一方面,其评价可以应用于教育实施的各个阶段,即CIPP评价模式可选择在教育实施前、实施中或实施后使用。因此,CIPP评价模式是一种比较灵活的评价模式[②]。

(二)多元评价策略的实施路向

在新方案和新课标背景下,采用CIPP评价模式开展跨学科教学评价,离不开评价者的具体操作,而操作的前提是评价者认真贯彻新方案和新课标的理念,以新方案和新课标为指导进行实际的评价行动。因此,采用CIPP评价模式进行跨学科教学评价时,需要将教学评价的具体操作与新方案和新课标的理念结合起来,只有这样才能打造出一个符合创新发展的、有效的教学评价模式。

教师可以以多元评价观为指导开展跨学科教学评价。多元评价观是新方

[①] 蔡晓良,庄穆.国外教育评价模式演进及启示[J].高教发展与评估,2013,29(2):37-44.
[②] 张苗.基于CIPP模型的初中劳动教育质量评价研究[D].黄石:湖北师范大学,2024:27-28.

案和新课标背景下新的评价观念,它借鉴了多种评价理念和理论的精华,是对传统教育评价观的创新,更具有时代特征[①]。多元评价观强调在评价过程中坚持评价主体、评价内容、评价方法等方面的多元特征,对采用CIPP评价模式进行教学评价,促进学生的发展有很好的启示和借鉴作用。

1.选择多元的评价主体

(1)建立多元合作的评价小组。CIPP评价模式的多元评价观倡导建立由多元合作主体组成的评价小组,使教学评价活动成为学校领导及管理人员、专家、教师、学生以及家长等多元主体共同参与的交互活动。多元主体在教学评价各个阶段中的合作与互动,可以使评价者获得更准确、更综合的评价信息,吸收和采纳更多的信息反馈,有利于对评价主体更深入、更全面地了解评价对象,可以在很大程度上避免个人偏见。

(2)明确教师的主体地位。在保证在学校领导及管理人员、专家、教师、学生、家长等多元评价主体共同参与的基础上,明确教师的主体地位,可以使教师在教学的各个阶段获取全面、信度高的评价信息,确保评价发挥出重要作用。

2.确立多元的评价内容

(1)完善教学评价内容。教师可以借鉴其他有效理念的教学评价观点,对科学课堂教学评价的内容不断进行完善。评价内容还要结合学校教育教学的实际情况和学校的特点、学校层次等因素,积极采纳教学专家、评价专家、学校任课教师、学校管理者等相关人员的意见;也要了解学生对评价内容的看法,广泛搜集关于教学评价内容的资料和信息,拟订符合本校教师、学生需求的评价内容。

(2)支持评价教学目标。教师应审视目标的设定是否符合学生的发展、是否合理。所以在评价教学目标方面,主要侧重评价所制定的目标能否全面反映知识与技能、过程与方法、情感态度价值观等方面的要求,目标是否统一、全面、准确、恰当,各方面是否得到有效整合。

---

① 万友林.多元评价观视野下的高校教师评价[J].扬州大学学报(高教研究版),2006,10(6):20-23.

3.采用综合的评价方法

(1)采用多元的信息收集方法。可以根据学校、教师、学生的具体情况,将定性评价方法与定量评价方法结合起来,用多元的方法及时获取全面、准确的评价信息。以多元评价观为指导,强调定性评价方法的使用,例如根据课堂教学的实际情况将课堂行为观察、研讨评价、课堂表现性评价、研学记录单、情境测验、案例分析等开放式的定性评价方法适时引入教学评价的几个评价阶段当中。[①]

(2)采用综合的方法呈现评价结果。教学评价结果不以定量的评价方法呈现,以避免评价结果的绝对化;也不以定性的评价方法呈现,以避免评价结果的主观性。采用CIPP评价模式进行教学评价时,教师要将定量方法和定性方法相结合,找到两种方法的结合点,以呈现可信、有效的教学评价结果。

[①] 万伟,秦德林,吴永军.新课程教学评价方法与设计[M].北京:教育科学出版社,2004:16—17.

第三节 小学科学跨学科教学评价体系

在小学科学跨学科教学的深化探索阶段,构建一个科学、全面的评价体系是确保教学质量与成效的关键环节。评价在小学科学跨学科教学中扮演着不可或缺的角色,其终极目的在于促进学生成长,让每个自然生长的生命都能蓬勃丰盈。因此,本节将围绕"小学科学跨学科教学评价体系"这一核心议题,系统展开论述。首先,聚焦于小学科学跨学科教学评价机制建构,旨在从宏观层面探讨如何建立有效的评价机制以支撑跨学科教学的顺利实施,并努力将评价的改革点指向每一个生命个体,建立健全多元、精准的"跨域趣探"评价机制。其次,深入建构小学科学跨学科教学评价连续体,强调评价应贯穿教学全过程,形成持续、动态的反馈机制。值得注意的是,小学科学跨学科教学评价连续体不仅包含评价主体和类型的连续体,还包含评价方法的连续体。因此,在小学科学跨学科教学的评价设计步骤部分,着重探讨了如何设计评价方法的连续体、如何构建评价类型的连续体,以及如何编制有效的评价量规。通过这些设计,可以建立起一个多层级、有进阶的小学科学跨学科评价连续体,从而全面、系统地评估学生的跨学科能力和知识掌握情况。这样的评价体系不仅有助于更好地指导学生的学习,也为教师的教学工作提供了有力支持。

一 小学科学跨学科教学评价机制建构

跨学科学习是新一轮课程改革的重点和关键,而有效的评价是决定"跨域趣探"教学活动高质量实施的关键。有调查发现,跨学科教学的评价主要存在以下三个问题。其一,对过程性数据的收集和沉淀不足。一方面,由于跨学科教学具有长周期、综合性和实践性的特征,依靠教师、学生人工收集和记录学习过程的行为表现和典型作品耗时、低效,无法做到全过程、全覆盖;另一方面,由于学习空间和场域多元,学生差异化学习的证据难以及时记录和保存,易导致关键证据收集整理不足。其二,对过程性数据的挖掘和分析不足。由于部分教师基于证据的评价意识不强,导致他们对多模态数据的认识和理解不到位,对过程性数据的解释和分析停留在表面,教学过程中的评价反馈不及时,致使学生未能及时了解自己的学习水平,从而无法优化调整学习策略。跨学科教学需要建立基于素养导向的评价体系和模型,形成系统性的科学评价,以避免评价目标泛化、评价任务设计与目标脱节、评价结果分析与应用不足等问题。其三,对过程性数据的共享和协商不足。由于跨学科教学中评价主体缺乏对长周期、多模态数据的实时共享,导致各学科教师在指导学生开展跨学科学习时的交流和合作不足,无法针对学生的关键行为和典型表现建立起统一的评价标准,未能形成教师、学生和家长之间多主体评价的协商机制,跨学科教学评价仍然表现为单学科叠加而非跨学科综合。

美国心理学家泰勒在《课程与教学的基本原理》一书中指出,课程评价的要点在于确定课程目标经过课程教学方案实施之后的达成程度。小学科学跨学科课程注重顶层设计,在构建与实施中整合了各级各类教育资源,在不断摸索与实践的过程中,构建了"家校社"三位一体的学习场域和育人共同体;围绕这个场域,经过实践摸索,逐步建立起一个聚焦学生学习过程的评价连续体,着重以行为目标来撰写课程目标,以此协助评价者有方向地观察与评价。

连续体原是一个数学概念,指连续不断的数集。评价连续体(也被译为评价连续统)是指把不同的评价方式沿着一个连续体进行排列,这个连续体的一端到另一端,代表了不同的评价要求或评价目的[①]。评价连续体由多元的评价方法和评价类型构成。评价方法包括课堂问答、知识测验和技能测试、表现性任务、结构化思维工具、自我反思等;评价类型包括学习性评价、学习的评价和学习式评价等。最终的评价任务多表现为真实性的问题情境,指向核心素养和大概念。

评价连续体的评价机制是一种教育评价方式,它强调评价的连续性和连贯性。同时实施"家校社"协同评价、大概念统摄评价和全方位学习评价,可以进一步增强评价机制的整体性。首先,学校、家庭和社会应该形成一种协同关系,共同参与学生的教育过程。在"家校社"协同评价中,学校、家庭和社会的评价内容、标准和方式应该相互衔接、相互配合,以确保评价的连贯性。这种评价方

---

① 徐玲玲,曹琦,刘徽.评价连续体设计:打造完整的多层级评价体系[J].上海教育,2022(11):22-26.

式有助于全面了解学生的发展状况,发现学生的潜力和优势,为学生的个性化发展提供有力支持。其次,大概念是指学科领域中具有高度概括性和总结性的概念,能够统摄学科的主要内容。在大概念统摄评价中,评价者应该以大概念为核心,构建不同学段、不同学科的评价标准和内容,确保评价的连续性。这种评价方式有助于学生理解学科知识的内在联系,形成完整的知识体系,提高思维能力和创新能力。最后,全方位学习评价是指对学生学习过程中的各个方面进行评价,包括知识技能、过程方法、情感态度价值观等。在全方位学习评价中,评价者应该关注学生的学习过程、学习方式、学习效果等方面,采用多种评价方式,确保评价的连接性。这样的评价体系有助于学生全面了解自己的学习状况,发现自己的不足和问题,为学生的进一步发展提供有力支持。

综上所述,评价连续体的评价机制需要注重"家校社"协同评价的连贯性、大概念统摄评价的连续性和全方位学习评价的连接性等方面。通过这些手段的综合运用,可以实现对学生学习过程的全面、客观、科学的评价,促进学生个性化发展和全面发展。同时,这种评价机制也有助于提高教育教学的质量和效果,促进教育教学的改革和发展。

二 小学科学跨学科教学评价连续体构建

小学科学跨学科教学的评价最终指向考量学生能否在一个真实性的情境中解决问题,但这并不意味着只有表现性评价这一种形式,评价者需要根据不同的评价目标选择不同的评价类型和方法。因此,需要建构彼此关联、逐级递进的"跨域趣探"评价连续体:评价主体、评价类型、评价方法三合一的评价连续体。

小学科学跨学科教学评价连续体包含了多维评价主体,设计了多元评价类型,借助多种评价方法,最大程度地发挥以评促学的育人理念。

(一)多维评价主体推进:促进"家校社"协同评价连贯性的发展

苏霍姆林斯基把学校和家庭比作两个教育者,认为这两者不仅要行动一致,向儿童提出同样的要求,而且要志同道合,抱着一致的信念。小学生综合素质发展评价是基础教育课程改革的重要内容,是全面反映学生发展状况、促进学生发展的重要举措。[①]《科学课标(2022年版)》提到了评价主体多元和方法多样。评价主体多元即充分发挥学校、教师、学生、家长、社会等主体参与评价的积极性,综合利用各评价主体的评价结果,促进教与学方式的改变;评价方法多样即将定性评价和定量评价相结合,单项评价与整体评价相结合,纸笔测试与表现性评价相结合,综合利用各种方法,保证评价结果的准确性和有效性。因此,促进"家校社"协同评价连贯性的发展,需要家庭、学校和社会三方形成有效的互动和合作机制。家庭和学校应定期进行沟通,及时了解学生在家庭、学校中的表现,共同制订教育计划和评价标准。在制订评价标准时,应充分考虑学生的特点和需求,制订个性化的评价标准。家庭、学校和社会应共享资源,为学生提供更好的教育环境,如共享学习资源、开展文化活动、进行社会服务等,增加学生接触多元化信息的途径。因此,在多维评价主体推进和多元评价类型的支持下,可将评价类型进行细化,包括家庭学习场域的评价、学校学习场域的评价和社会学习场域的评价。评价主体应该包括学生本人、同伴或小组、家长、教师或导师等多个角色。充分发挥评价连续体中的多元主体和多元场域的优势,能够较好地推进"趣·玩""趣·探""趣·悟"课程的实施。如在"趣·探"课程中,教师可以通过"5E"学习环推进小学科学课程教学中的解释建构环节,引导学生进行多样化的评价,形成事实证据,分享交流观点,在评价中形成新的科学知识和观念;再如在"趣·悟"课程中,教师可以基于PBL(问题驱动教学法)的改进反思或评价交流,启发学生将科学知识与生活联系以解决问题,同时引导学生对比学习前后的想法变化,帮助学生清晰地看到自己的进步,同时与其他同学互学互助。

(二)多元评价类型设计:促进大概念统摄评价连续性的发展

大概念统摄评价连续体包含了多元的评价类型和评价方式等。在整合性评价的逻辑下,表现性评价是最为常见的评价方式之一,表现性评价中的表现性任务也是真实性问题情境三要素中的任务。好的评价体系应当是恰当的、有效的、可信的、可以实现的,这也决定了评价类型的多元。[②]厄尔依据评价与学

[①] 张宝明.家校协同评价,共促孩子良好习惯的养成[J].辅导员,2016(6):31-32.
[②] 徐玲玲,刘徽,曹琦.评价连续体:大概念教学的评价设计[J].上海教育科研,2022(1):19-24.

习的关系将评价类型划分为学习性评价、学习式评价和学习的评价。评价方式种类繁多,包括课堂问答、知识测验和技能测试、表现性任务、结构化思维工具、自我反思等。其中,学习性评价包括课堂问答和结构化思维工具等,学习式评价包括表现性任务和自我反思,而知识测验和技能测试属于学习的评价。就这些评价类型而言,学习开始时主要以学习性评价和学习式评价为主,因为需要不断通过反馈,改进和优化教学。教师要强化过程性评价,探索增值评价,关注个体差异,根据评价结果发现教学过程中存在的问题,研究有针对性的改进措施;要寻找教学目标达成度不高的原因,从教学目标的合理性、教学方法的科学性、教学实施的有效性等方面进行全面的评价与分析,并根据评价结果改进教学方法,调整教学策略。

(三)多种评价方法支持:促进全方位学习评价连接性的发展

促进全方位学习评价连接性的发展,需要多种评价方法的支持,要建立多元化的评价标准,综合考虑知识、技能、态度、价值观等方面的评价要素,确保评价的全面性和客观性。同时也要注重评价的连接性原则,着眼于学生的未来发展,发现学生的潜能和特长,为学生提供个性化的指导和建议;要加强评价与教学的结合,发挥评价的诊断和改进功能,促进教学质量和学生学习水平的提高。《科学课标(2022年版)》指出要建立评价的反馈机制,及时将评价结果反馈给学生和教师,以便及时调整教学和学习策略,实现教学与评价的良性互动,以评价促进学生核心素养的发展。教师要从科学观念、科学思维、探究实践、态度责任等方面全面评价学生,基于学业质量标准和学业要求,让学生明确课程的学习目标,指导学生用自评的方法发现学习过程中的问题和薄弱环节,分析形成的原因,并通过自我反思找到更好的学习方法。因此,评价连续体渗透到"趣·玩""趣·探""趣·悟"课程,会同时伴随着不同评价方法的实施,学生经历了学习的评价(公平)和学习性评价(具体),最终形成学习式评价(自省),可以大大提高探究能力、学习能力、合作能力、创新能力、实践能力和沟通能力。

评价连续体的构建是一个不断迭代的过程,持续改进是打造一个优质评价连续体的关键。因此,在"跨域趣探"学习评价过程中,教师需要持续关注学生的学习表现,不断改进评价方式,最大程度地发挥评价连续体的作用,以评价促进教育教学质量的提升。

三 小学科学跨学科教学评价要素

跨学科教学在发展新技能、培养创新人才方面具有重要作用。构建有效的小学科学跨学科教学评价的前提是明确跨学科教学评价要素。评价是用于观察学生行为、产生数据进而对学生所知、所能做出合理推测的工具，高质量的评价应具备多角度观察、认知模型建构、解释这三个基本要素。评价就是通过认知模型，基于对学生所知、所能的多角度观察做出解释和推测的过程。

1.多角度观察

观察主要从学生的参与度和兴趣、学生的问题解决能力、学生的创新能力和实践能力等多角度进行。从学生的参与度和兴趣角度，评价者主要观察学生的课堂表现、学习态度和积极性等，即是否能够通过跨学科教学激发学生的学习兴趣，使他们更加主动地参与到学习中来。从学生的问题解决能力角度，评价者主要观察学生在跨学科教学中是否能够运用所学知识解决实际问题，即是否能够运用跨学科的知识和方法，对实际问题进行分析、判断和解决。从学生的创新能力和实践能力角度，评价者主要观察学生在跨学科教学中能否表现出创新能力和实践能力，即能否提出新的想法和解决方案，将理论知识转化为实际操作，解决实际问题。与此同时，还应观察教师的教学能力和专业素养等，包括教学设计、教学方法、课堂管理等方面，即是否能够有效地引导学生进行跨学科学习，提供良好的指导和支持。

2.认知模型建构

认知模型是描述学生如何在特定领域内表征知识和发展能力的解释性模型，用于解释不同能力水平在行为表现上有怎样的差异，学生如何才能达到更高的水平。[1]认知模型本质上揭示了学生在特定领域的表现水平是如何由低到高逐步发展的，因此，建构合理的认知模型是高质量跨学科教学评价的关键之一。

认知模型是对学生跨学科学习水平作出解释的桥梁。然而，现有的跨学科教学评价实践很少运用认知模型，更多的是依据简单评分规则进行等级评分。

---

[1] 张春雷.跨学科学习评价：价值定位、过程方法及模型应用[J].中国考试,2023(4):42-49.

因此,教师可以尝试建构跨学科教学评价的认知模型。比格斯等在SOLO(可观察的学习结果的结构)分类法中,将学生的认知结构由低到高分为5个水平,依次是前结构、单点结构、多点结构、关联结构和抽象拓展结构。基于SOLO分类,有学者尝试对高校不同水平学生的跨学科学习特征和学习结果进行描述:在单点结构层次,学生在学习与问题相关的单一学科时,获得的学习成果也是单一学科知识;当学生达到多点结构水平时,他们能获得多学科知识但并不能整合,学习成果表现为形成了与主题相关的多学科知识和思维;当学生达到关联结构水平时,他们能围绕一个主题或问题整合多学科知识,也能对每个学科的优势和局限进行批判性思考,学习成果表现为加深了与任意单一学科都不同的跨学科理解,批判性思维及元认知能力得到发展;当学生达到抽象拓展结构水平时,他们能够整合来自多学科的解释性工具,如学科知识、方法、理论、概念等,并能将形成的跨学科理解应用于新的跨学科问题或主题,学习成果表现为形成完善的跨学科知识结构,批判性思维得到发展,元认知能力及认识论信念得到提升。这种基于SOLO分类的跨学科学习水平划分和典型学习行为描述,对于跨学科理解水平认知模型的构建,以及小学科学跨学科教学评价实践具有重要的参考价值。

3.解释

新课程标准强调真情境,跨学科教学评价指向学生能否解决复杂情境中的问题。可以说,任务情境的设置为教师评价学生在任务中的表现提供了可能。基于观察,在建构认知模型的基础上,教师对学生的学习成果和不同的行为表现做出学习质量高低的判断就是"解释"。这种解释可以表现为质性的等级划分或量化的评价。

量化评价和质性评价是两种不同的评价方法,它们各有特点和应用场景。量化评价(也称为定量评价)是从量的角度出发,运用数学统计方法等,对复杂的数据进行量化处理,从而总结出规律性的结论。这种方式强调逻辑性、标准化和精确化,能对现象的因果关系作出精准分析,提供的结论较为客观和科学。然而,量化评价可能会忽略跨学科教学中不可测量的重要方面,如学生兴趣的深度、跨学科的多样性等,因此存在局限性。质性评价(也称为定性评价)则更多依赖自然调查和描述性手段,通过全面充分地揭示和描述评价对象的各种特质,呈现评价结果并促进理解。这种方法尊重现实,没有预先设定好的结构,因此能对问题有更真实而全面的认识。质性评价的优点在于它能关注到学生的主体性、情感和经验,以及具体情境下的跨学科学习行为表现,它的缺点在于主观性强,难以标准化,且可能受到不同学科评价者的主观影响。总的来说,量化评价和质性评价在小学科学跨学科教学评价中都是必要的,它们各自的优势和不足可以互补。量化评价为小学科学跨学科教学提供了精确的数据支持,质性评价则丰富了对教育现象的理解。

综上所述,小学科学跨学科教学的评价要素包括多方面观察、认知模型建构和解释等。这些评价要素有助于教师调整教学步调、优化教学过程,还能作为外部的指标反映学生的学习情况,让学生了解自己的表现水平,明确努力的方向。

四 小学科学跨学科教学评价设计步骤

小学科学跨学科教学评价连续体包括评价方法的连续体和评价类型的连续体等。因此,小学科学跨学科教学评价的设计步骤包括设计评价方法的连续体、设计评价类型的连续体、编制评价量规等。通过这些步骤,教师可以建立多层级、有进阶的小学科学跨学科评价连续体,从而全面评估学生的跨学科能力和知识掌握情况,更好地指导学生的学习,优化教师的教学工作。

(一)设计评价方法的连续体

这一步骤涵盖了定性评价与定量评价、主观评价与客观评价、形成性评价与总结性评价等多个方面。具体的操作方法是多种多样的,包括课堂问答、课堂观察、知识测验和技能测试、表现性任务、结构化思维工具、自我反思等。这些方法各具特点,相互补充,共同构成了设计评价方法连续体的完整体系。值得注意的是,这些评价方法和评价目标有一定的对应关系,教师在设计的时候要确保评价方法与目标相匹配。

下面具体介绍几种主要的评价方法。

(1)课堂问答。课堂问答效果关系着教学质量的高低,对课堂教学有着重要的影响。课堂问答是一种非常常见的评价方法,通过师生间最直接的互动,教师能及时了解学生的学习情况并予以反馈。课堂问答提问的目标跨度很大,既可以是素养、大概念,比如:"为什么植物能发芽?"也可以是单一的操作技能和低阶思维,比如:"弹簧秤的主要操作步骤是什么?""气温计如何读数?"课堂问答一般用于学习性评价。

(2)课堂观察。课堂观察是过程性评价的常用方法。在小学科学跨学科教学过程中,教师可以基于科学观念、探究实践、科学思维、态度责任这四个核心素养,设计课堂观察记录表,观察记录学生在思维活动、知识理解、学习态度、学习方法等方面的情况。完成一个主题教学后,教师可进行一次汇总,并评价反馈。在课堂上,教师还可以借助APP,如希沃的"班级优化大师",及时根据学生的课堂表现给予表扬和提醒,APP中"勇于举手""举手并答对""奇思妙想""举一反三"等过程性评价语言可以在课堂中起到导向、调控等作用。

(3)知识测验和技能测试。知识测验和技能测试作为常见的对个人能力和素质进行评估的方式,被广泛应用在教育教学中。知识测验和技能测试存在一定的差异。首先,在考察内容上,知识测验主要关注个体的知识储备,而技能测试更关注个体的实际操作能力。其次,在测试方式上,知识测验通常采用笔试的形式,而技能测试需要借助一定的工具或设备进行实际操作或模拟操作。最后,在评估标准上,知识测验的评估标准相对明确,而技能测试的评估标准可能会因项目、评估主体等因素的不同而有所不同。在实际应用中,知识测验和技能测试各有优劣。知识测验的优点在于操作简单、易于实施,且评估结果相对客观。但其缺点也较为明显,即无法全面反映学生的发展情况。而技能测试虽然能更好地评估学生的实际操作能力,但其操作复杂度较高,实施难度较大,且评估标准可能存在主观性。

(4)表现性任务。表现性任务是跨学科教学评价设计中最常用的方法之一。表现性任务即学生运用其习得的概念或技能,通过创作作品或展示表现来提供学习的证据。与传统的纸笔测试不同,它不仅能够评价学生的学习成果,还能够评价学生的学习过程,甚至能够评价学生的情感、态度和价值观,更适合用于形成性评价,具有纸笔测试无法替代的优势。它强调的是真实的任务情境,着重关注高阶思维成果,旨在培养学生解决复杂问题的能力。例如,在学习了"爱眼护眼"主题课程后,学生就会想到制作关于预防近视的宣传作品,帮助自己和他人形成爱眼护眼的健康生活意识。这个爱眼护眼的意识和行动就是其学习成果在现实世界的表现。再比如,在学习了"预制菜能不能进校园"主题课程后,学生不仅能够辩证分析预制菜的利与弊,用发展的眼光看待"预制菜进校园"这一社会热点,还能够设计制作预制菜的方案,并学会选择合适的烹饪工具、烹饪方法和配料来加工食材。

(5)结构化思维工具。结构化思维工具(也称可视化思维工具)一般通过图表的方式使思维结构化,主要包括图和表两种形式。此类评价方法非常适用于基于大概念的小学科学跨学科教学,因为这类工具有利于梳理概念与案例、概念与概念之间的关系,从而让思维结构化。常见的结构化思维工具有KWL图表和思维导图。KWL图表由奥格尔于1986年创建。其中,K是指Know,即(关于主题)我已经知道什么(What I know);W是指Want,即(关于主题)我想知道什么(What I want to learn);L是指Learned,即(关于主题)我已经学到了什么(What I learned)。在小学科学跨学科主题教学前,教师需要了解关于这个主题学生已经知道了什么,以及学生想学习什么。在小学科学跨学科教学后,教师需要了解学生通过主题学习知道了什么,还可以延伸至未来他们想学习什么。思维导图(Mind Map)是非常好的评价媒介,它运用图文并重的技巧,在直观的图像与感性的文字之间搭建起桥梁,将不可见的思维结构、思维方法、思维路径或过程呈现出来,实现零散信息系统化。

(二)设计评价类型的连续体

根据教学评价在教学活动中的不同作用,我们一般把评价分为形成性评价和总结性评价。形成性评价是在教学过程中收集数据的评价,目的在于改进。总结性评价是在教学结束后收集数据的评价,目的在于评定学生。如果在教学过程中的数据收集也是用于评定,而不是反馈,那么会使学生长期处于一种焦虑状态,不敢犯错,这不利于他们的长期发展。因此,不管是形成性评价还是总结性评价,都需要给学生提供容错机会。

厄尔提出了评价的三种类型,即学习性评价、学习的评价和学习式评价。学习性评价是为了推进学习而进行的评价,学习的评价是为了评定学习水平而进行的评价,学习式评价是为了让学生在学习中学会评价而进行的评价。这三种类型的评价内涵不同,对于学习的意义也不同。学习性评价和学习的评价的关系,类似于形成性评价和总结性评价的关系。

三种不同评价类型的评价标准也是不同的。学习性评价最为重要的标准是具体,因为这种评价的目的是为学习的推进提供依据,越是具体的学习性评价越能促进学习。教师应该在学习前、学习中和学习后收集学生学习的各种证据,同时提供反馈,从而帮助学生更好地改进学习方法和策略。学习的评价最为重要的标准是公平,因为这种评价的目的是根据阶段性的学习成果对学生进行评定、分类和筛选。根据收集到的信息和证据,评价者对学生在一段特定时间内的学习情况进行总结,公平、公正地进行评定,并向学生、家长、教师和社会等传达评价结果。学习式评价最为重要的标准是反思,它重点关注学生评价能力的培养。在教师的支持、示范与指导下,学生学会收集相应的证据,为教师和同伴提供评价的信息,更重要的是在这个过程中,学生能够进行自我评价,从而修正学习方向,反思学习过程,并调整学习目标。

这三种类型的评价也是一个连续体,最终的评价往往是学习的评价,而学习性评价、学习的评价、学习式评价都会穿插于整个学习过程。一般来说,学习开始时主要以学习性评价和学习式评价为主,因为需要不断提供反馈。无论是素养、大概念还是高阶思维、元认知,都存在一个发展的过程,过早通过学习的评价去评定学生,不利于他们接受挑战性任务。学习的评价一般在学习过程的后期开展,但也可能会在中期进行,主要对单一技能和低阶思维进行评价。有两个原因:一是这类目标不需要经历一个比较长的学习过程;二是单一技能和低阶思维是达成更高一级目标的基础,而学生对待学习的评价的态度显然是更认真的,在学习的评价的督促下,他们对基础知识和技能的掌握会更牢固。[1]

不管是哪一种类型,作为一个连续体的设计评价,需要教师在实际操作中根据具体的设计项目、学生情况和评价标准来选择合适的评价方法和类型。教师应该以严谨、稳重、理性的态度对待设计评价工作,确保评价结果的客观性和准确性。同时,教师也应该注重评价过程的规范性和系统性,确保评价工作的有效性和可信度。通过不断完善和优化评价类型的连续体,可以推动跨学科教学的不断深入。

举个例子,从评价的角度来看,在课程教学开始时引入"预制菜能不能进校园"这一问题,让学生对预制菜的营养进行反思,是一种学习式评价。学生进入学习后,开展实地调查,撰写调查报告,也是一种学习式评价。在课程实践中期,让学生持续记录自己的日常饮食并设计一周的营养食谱,这是一种贯穿始

---

[1] 徐玲玲,刘徽,曹琦.评价连续体:大概念教学的评价设计[J].上海教育科研,2022(1):19-24.

终的学习式评价。而"以小组形式完成添加剂海报→以小组合作形式介绍添加剂海报→班级小组互评""学生小组考察实践→小组合作完成考察报告→小组展示考察报告"等都是过程中有梯度、有进阶的学习性评价。同时,在这个过程中,教师安排的一些个人自评、组内互评或小组互评等,是学习式评价。跨学科主题课程结束时,每一位学生整理资料,制作预制菜海报,教师给予评价的同时也请学生进行自评,这既是学习的评价,也是学习式评价。

(三)编制评价量规

作为学习的"脚手架",评价量规是一个真实性的评价工具,它是对学生的作品、成果或者表现进行评价或者等级评定的一套标准,同时也是一个有效的教育教学工具,是连接跨学科教学与评价之间的重要桥梁。通过运用评价量规,教师能及时将评价结果反馈给学生,提示学生反思学习过程中的不足并不断改进,从而高质量地完成学习任务。量规具有目标导向作用,量规中的学习目标描述可以帮助学生了解什么是高质量的学习,促进学生对任务目标的理解,确定任务质量的达标程度,为学生的全面发展创造条件。

依据加涅的教学设计原理,在评价量规的设计过程中要突出以下几个原则:第一,要根据教学目标和学生水平来设计结构分量;第二,要根据教学目标的侧重点确定各结构分量的权重;第三,具体的描述性语言要具有可操作性,每个等级对应的评价标准里的评价元素应统一,各等级的描述性语言要体现等级之间的差别。

在设计评价量规时,可以遵循以下步骤:第一步,根据课程教学目标、教学内容和学生知识结构水平确定学习目标和内容;第二步,选择重要的学习内容作为评价指标;第三步,根据遴选出的评价指标,以及教学目标、教学内容中的重难点确定各指标的权重;第四步,将每一个指标分等级;第五步,描述并确定各评价指标每个等级的评价标准,用具体的、可操作的描述性语言清楚地说明量规中的每一条标准;第六步,设计包含评价指标和评价标准的表格,形成评价量规;第七步,根据评价量规的使用和反馈情况修订量规。当然,量规的编制方法是多元的,没有固定的模式。教师需要在跨学科教学实践中不断摸索、优化,找到最合适的方法。

评价量规设计完成后,教师可以通过几个问题来检视它,如,是否根据教学目标来设计评价量规的不同准则,评价量规的语言描述是否具体、清晰,是否让学生尽量参与到了量规的设计过程中来,是否根据需要来选择量规的形式和类型等。

小学科学跨学科教学打破了学习的时空限制,促进了学生主动学习、自由学习、快乐学习。它不仅是在教师引导下的课堂教学,还可以是基于学习共同体的互学、课堂外的自学、家庭中的拓学、社会中的研学。课堂内外的每一主题都细化了能力达成体系,建立了自我评价、同伴评价、教师评价甚至是大数据诊断等多维度评价方式,参与者借助过程性评价了解课程实施中的相关问题,发现学生在学习时出现的困难,及时反馈调控,最终促成"家校社"课程实施的深度融合。与此同时,借由评价反馈,可以提高学生的认知水平,丰富学生的情感体验,增强生活学习的能力,实现学生认知、情感、行为三者的综合发展。因此,在评价过程中,教师应当以促进学生素养发展为目标,利用不同的评价类型、方法,打造完整、多级的评价体系,客观、全面地评价学生,充分发挥评价的育人导向作用。

第五章

跨域趣探：小学科学跨学科教学主张范式探析

第五章　跨域趣探:小学科学跨学科教学主张范式探析

古希腊哲学家苏格拉底认为,教育的本质不是灌输,而是点燃火焰。教育的真谛在于激发学生的内在潜能,引导他们探索未知的世界。在小学科学教育的广阔天地里,笔者在近三十年的教学实践中,不断追寻创新。本章便是笔者基于科学教育阵地的实践经验与深入思考,在结合国内外知名教育家的观点与研究成果的基础上,建构的小学科学跨学科教学主张新范式与实践路径。"跨域趣探"作为本章的核心概念,不仅蕴含了趣形、探真、炼思、跨域四大特征,更是笔者对小学科学跨学科教学实践的深刻总结。它旨在通过趣味化的教学形式,激发学生的探索兴趣,引导他们在真实或模拟的跨学科情境中,探究科学真理,锻炼批判性思维和创新能力。这一教学主张的提出,不仅是对传统教学模式的挑战,更是对未来教育发展方向的积极探索。为了更深入地揭示"跨域趣探"教学主张的内涵与实践价值,本章详细阐述了其操作模型,包括以"跨域趣探——让学习成为生命自觉"为核心的教学框架,辐射"三重境界"的主张内涵,以及"链式立体课程"和"三种思维型教学模式"的具体实施策略。总之,本章旨在结合笔者长期的教学实践经验与深刻反思,共同探讨小学科学跨学科教学的新范式与实践路径。通过论述,希望能够激发更多教育者对小学科学跨学科教学的思考与探索,共同推动小学科学教育迈向更加创新、多元与融合的新高度,为培养具有创新精神与实践能力的时代新人奠定坚实的基础。

第一节 "跨域趣探"的概念阐释

一 跨

在《说文解字》中"跨"字意为"渡也,从足夸声"[①],指抬腿越过,这与老子在《道德经》第二十四章"企者不立,跨者不行"中"跨"字的意义一致。《现代汉语词典》(第7版)中"跨"字的解释之一为"超越一定数量、时间、地区等的界限"[②]。例如,"跨时代""跨世纪"意指跨越时间的界限,"跨文化""跨国"意指跨越空间的界限。除此之外,耳熟能详的"跨专业"意指跨越专业的界限。可以看出,"跨"要求跨越的时间、空间或其他对象的数量在两个或两个以上,且跨越对象之间必须存在一定的联系,为"跨"的实施提供必要条件。此外,在跨越界限后,跨越对象之间产生了必然的互动,从而达成"跨"的意义与目的,如"跨学科学习""跨界式思维""跨领域合作"等。

二 域

域的古文是"或","或""域""国"三字同源,它们本义相同,指疆域、地域。"域"引申为事物达到的程度、境界。《汉书·礼乐志》载:"驱一世之民,济之仁寿之域。""域"之原义指范围,是可以随着认知不断扩展的词。例如,《汉书·陈汤传》载:"出百死,入绝域。"《韩非子·难一》载:"是管仲亦在所去之域矣。"随着时空变迁、社会文化的发展,"域"后逐渐演变为数学、生物、科技等学科某类单位的分类词语,如计算机语言中的域,英文为DOMAIN。域是Windows网络中独立运行的单位,域之间的相互访问需要建立信任关系。域是一种管理边界,用

---

① 许慎.说文解字:注音版[M].长沙:岳麓书社,2006:46.
② 中国社会科学院语言研究所词典编辑室.现代汉语词典[M].7版.北京:商务印书馆,2016:756.

于一组计算机共享共用的安全数据库,是一组服务器和工作站的集合。还有物理学上的场域(field),它源自19世纪的物理学,基于物理场域的方法论模型具有跨自然科学门户的普适性[1],这一概念逐渐应用于多学科、多领域。"场"最初由英国物理学家法拉第提出,指物体周围传递引力(重力)、电或磁力的空间,是物质存在的一种基本形式,如引力场、磁场、电磁场等。再后来,心理学家将场的概念引入了社会科学,创造了心理场的概念。美国心理学家库尔特·勒温(Kurt Lewin)提出了(心理)生活空间的概念,认为人的行为是在人与环境(心理环境和非心理环境)交互作用下产生的,随着个体和环境因素的变化,人的行为也跟着发生变化,个体、行为与环境一起构成了个体的心理场[2]。因此,"域"可以总结为一种人可以发生连接和相互影响的空间存在,这个空间既可以是实体的,也可以是虚拟的。

三 趣

"趣"最早见于《说文》。《说文》:"趣,疾也。"本义为"疾速"。其引申义有:动词,急令追击,驱逼前行,强力催促;名词,强烈吸引人的兴味,意向,意旨,爱好。"趣"字具有兴趣、乐趣的含义,又有趋向、奔赴之意,笔者的理解为只有趣之所成,才会心之所向,用心、用行动、用思想去研究和学习所爱好向往的学识。"趣"字可组成有趣、兴趣、志趣、智趣、趣味等词。笔者认为,趣可有多层指向,趣味的含义会更深重一点。

"趣味"一词最早出现在《水经注》"绝巘多生怪柏,悬泉瀑布,飞漱其间,清荣峻茂,良多趣味"。[3]纵情山水,与自然亲密接触,欣赏大自然的鬼斧神工,心旷神怡,怡然自得,郦道元用趣味形容自己当下的美妙心情。陶渊明《归去来兮辞》中的"园日涉以成趣"也体现了陶渊明享受自然的情感。由此可见,"趣味"一词由来已久,主要表达参与者当下的主观感受。早期,很多学者虽然对趣味

---

[1] 杜雁,梁芷彤,赵茜.本体与机理——场域理论的建构、演变与应用[J].国际城市规划,2022,37(3):59-66.
[2] 胡小桃.高职教师课程权力的境遇及其僭越研究——基于场域理论视角[D].长沙:湖南师范大学,2016:34-35.
[3] 覃兰娇.趣味教学法在初中地理课堂教学中的运用研究——以七年级教学为例[D].长沙:湖南师范大学,2019:10.

有着不同的表述,但基本定性是一致的,都认为趣味是人们的一种能力。在西方国家,"趣味"译为"taste",该词有兴趣、爱好、感受、体验、经历之意,也有味道、品尝的含义。法国启蒙思想家、哲学家孟德斯鸠认为,趣味就是通过感觉使我们注意到某一事物的那种东西。他所提到的"东西"实际上是能力,可见,趣味是能够通过人们的感觉器官感觉到的。康德对此也有大致相同的看法,他认为趣味在于把自己的快乐和不乐传达给别人,并含有通过这种传达与别人一道体验愉快和感受喜悦的能力。[1] 准确地说,康德的阐述并不是在对趣味进行界定,更像是在阐说趣味的本质,他通过美学的视角对这种感觉做了更加深入的解说,详细地说明了体验与感受的内容。当我们所接触到的事物使我们感受或体验到愉快与喜悦时,这样的事物才是有趣的;但是,康德的落脚点是能力,他强调,真正产生的兴趣不仅使我们自己能够体验或感受到愉快与喜悦,而且别人也是能够体验或感受到这种愉快和喜悦的。后来,随着时代的发展,人们普遍认为趣味是事物本身的固有特性。《现代汉语词典》(第7版)以"使人感到愉快、有意思、有吸引力的特性"来定义趣味。人们认为只有当具体事物具有使人感到愉快、有意思、有吸引力的性质,我们才说这一事物对于我们具有趣味。那在特定时间、特定空间让人感到愉快、有意思、有吸引力的事物,是否就会一直具有趣味性呢?对此,朱光潜先生在《文学的趣味》一文中指出生生不息的趣味才是活的趣味。他指出,事物是不断变化并向前发展的,趣味也应该是日新月异的,是随着时代的发展而不断发展变化的。梁启超先生曾说,凡趣味的性质,总要以趣味始以趣味终。他认为趣味是具有持续性的。综上所述,趣味可以解读为事物带给人们的长久的、持续愉悦的感受,就事物的发展规律而言,趣味本身与事物的客观规律和受体的主观感受有关。

四 探

探的本义是摸取。在本教学主张中,"探"直指探究,意思是探索研究或探寻追究。在小学科学学科中,探究的内涵和意义非常丰富和深厚。美国颁布的《国家科学教育标准》将探究定义为:科学家用以研究自然界并基于此种研究获

---

[1] 章辉.经验的限度:英国经验主义美学研究[M].北京:中国社会科学出版社,2005:187.

得的证据提出种种解释的多种不同途径,也指的是学生用以获取知识、领悟科学的思想观念、领悟科学家研究自然界所用的方法而进行的各种活动。[1]科学探究有两层含义:一是科学家为了研究自然界所进行的探究活动;二是学生为了掌握科学知识所采取的学习方式。学生和科学家所进行的科学探究是有本质区别的,学生的科学探究是一种高效的、行之有效的学习方式,是在教师指导下进行的,是在真实的科学内容的情境中进行的,目的是获得科学知识,掌握科学探究技能,培养积极正确的科学态度和领悟科学探究思想。[2]探究性学习是一种学习方式,学生需要了解其本质,经历科学探究的过程,掌握科学探究的技能。需要注意的是,探究性学习方法不能机械地使用,因为它是一种在好奇心驱使下、以问题为导向、学生有高度智力投入且内容和形式都十分丰富的学习活动。其基本特征可概括为"活"和"动"两个字。因此,在教师精心设计的探究活动中,学生一方面表现出"活"的学习状态,即积极主动地参与探究活动,且不一定按照教师规定的模式发展;另一方面表现为"动"起来,即学生真正动手动脑地进行探究。[3]

---

[1] 美国国家研究理事会科学、数学及技术教育中心,《国家科学教育标准》科学探究附属读物编委会.科学探究与国家科学教育标准:教与学的指南[M].罗星凯,等译.北京:科学普及出版社,2004:1.
[2] 王亚茹.小学六年级学生对科学探究理解水平的调查研究[D].石家庄:河北师范大学,2018:4.
[3] 罗星凯.实施科学探究性学习必须正视的问题[J].全球教育展望,2004,33(3):43-46.

第二节 "跨域趣探"教学主张的内涵

"跨域趣探"以国家颁布的课程方案为指引,基于学生的生活世界,以实用主义、整体主义、建构主义、深度学习理论、多元智能理论、课程统整理论为综合支撑;以学习者的兴趣爱好为出发点,以学生核心素养培育为落脚点,整合"家校社"育人场域、育人行动和育人担当;通过跨学科教学、跨学科主题课程整体设计,以及家庭学习氛围的营造、场馆资源的有效支持,以立体课程的形式创新教学实践,打开学习者与知识、学习者与他人、学习者与世界的窗口,让学习者在趣玩、趣探、趣悟的情境中进阶成长。

一、"跨域趣探"的概念内涵

笔者基于学界研究者和实践者的研究成果,在不断梳理前辈的观点和实践经验的基础上,积极进行了个性化的建构和探新。经过近三十年的实践和完善,笔者在教学中形成主张、理念,以期把握小学科学跨学科教学的精髓和要义,并进行区域化的实践和检验。

(一)"跨域趣探"的具体概念

"跨域趣探"主张基于儿童立场,以培育学生的核心素养为导向,在大概念统整视域下,创设有趣的实践情境或空间,引导学生在真实的世界里像科学家一样经历探究过程;以探究实践为基础,以高阶思维发展为核心,以培育创新能力为目标,最终实现培养全面发展的人。在发现已知和探索新知的学习域中,笔者构建的跨学科立体化教学模型具有趣形、探真、炼思、跨域四大基本特征。通过科学知识的风趣、科学精神的理趣、探究过程的乐趣、交流互动的妙趣、实践应用的意趣,促进学习者与知识、学习者与他人、学习者与世界的深度联结。"跨域趣探"强调重塑学习方式,回归教育本质,让学习者在有意义的跨学科的实践、高阶思维的提升、创新能力的发展中实现从自然人向理性人的跨越,在科学精神的指引下,引导儿童成为主动学习、学会学习、享受学习的自由人。

"跨域趣探"基于儿童的成长需求和学校的资源,结合真实的问题或社会热点议题构建跨学科课程(学习)主题。它以学生已有的知识和经验为基础,通过真实的情境连接校内与校外、课内与课外、学校与社会、学校与家庭,追求一种协同育人的教育效果。

"跨域趣探"是一种以聚焦高阶思维培育为框架的思维型教育。它以学生已有的前概念发展为基点,以跨学科概念统整跨知识领域、跨学科领域、跨空间场域、跨虚拟场域,让学生在综合学习的过程中感受思维成长的魅力,向学思同频、知行合一发展,追求一种整体育人的教育效果。

"跨域趣探"是以培养创新能力和创新精神为命脉,以主动而真实的探究为基础,以儿童为立场,以趣探科学、跨学科教育和趣探课程为主要架构,建立起的理论框架与操作体系。"跨域趣探"旨在创造能激发学生主动学习的教育场域,它所倡导的学习、教学、课程、评价、管理乃至研究等都是充满人性和关怀的。"跨域趣探"的核心是儿童的学习与发展,实质在于通过优化学习过程和场域,激发学生的好奇心和学习热情;以跨学科学习为中介,通过加强互动与活动体验,重构学生与社会生活及现实世界的关联,增进对学科的理解。

(二)"跨域趣探"的基本特征

"跨域趣探"这一教学主张历经了近三十年的探索与研究,在长期的教育教学实践中不断发展,形成了独特的理论框架。"跨域趣探"以真实生活世界为场域,以探究实践为核心,以高阶思维发展为纽带,以跨多学科融合为途径,以培养创新能力为目标。在为党育人、为国育才的教育使命召唤下,"跨域趣探"教学主张将教学的形、探、炼、跨统一为整体,让教学活动变得趣、真、活、新,深受学生喜爱和欢迎,极大提高了学习和教学效率。"跨域趣探"教学主张的基本特征包括趣形、探真、炼思、跨域。

1.趣形

趣味教学是大家很熟悉的一种教学方式,它指在教学过程中运用幽默生动的语言、富有感染力的激情、炉火纯青的教学技巧、活灵活现的教学情境、现代化的教学手段、相关的故事笑话、恰到好处的表演、师生互动和生生互动的活跃气氛等来最大限度地增强课堂教学的趣味性,从而激发学生的学习兴趣,提高学习效果。"跨域趣探"教学主张的趣形特征中包含点(燃)趣、激趣、延趣、创趣四个递进的"趣"阶段。教学主张中的趣形不仅指在小学科学跨学科教学中积极运用趣味教学,使学生乐学、会学、好学,实现教与学的和谐、师与生的和谐、生与生的和谐,从而变"苦学"为"乐学",变"要我学"为"我要学",实现真正意义上的素质教育。它还具有更深远的多层含义。第一层,点(燃)趣。赞科夫曾说,对所学知识内容的兴趣都可能成为学习动机。选择能引发学生兴趣的学习主题和内容,唤醒好奇心,点燃学习动机,此为点燃兴趣。第二层,激趣。即通过有目的的侧重,建构真实的问题情境,以问题激发探究兴趣。第三层,延趣。在研究的不断深入中,以好奇心驱动的学习能量会随着解决问题所需时间的增长、研究问题难度的上升而减少,学生易产生畏难情绪,此时,教师需要引领学生走向更深入的思考,在高阶问题思辨的驱动下,获得"踮起脚跟摘到桃子"的喜悦,获得对学习的认同感。这能够有效延长学生探究实践的兴趣,维系对挑战性任务的长时研究。第四层,创趣。依据心理学理论,在建构新知的过程中,以个人的角度获得结果或新成果,能获得更好的心理体验,激发对新的学习的热情和兴趣。趣形四进阶模型如图5-2-1所示。

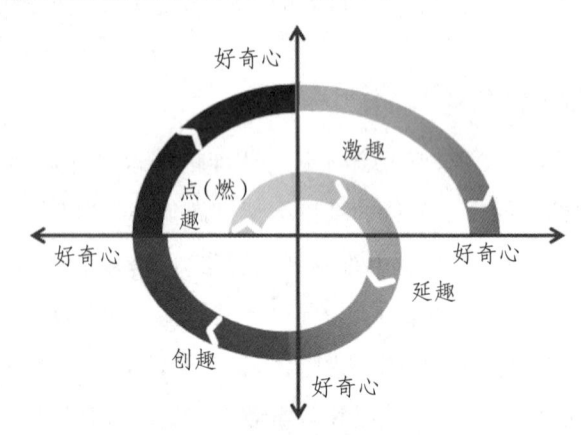

图5-2-1 趣形四进阶模型

2.探真

探究实践是人们探索和了解自然,获得科学知识的重要方法。探究式学习作为一种重要的学习方式,对学生核心素养的发展,尤其是创新精神与实践能力的培育具有重要意义和独特贡献。小学科学学习是一个由"感"到"识"的过程,教师应设法让学生获得充分的直观体验:通过基础性直观体验,提出能理解的问题;通过全过程直观体验,搜集深层次的证据;通过开放性直观体验,发展有广度的思维;通过延续性直观体验,推动基于结论的探究。教师要让直观体验贯穿科学探究的全过程,并在此基础上开展满足学生需要的真探究。科学核心素养中的探究实践主要包括问题、证据、解释、交流等核心要素。"跨域趣探"教学主张认为,要想培养学生的科学学科素养,就要在科学教学中开展多样的真探究和真实践,而非伪探究[①]。笔者认为要开展真探究,我们必须从科学探究的四个关键入手。

(1)真问题是启动真探究的钥匙,提出问题是科学探究的起点。真问题不靠虚构,它从生活生产的实践中来,从学生中来。教师要在平时养成积累生活生产问题的习惯,以做好因时因地开展真探究的教学准备。首先,真问题从生活生产的实践中来。真实的生活生产是人们展开科学探究的重要灵感源泉。人们通过观察生活中的各种现象,产生各种各样的感觉、疑惑和联想,进而以问题的形式将之提出,接着展开进一步的探究活动。源自生活生产实践的科学问题具有天然的真实性,且因其容易与学生切身感受产生共鸣,极易激发学生探究的情意需求。其次,出自学生之口的真问题最有教学研究价值。出自学生之口的问题,常常是学生喜闻乐见的生活问题,其中饱含学生的观察和经验、情感与喜好,这种问题对于课堂教学的价值常常大于教师依照个人经验搜集的科学问题。因此,以发展学生核心素养为第一要务的科学探究,应更加关注学生提出的问题。

(2)真证据是推进真探究的基石。有了真问题,学生就可以在提出了猜想与假设后,着手设计实验探究方案,搜集到有效数据,为结论的提出提供关键证据。真探究的实验方案,不应该是已经打印好的实验报告——使用指定的器材、按照指定的步骤、测出指定的数据、填入指定的空格。真证据的发现,需要学生全程深度参与,重点关注出错的实验方案,让学生反复修改方案、更换器材。在这样一次次的改进中,学生收获的不再只是一个个理想的实验数据,而是核心素养水平的全面提升。

(3)真解释是实现真探究的关键。在科学探究环节中,一些教师对证据的解释常常存在先入为主甚至是"走过场"的现象,这就是伪探究容易出现的原因

---

① 林晓峰.基于直观体验的小学科学"真探究"策略[J].教学月刊(小学版综合),2022(12):27-29.

之一。教师只有在尊重实验证据的基础上开展解释活动,才能真正培养学生的求真精神,落实核心素养培育。有时,科学探究搜集到的证据、数据可能出现偏差或异常,这往往包含着一些重要的研究课题或机遇。就像开普勒面对第谷的天文观测数据一样,他在尊重证据的原则下艰苦工作,最终提出了著名的开普勒行星运动定律,为牛顿提出万有引力定律做了重要的理论准备。在教学中,教师尊重真证据而做出的真解释,才能深入地推进真探究。

(4)真交流是真探究的分享或展示环节,也是探究实践的必备过程,更是对整个探究过程的重新审视。其中,常见的活动是误差分析和对整个探究过程的评估与反思。这一交流过程对学生养成实事求是的科学精神至关重要,理应落到实处。

探真四进阶模型如图5-2-2所示。笔者认为,科学探究一定是贯穿科学教育或科学育人的整个环节的,且不是一成不变的。从问题引发探究,到借助学习支架指导探究,再到基于收集的证据不断推进和深化探究,最后通过小组的互动表达和分析,不断延伸和拓展探究,让探究实践在学习的过程中层层递进、指向本质。

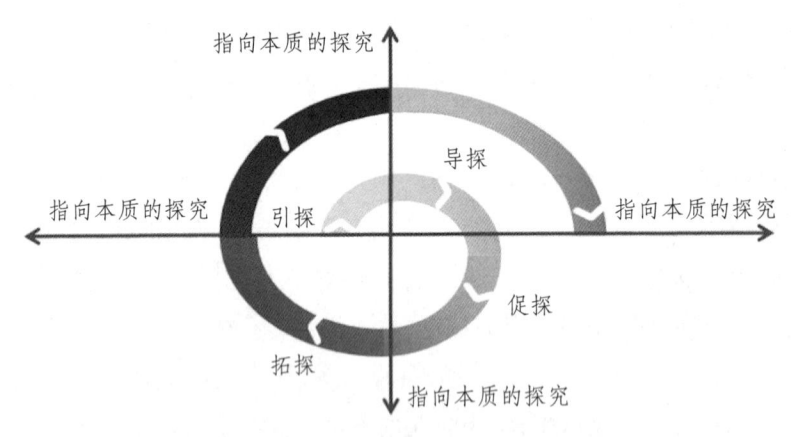

图5-2-2 探真四进阶模型

3.炼思

科学高阶思维作为科学素养的核心要素,是科学教育与科技创新人才培养的重要内容。科学教育要培养具有批判精神、问题解决能力、创新实践能力、数字素养的跨学科创新人才,这是全球科学教育发展的共识(郑永和等,2022),其中所蕴含的科学高阶思维是重中之重。《科学课标(2022年版)》强调要在科学教学实践中培养学生的高阶思维,这是回应新时代课堂教学和人才培养诉求的关键所在。美国于2013年发布的《新一代科学教育标准》(NGSS)倡导依据学生认知特点,并通过科学实践促进学生高阶思维的发展,建构日益完善的科学理解。为促进该标准在K-12教育体系中的实施与达成,美国于2018年公布的《新一代科学教育测评》(NGSA)强调基于学习进阶理论设计测评方案,以检测学生科学高阶思维的层级性发展。欧盟议会文化教育委员会于2019年3月发布的《作为教育挑战的科学和科学素养》研究报告将科学高阶思维与批判性思维、主动参与意识相结合,认为它与媒体素养、积极公民素养和全球竞争力密切相关。[1]可见,发展科学教育,重视与培养学生的科学素养及科学高阶思维,是加强我国科技拔尖人才储备、实现人才强国战略、提升国际竞争力的有效途径。

随着世界多极化、经济全球化深入发展,国际竞争日趋激烈。在高新技术飞速发展的今天,世界各国综合国力的竞争主要表现在重要基础理论突破、颠覆性技术发明和高精尖科技创新等方面,其本质是创新性人才培养的竞争。随着我国新课程改革的推进,指向科学实践的高阶思维教学目标愈加清晰。高阶思维作为创新型人才的核心思维品质,在人才培养过程中受到广泛关注。"跨域趣探"教学主张把促进学生思维品质的提升,把握好教学活动的思维"含量"及难易程度放在非常关键的位置,特别关注学生的科学素养培育,并倡导在教学目标、探究环节、设计制作中聚焦思维品质的锤炼,让学生思维的流畅性、灵活性、批判性和独创性得到提升。

(1)定思,即教学目标应定位为高阶思维取向。教学目标是教学活动的灵魂,决定着教学的方向、策略的选择、资源的开发、评价的设计,是统领教与学全过程的纲领。只有明确地将发展学生的高阶思维作为教学目标,才有可能设计出支持高阶思维发展的学习活动并予以落实。设计教学目标时,教师首先要考虑学生现有认知水平和预期达到的水平,要清楚了解两者之间的差距,提前计划要采用的方式。同时,应遵循有难度教学原则。有适度难度的问题更有利于激发学生的学习动机。培养高阶思维的教学目标,必须要考虑素养目标、知识目标、高阶思维发展目标。目标应是有层次、递进的,让学生经历从低层级目标到高层级目标的达成过程,在逐步挑战中培养高阶思维。

---

[1] 严晓梅,万青青,高博俊,等.数字化转型视域下欧盟科学素养培养新动向——《作为教育挑战的科学和科学素养》报告解读与启示[J].开放教育研究,2020,26(4):37-44.

（2）问思，即聚焦问题，设计具有开放性和挑战性的高质量问题，促使学生进行有意义的思考。要坚持以问题为中心，将关键知识设计成一系列的结构化问题，引导学生深度思考，从而实现知识的意义建构。首先，开放性问题和没有固定程式的探究过程，可以更好地发挥学生学习的自主性，使他们学会从多角度思考问题，用不同的方法解决问题。其次，在探究实践阶段，学生在运用分析思维和评价思维的过程中，能够提升思维的深刻性和批判性。最后，要聚焦知识共享和互动合作，营造自由的氛围能使学生大胆想象、勇于表达自己的独特见解。

（3）反思。反思活动指在特定的学习情境下，以元认知为指导，围绕学生高阶思维培养，积极调动学生的思维活动，通过组织讨论、交流等学习活动促进学生不断反思。反思作为学生高阶思维培养的重要途径，是个体对自己思维过程及结果的再认识[1]。反思活动可以引导学生表达观点、相互启发，评价彼此的想法、观点等，促进学生自主反思，改进学习，并根据他人评价与自我反思，补充、修正或完善学习成果。在反思活动中，教师要自觉转换角色，成为学生的学习伙伴和学习活动的启动者、维持者，营造相互信任、富有安全感的心理环境，发挥促学作用。在实践中，教师可以通过设置评价指标和量规，引导学生确立具体的学习目标，开发学习活动。还要关注和追踪学生的学习进程，适时提供"脚手架"，提供高质量的反馈，调动学生的元认知知识，自我监控学习过程和结果。教师要从关注教转变为关注学生的学，创设富有挑战性的学习机会，提供良好的认知环境和氛围，通过体验、反思等学习活动培养学生的深度学习能力，促进学生评价、创造等高阶思维的发展。[2]

科学探究涉及的主要活动包括观察、实验、设计与制作等，要在探究环节渗透培养高阶思维的具体方法。高阶思维的培养需要高阶学习活动的支持，只有将高阶思维的发展落到具体的学习活动中，学生的思维品质和探究能力才能得到有效提升。首先，在观察活动中渗透。高阶思维的发展始于观察，观察是小学科学教学中非常重要的活动，需要学生借助感官或工具有目的、有计划地感知并描述客观对象。在观察活动中培养高阶思维，有助于提升学生的分析思维

---

[1] 杨光.基于翻转课堂的学生反思性学习能力提升策略研究——以汉阳一中为例[D].武汉：华中师范大学，2018：9.
[2] 吴海燕，马玉芳，李学书.基于深度学习的学生高阶思维培养：可能和路径[J].教育理论与实践，2024，44（20）：42-47.

和评价思维。其次,在实验探究中渗透。实验是有目的、有计划地借助器材,通过改变一种变量,控制其他变量保持不变,寻求变量和结果之间因果关系的一种活动,是小学生探究和认识自然的重要活动方式。在实验探究中培养高阶思维,有助于提升学生的分析、评价、创造思维。最后,提出方案、修改方案、完善方案、最终确定合理方案的过程,需要学生之间、师生之间进行交流、质疑、批判、辩论,这些都能很好地促进学生分析、评价、创造思维的发展。

(4)展思。思维是一种肉眼看不见的大脑活动过程。所谓展思,就是指将思维展开呈现的过程,也可称思维的可视化,是指以图示或图示组合的方式把本来不可见的思维路径结构、方法及策略呈现出来,使其清晰可见的过程。通俗地讲,就是把大脑中的思维"画"出来的过程。刘濯源认为,将思维可视化运用到教学中,存在显性和隐性价值。显性价值指可以实现零散知识系统化,让知识更容易被理解和记忆;隐性价值指可以发展学生的思维能力,提高学习兴趣。实现思维可视化教学的方法与技术,主要包括图示方法,如思维导图、流程图、模型图等,以及生成图示的软件技术。其中,思维导图更适合对复杂的知识进行梳理,使之呈现为层级清晰的结构;流程图更适合绘制解题过程。[①]笔者认为,要在教学过程中实现教学内容、教学策略、教学环境、教学评价的可视化,可以运用思维可视化技术帮助学生建构知识,训练学生掌握并挖掘知识背后的思维规律,提升课堂教学效能,促进学生思维能力的发展。

在小学科学跨学科教学过程中,思维可视化的操作主要有以下几种方式。一是借助思维导图清晰表达知识背后的思维结构。具体做法为梳理两条线,即学科规律线和思维规律线。二是关注学生在思考问题时的思考路径和思维焦点。聚焦思维点,增加理解的深度,可以提升科学思维能力。三是通过课件化静态为动态、化被动为主动、化枯燥为有趣、化平淡为神奇,意在突破静态思维的重难点,在动态中刺激感官,激活学生的思维和想象力。学生在知识可视化的过程中,多种感官参与学习、探索、思考,能够促进他们深入思考。四是把动手和动脑有机融合。学生在动手操作的过程中,教师加以适时的引导,可以激活学生的思维,增强肢体语言、内部思维和外在知识的有效连接,让他们深刻理解知识的本质和意义。五是用线条、箭头等图形代替题中的逻辑、过程或变化,

---

① 陈小阳.运用"思维可视化"提高学生逻辑推理能力——以"市场调节"一轮复习展示课为例[J].思想政治课教学,2018(3):48-52.

如磁力线、食物链等。通过图示清晰地描述事物发展的过程,揭示事物数量之间的关系,为解答问题提供直观的说明和依据,体现其简单明了、重点突出、直观形象的特点和优势。

思维是科学素养之魂,促进学生思维发展是深度教学之核。思维可视化能够让教师真正了解学生的思维,最大程度地实践思维型课堂;推动师生思维共振,提高学生的学习兴趣,让学生学会思考、享受思考、爱上思考,在参与思考的体验中,提升思维品质,提升学习力,发展创造性思维。在反复分析、评价、创造的过程中,学生的探究能力、创新精神、实践能力能够得到不断发展。[①]炼思四进阶模型如图5-2-3所示。

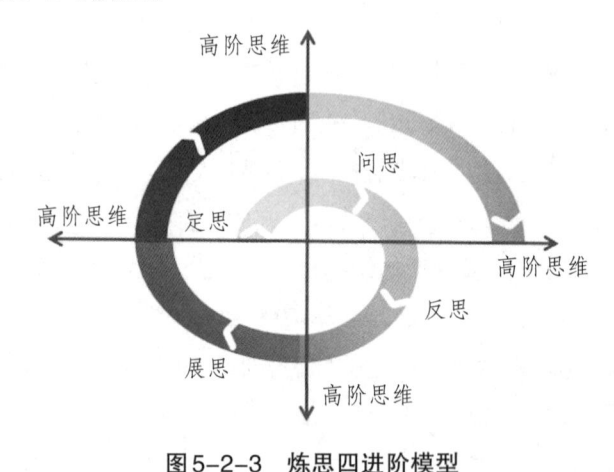

图5-2-3 炼思四进阶模型

4.跨域

布迪厄的社会学理论认为,场域是位置间建立相互关系的网络,是一种具有独立性的社会空间。它通常依附于资本的物理场域与意义场域的结合而存在(罗生全等,2020)。其中,物理场域是显性的、实际存在的物质空间,意义场域是交融现实情境和虚拟情境的交往空间。未来的场域形态不仅包括显性的物理场域和虚拟的意义场域,还会催生出无处不在、随时随地学习的泛在空间。随着新课程改革工作的深入推进,跨学段、跨学科、跨领域等概念逐渐进入人们的视野。小学科学作为义务教育阶段的一门基础性学科,对小学生科学核心素养和科学精神的发展有着不可替代的作用和意义。随着学术研究的不断深入,

---

[①] 朱阿娜.高阶思维培养:小学科学探究式教学困境的出路[J].中小学教材教学,2020(10):67-70.

场域理论得以发展并越来越广泛地被应用于不同领域。场域理论认为,人的行为与环境密切相关,即人的每一个行为都与行为所发生的场域有关系,这个场域即由地理环境和行为环境构成的心物场。"跨域趣探"教学主张的跨域不仅指向我们熟悉的跨知识场域、跨学科场域,还指向基于馆校合作视野下的跨空间场域,即真实和具象化的学习场域。当下,信息技术领域数字技术支撑下的虚拟和真实交融的学习场域正在蓬勃发展。下面对基于技术支撑的新型学习场域和教学场景进行阐述。

(1)未来技术重构物理空间的"知识域"。

新技术重构了学习的物理空间,使学习活动不再局限于学校场域,打破了地域和空间的限制。在新技术的作用下,知识域可分为学校书本学习域、家庭资源整合域和社会能力训练域。学校书本学习域指传统学校场域提供的知识学习空间。在学校教育模式中,学校为学生的学习提供了一系列切实可见的物理条件,包括固定的教学场所、有具体范围和顺序的教科书、支撑教师讲解和学生演示的黑板和投影仪等设备,以及记录和评价学生的纸笔等工具。家庭资源整合域指家长积聚资源,将教育的多种策略结合起来,让在家教育成为可能(阿兰·柯林斯等,2016)。技术的发展不会导致学校很快消失,但未来的学习场所必定更加丰富和多元,新教育体系的种子将在家庭、工作场所、网络等多种场域萌发。社会能力训练域指社会中的学习空间。走出校园、进入社会是每个人的必修课。面向未来,人们需要终身学习,才能在不断变化的社会中生存。社会场域为人们提供了实质性的学习空间,如成人教育、技术证书培训、学习中心等,这些空间使教育方式更加灵活,让学习成为终身追求。

(2)现实情境融合虚拟空间的"学习域"。

随着虚拟技术、仿真技术、数字技术的广泛应用,虚拟空间也给未来教育带来无限可能。面向未来,人们将进入一个更加互联的世界。从幼儿园到大学教育,虚拟技术将无处不在。虚拟技术的重要特征是让学习变得可视且容易感受,让学生仿佛置于现场,使学习变得生动有趣。根据情境产生的样态,未来学习的虚拟空间可分为主导式虚拟情境交互场和旁观式虚拟情境体验场。主导式虚拟情境交互场是学习者有目的、有计划地使用虚拟技术创设的学习空间,其特点是学习者自我指导,以学习者为中心,具有完整的学习体验。在主导式虚拟学习空间中,学生是学习活动的设计者,智能技术的操控者,也是自我学习的主宰者。例如,时下正在兴起的智慧学习,学习者可以利用智能导视系统、自适应学习系统、智能测试系统等工具设计自我指导的学习环境,访问所要学习的资源,甚至设计学习者之间或者学习者与教师之间的有效交互(杨成等,2017)。旁观式虚拟情境体验场将虚拟技术作为学习媒介,为学习者提供知识和信息。在这种场域中,学习者被动参与到情境中,由教育者负责筛选情境。未来的教室可能出现机器人助理,他们仅凭识别技术就能感应学生的思维、感受和行动,根据学生的思维方式对学生遇到的问题做出反应,帮助学生理解和解决问题。同时,借助增强或虚拟现实等技术,教育者可以为学生创造亦真亦假、如梦如幻、虚拟与现实交融的"学习域"。学生在教室里就可参观金字塔、在大海上航行甚至在宇宙中漫步。学生的各种感官被调动起来,共同参与学习,科学知识不再是抽象的、枯燥的定理和公式,而变得鲜活、生动。

(3)虚实结合融入泛在学习的"空间域"。

除了客观存在的物理学习空间和触不可及的虚拟学习空间,虚实结合的泛在学习空间将在更大范围被推广使用。广义的泛在学习也称"7A"学习,即任何人(anyone)在任何地方(anywhere)、任何时间(anytime)、使用任何设备(any-device)、以任何学习方式(anyway),获取所需的任何信息(any-contents)和学习支持(any learning support)的学习方式(孙芳等,2017)。狭义的泛在学习主要指通过虚拟环境与物理环境的融合,结合增强现实、人工智能等现代技术,基于学习者的个性特征、思维模式、学习效果等进行过程记录和内容推送,对学习起到服务、跟踪、监测的学习方式(林秀瑜,2014)。泛在学习不仅能够通过建立联结、有效迁移的方式开展学习,为学生创造视界交互的深度学习场域,而且能增加知识的深度,拓展学习的宽度,为社会打造终身学习场域。

(4)科技与教育深度融合的"技术域"。

未来社会是科技飞速发展且深度融入人类生活的社会。科技创新在对未来社会生活产生革命性影响的同时,势必也会对未来教育形态产生深刻影响。所谓未来教育,是指主动应对新时代的机遇挑战,分析未来社会发展趋势,聚焦未来人才核心素养,以新理念、新技术赋能教育教学创新,通过突破学科边界、创新育人方式、革新学习空间、重塑教师角色与完善治理体系而全面构建的面向未来的教育新样态。随着对未来教育研究的不断深入,科学跨学科教学模式逐渐进入大众视野,跨域课堂、跨域课程、跨域学校等一系列新生事物应运而生。"跨"是一种融创的教育思想,也是未来教育的必然趋势。跨域四进阶模型如图5-2-4所示。

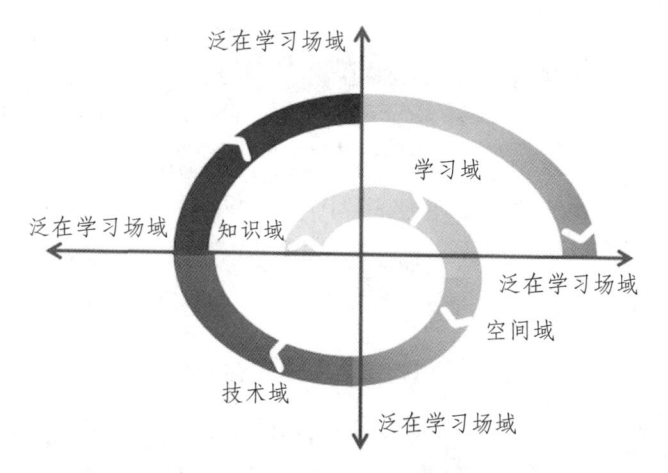

图5-2-4　跨域四进阶模型

"跨域趣探"教学主张以培养学生的创新思维和创造能力为核心,将各种教学理论、不同学科特点与多种教学技术融为一体,以提升课堂教学智慧。跨学科教学用自身的教育实践回应新时代学科育人的要求,将学科育人要求融入日常教学,在学科教学的基础上,立足地域资源,创建真实情境,开展校本实践,弥合三大课程体系,实现三大课程形态融通,从而引导学生认识生命、尊重生命、遵循自然规律,促进学生多元智能的发展和师生双向成长,培养能够面对更加复杂的未来世界的综合素质人才,实现"1+1>2"的教育效果。

5.学思同频,知行合一

历经近三十载的不懈探索与实践,笔者构建了一套以儿童为主体、跨学科教学理论为基石的教学体系(图5-2-5)。在这一体系中,探究实践与思维发展是核心命脉,贯穿始终,赋予了"跨域趣探"教学主张深厚的生命力。坚守儿童教育的核心阵地,笔者深知儿童时期对于个体成长的重要性,以及了解儿童内心世界真实需求的重要性。"跨域趣探"教学主张始终以儿童为中心,围绕其全面发展进行全方位的考量与教学设计。"跨域趣探"教学主张的四大基本特征——趣形、探真、炼思、跨域,相互融合、相互支撑,共同构建了一个和谐统一的教学结构。这一教学主张深受中国古代哲学知行合一思想的影响,强调理论与实践的紧密结合,即知与行的有机统一。正如王阳明所言"知者行之始,行者知之成","跨域趣探"教学主张也致力于实现知识与行动的无缝对接,让知识在实践中得以深化,让实践在知识的指导下更加明晰。

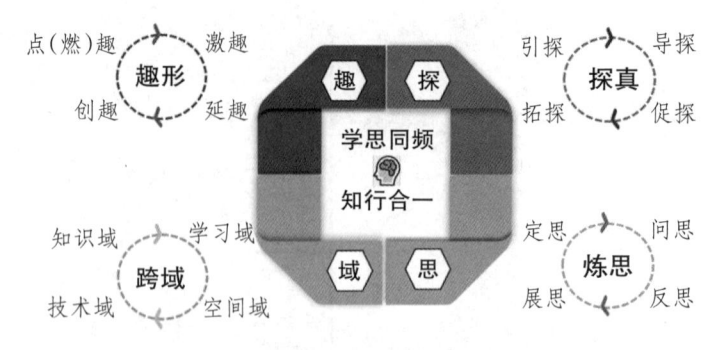

图 5-2-5 "跨域趣探"教学体系示意图

它们将汇聚成一股强大的教育合力,共同推动儿童走向更加美好的未来。"跨域趣探"教学主张不仅旨在促进儿童个人潜能的最大化发展,更要助力他们充分实现社会价值。从教学目标的精心设定到实施途径的审慎选择,从整体框架的严谨构建到教学细节的精心打磨,每一步都旨在为儿童创造一个最优的学习环境,助力他们在知识的海洋中遨游,在实践的天地里茁壮成长,最终实现"学思同频,知行合一"的教育理想。

二 "跨域趣探"教学主张的价值追求

"跨域趣探"教学主张基于对儿童本质的深度理解、对学习过程的全新诠释、对知识内涵的丰富认知、对课程设计的创新思考,以及对技术角色的重新审视,力求构建一个既根植于传统智慧,又面向未来挑战的教育愿景。这是一场教学实践的变革,唯有以儿童为中心,尊重其天性与潜能,以学习为探索之旅,鼓励好奇与创造,以知识为桥梁,连接生活与实践,以课程为舞台,演绎个性与多元,以技术为翅膀,赋能教学与创新,教育的真谛方能得以彰显,每一个独特生命的光彩才能在知识的星空中熠熠生辉。"跨域趣探"教学主张的价值追求主要包括五个观点:一是儿童观,立足于儿童立场,关注每一个孩子的全面发展,致力于培养他们的全学科综合能力;二是知识观,强调意义建构活动对于深化知识理解的重要性,让学生不仅接受知识,更理解和创造知识;三是学习观,倡导在具身认知理论视角下,通过实践体验来落实科学核心素养目标,让学生在行动中学习和成长;四是课程观,基于关联主义的理念,致力于创设一个生态化的跨域融合课程,让知识在学科间自由流动;五是技术观,强调数字技术赋能教育的巨大潜力,它可以变革并创新科学教学范式,为小学科学跨学科教学带来前所未有的机遇。这五个方面共同构成了"跨域趣探"教学主张关于教学实施的价值体系,不仅回应了时代对教育的新要求,也体现了我们对儿童全面发展、科学素养提升的深切关怀与不懈追求。

(一)儿童观:以儿童为中心的全面发展

陶行知儿童本位价值取向的儿童观指对儿童的认识和理解要立足于儿童本身,从儿童潜能、兴趣、情感、能力出发,把儿童置于教育过程的中心,以儿童为本,促进儿童身心健康发展。[1]社会本位价值取向的儿童观指对儿童的认识和理解要立足于社会,看到社会需要、变革对儿童观的制约性,培养社会所需要的人才。陶行知认为,每个人都有创造力,儿童也如此。儿童的创造力是人类的宝贵财富,也是人类才能之精华。当我们参与儿童的活动和生活时,便发现他们有力量;不但有力量,而且有创造力。他极力推崇科学和科学教育,强调让儿童在玩科学的把戏中获取知识,成为小科学家。他曾说,我们提倡科学,就是要提倡玩把戏,提倡玩科学的把戏。儿童既要参与玩科学把戏的活动,还要有玩科学把戏的本领。如果缺乏本领,就应找老师,求教于他。把我们的学校除墙去壁,拆掉藩篱,把学校和社会、自然联合。这样一来,学校的范围广且大,这也就是跨学科的基础,将所有范围内的知识全部打通,便于学生去学习。

跨学科教学与儿童立场之间存在密切的联系。在传统的学科教学中,儿童往往只能接触到单一学科的知识,而跨学科教学打破了学科之间的壁垒,让儿童能够接触到更广泛的知识领域,这种教学方式有助于儿童建立知识间的联系与框架,形成系统性的认知结构,促进儿童认知的全面发展。因此,教师在制定跨学科教学主题或实践活动时,要以儿童所处的水平或立场作为起始点,精选合适的并且与日常生活相互联系的真实主题,充分发挥儿童已有的知识和能力,从长远的角度培养所有学科的综合能力。教师要站在儿童的视角去看待实际出现的问题,安排符合儿童内心世界、认知水平、情感态度和生活习惯的教学活动,进而充分尊重儿童的主体地位,激发他们的学习兴趣和动力,让他们能够在轻松愉快的氛围中学习和成长。

---

[1] 刘黎明,刘应宏.陶行知的儿童观探析[J].中国人民大学教育学刊,2018(3):149-160.

(二)知识观:从静态记忆到动态意义建构

课程知识是受一定知识观影响转化而来的,是依附于课程标准、教材和教学过程的,与学生交互作用着的知识。在传统哲学认识论的影响下,大多数教师注重对学生科学知识的灌输,采取纸笔测验为主的评价机制,围绕教材内容、教学重难点,根据知识体系的逻辑关系组织教学,抹杀了知识产生过程中主体与客观事物相互作用的关系,致使教学模式单一,形式单调,过程乏味,学生难以保持对知识学习的兴趣,从而丧失学习的热情和欲望。而在后现代主义知识观的影响下,知识和社会文化密切关联。知识是认知者基于认知能力、兴趣乃至利益所选择的结果。知识具有多样性,无法用语言表达、只可意会不可言传的默会知识也是知识的类型。因此,要改变这样的教育局面,就需要建构一种新型知识观,让学生既能掌握知识的复杂属性,又能深化对知识本身的理解,最终满足学生终身发展的主体需求。

在信息高速发展的世界中,学生无法或难以记住所有的事物和概念,这就需要教师或教育工作者将它们进行分类、类比、归纳、推理,找寻其规律和联系,最终组织成为系统的知识。大概念的统摄范围极广,其本身既能统摄连续性内容,也能统摄非连续性内容。这意味着以大概念为核心的课程与教学,不仅要关注教材所整理的结构化、系统化的硬知识,也要关注基于实践、过程与情境的软知识和基于互联网环境不断汇聚、进化、生成的网络化知识等。韦钰指出,科学教学要围绕重要领域的有结构、有组织的科学核心概念和模型——大概念来进行。此外,大概念统摄的科学课程关注学生的主体性,强调大概念的选取必须符合学生发展的需要,所学的课程知识应同客观事物联系起来,并通过一系列的意义建构活动,有分析、有选择地把对自己有意义的知识纳入自己的认知结构中。由此可见,大概念统摄的科学课程采取的是一种复杂视域下的新知识观,一种突显知识整体性、实践性,强调知识与知识整合、知识与行动整合的新型观念。较之于以往过于注重传递硬知识的科学课程来说,基于复杂视域下获得的新知识,有益于深化学习者对知识本身的理解,获得能够用于解释和预测较大范围自然界现象的核心观念。

(三)学习观:具身认知理论视角下的深度学习

早期科学教育对个人科学素质的形成具有十分重要的影响。小学科学课程承担着培养科学素养的重任,有助于学生保持对自然现象的好奇心,从亲近自然走向亲近科学,为今后学习、生活以及终身发展奠定良好的基础。《科学课标(2022年版)》提出,要充分发挥科学课程育人功能,面向全体学生,立足素养发展。这意味着教育者不能把学习者视为本质先定的匮乏性存在,而应视为拥有丰富发展潜能的生成着的人,需要关注学习者真正的学习兴趣,丰富学习者的实践探究,追求学习者的完全发展。小学生是天生的学习者和探究者,他们对未知世界总是充满好奇,喜欢动手操作,乐于在真实世界中去感知体验。脑科学研究表明,知识只有在具体的情境中才更容易被理解,知识也只有在联系中才能显现它的意义。学习不能局限在个人头脑中,我们必须将问题置于真实的世界去理解、去解决,让学习与生活联结。杜威主张教育是对经验的改组或改造,而经验的获得只能通过人们在生活世界的行动才能完成,因此,教育就是学生在行动与实践中改组经验的过程。具身认知理论的观点认为,人的身体在认知的过程中起到了非常关键的作用,认知是通过身体的体验及其行为活动而形成的。

具身认知理论与跨学科融合教育模式日渐为人们所重视,从政府到学校都展开了愈加广泛而具有针对性的尝试。[1]我们应该审视当下家庭资源、自然资源、网络资源、场馆资源等育人资源开发利用不充分,课程育人阵地过于单一,以及既有学校课程内容存在整合性、进阶性不强的现实问题。在具身认知理论视角下重构新的学习观,让学习、身体行动和环境成为一个动力整体。教师需要有意识地从多学科领域选择适合学生发展的主题、问题、难题、话题等,引领学生成长、成才[2]。同时,教师要充分挖掘校外课程资源,发挥"家校社"协同育人的重要作用,进一步精选课程内容,科学安排进阶,给学生提供充分探究实践的机会,让学生能够在真实情境中探索科学知识的奥秘,能够利用多种资源,拓展科学知识的广度和深度,最终促进跨学科教育多元化发展。

(四)课程观:跨域融合课程生态系统的构建

课程是学校教育的重要载体,是实现学校教育提质增效的关键。课程内容作为课程的重要组成部分,在其中起到了举足轻重的作用。如何看待与组织课

---

[1] 陈恋.具身认知视角下A-STEM学习空间设计[J].全球教育展望,2020,49(4):46-57.
[2] 李法瑞."具身学习"视角下的跨学科课程建构——环境教育中化学创新实验创设及特色案例解析[J].现代中小学教育,2020,36(10):23-27.

程内容,都反映了教育者所持有的课程观。从现实来看,一些教材内容并未做到高度关联学生的生活世界,没有侧重于让学生通过探究掌握事物或现象背后所蕴含的科学概念和原理,这导致学生无法将探究引发的思考用于分析和解决生活中的实际问题,课程所具有的生活价值容易被忽视,学生难以感受到科学学习在生活中的价值和意义。教材的严谨性、知识性较强,但部分内容存在"水土不服"的问题,难以激发学生兴趣。面对知识量激增、知识更新周期不断缩减的社会现实,反对知识全覆盖式的内容体系,倡导大概念统摄的结构化内容成为重要教学理念。

教师在培养学生的科学素养时,不应一味灌输科学事实,也不应一直进行测量、实验等机械性训练,而应帮助学生建立持久的科学学习兴趣,正确建构反映科学观念的大概念体系。一些研究者从认知发展的角度阐述大概念,例如克拉克基于布鲁纳等人的研究,在定义观念时提到,观念是理解和联结小观念的大概念,并将观念与大概念等同起来,认为它们提供了构建理解的认知框架或结构。怀特利强调大概念是理解的"建筑材料",可以被认为是有意义的模式,用以联结其他零散的知识点。[1]除此之外,还有许多学者对大概念作出新的解释,总而言之,无论是克拉夫基的范例教学、布鲁纳基于一般观念的学习迁移,还是菲尼克斯的代表性概念等,都为一种新型的关联主义课程观奠定了基础。我国吕立杰教授认为:在学校课程只能选择部分内容教学的背景下,怎样在精选甚至是删减内容的同时,增强课程育人功效,是课程内容结构化最根本的问题。显而易见,基于大概念的教学是一个具有复杂内涵的教育理念;从课程的角度思考,大概念显示出独有的特征。深入把握大概念在教学中的价值和意义,能够更好地推动新课程观的发展。从具体来看,这种新课程观强调课程应提供学习者知识的结构与获得的过程,并能通过知识与生活的关联确定学科结构中的锚点,以此进行课程转化,进而促进学生对学科的深度理解。

(五)技术观:数字技术赋能的跨学科教学创新

2023年发布的《教育部等十八部门关于加强新时代中小学科学教育工作的意见》明确指出,要探索利用人工智能、虚拟现实等技术手段改进和强化实验教

---

[1] 李刚,吕立杰.大概念课程设计:指向学科核心素养落实的课程架构[J].教育发展研究,2018(C2):35-42.

学,提升科学教育质量。以人工智能、虚拟情境、云计算及数字化设备为代表的数字技术对现代社会产生了深远的影响。杜威将以往理论高于实践的观点倒转过来,形成了实用主义的基本思想,即人们的出发点应该是确定性信念,人们谋生的手段是需要采取行动并且不断开拓创新的,从而获得自身生活所期待的最终目标。[①]同时,技术成为人与自然交互作用的一种体现,突破了局限于物质生产的传统技术,有了更广阔的外延。杜威赋予技术的生长性使得各事物之间具有互相实现价值的关联性,而非单一的生产过程。这为技术伦理性与人文化的实现奠定了基础。[②]因此,在教师进行跨学科教学活动时,需要强调学生动手动脑、知行合一的探究能力,教学关注的内容和学习成果的评价标准都需要从标准化的答案转向基于数据的科学循证和合理推断。

随着人工智能技术、虚拟现实和物联网等数字技术的飞速发展,学生的生活发生了翻天覆地的变化,社会对新时代学生的数字素养和信息素养提出了全新的要求。如今的学生每天都置身于丰富多样的数字化生活场景中,周围充斥着各种类型的数据信息。对学生而言,正确获取、合理处理和妥善运用信息至关重要,这是他们科学规划个人发展、紧跟时代发展的关键[③]。在实际跨学科教学过程中,会涉及许多不同学科的知识、技能和资源。教师应运用数据、技术为教学赋能,除了可以为学生提供纸质材料外,还可以通过各种声音、图片、视频等媒介资源来支持跨学科教学,从而大大促进学习资源的有效利用。因此,"跨域趣探"教学主张强调以学科知识和方法为基础,以学生的学习方式和过程为支撑,融入多学科的知识和方法,以提升学生的综合认知和解决问题的能力。

[①] 张智强.杜威实用主义技术观研究及反思[D].锦州:渤海大学,2021:9.
[②] 鲁珂君.杜威技术观的伦理意蕴研究[D].郑州:河南财经政法大学,2020:7.
[③] 严传鑫,柏毅.数字技术在科学素养评测中的应用及启示[J].中小学数字化教学,2024(1):8-11.

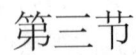

第三节 "跨域趣探"教学主张的"三·三·三"模型

"跨域趣探"教学主张基于《科学课标（2022年版）》的育人理念和课程目标，建构以有趣的探究（趣味探究）为核心的学习方式，以提升高阶思维为中轴贯穿学习的整个过程，以培养创新精神为宗旨的科学素养提升体系；以儿童的全面发展、快乐成长育人观为指导，从学习科学的角度出发，秉持大概念统整的理论角度创新教学内容、重构教学资源、重塑教学模式、改革评价方式；在国家课程内容的基础上，以大概念为纽带，构筑立体进阶课程模型，指导课程的校本化开发；立足区域资源特色，因地制宜开发链式立体课程，形成"趣·玩""趣·探""趣·悟"小学科学跨学科课程体系，推进国家课程、地方课程和校本课程一体化育人。"跨域趣探"教学主张旨在让学生在丰富的探究和实践活动中主动体验、尝试探究、改造认知、建构知识，形成新的理解；让学生实现从自然人向理性人的跨越。

一 三重境界

在科学教育日新月异的今天，笔者深感传统的教学模式已难以满足培养未来创新人才的需求。小学科学教育应当打破单一学科的界限，探索跨学科的教学模式，并将教学场域从课堂延伸至家庭、场馆乃至数字技术媒介。为此，笔者提出"跨域趣探"教学主张的三重境界，旨在通过逐层深入的教学实践和场域拓展，全面激发学生对科学的好奇心，提升他们的综合素养与创新能力，培养具有科学精神和终身学习能力的人才。

（一）第一重境界：以趣味探究为抓手，持续激发学生的好奇心

在第一重境界，主张通过三种主要方法，实现学生科学好奇心的激发和探究精神的培养，并引导学生掌握多种科学探究方法。方法一，"玩转科学，科学

启蒙"。科学是一门充满奥秘和惊喜的学科,小学科学跨学科教学应充分利用这一点,设计富有趣味性的探究活动,让学生在轻松愉快的氛围中掌握科学知识,体验科学的魅力,并初步接触和尝试观察、实验等基本的科学探究方法。方法二,"家庭实验,科学融入生活"。鼓励学生在家里设立小实验场,利用简单的材料和工具进行科学探究,如种植植物、观察昆虫、进行简单的物理实验等。通过这种方式,科学成为他们生活的一部分,在这个过程中,好奇心和探究精神得到了充分的滋养,同时,学生也能在家庭实验中实践并掌握对比实验、长期观察等科学探究方法。方法三,"跨学科融合,科学无界"。在趣味探究中融入不同学科的知识,如通过文学故事引入科学概念,或通过艺术创作表现科学现象,使学生在跨学科的学习中感受到科学的多样性和趣味性,并引导他们运用多学科的知识和方法进行综合性的科学探究。

(二)第二重境界:以高阶思维为抓手,促进学生自主建构高效的学习路径

在第一重境界的基础上,主张通过三个关键步骤,引导学生进行高阶思维训练,提升他们的综合素养。首先是"真实情境,思维磨砺",通过在真实的、复杂的问题情境中开展教学,让学生在解决问题的过程中锻炼批判性思维、创新性思维和系统性思维。其次是"场馆资源,学习拓展",借助科技馆、博物馆、动物园等广义场馆资源,为学生提供更丰富的学习体验和实践机会。在这些场馆中,学生可以接触到更多的科学现象和实际问题,通过观察和实验来验证和拓展知识。最后是"跨学科项目,实践出真知",鼓励学生参与跨学科的项目实践,如环保项目、科技创新项目等,让他们在实践中运用所学的知识,提高解决实际问题的能力,锻炼团队协作和沟通表达的能力。

(三)第三重境界:以综合能力为抓手,孕育享受学习、终身学习且具有创新精神的自由人

在前两重境界的基础上,采用三个核心策略达成育人目标,培养具有科学精神的创新型人才,并培养他们终身学习的能力。首先是"项目式学习,创新实践",鼓励学生进行跨学科的项目式学习,如"智能家居"项目,让学生结合物理、数学、计算机等多个学科的知识,设计并实现一个智能家居系统。在这个过程中,他们可以利用数字技术媒介进行模拟实验、数据分析和项目展示,从而锻炼他们的创新思维和技术应用能力。其次是"数字技术,学习新媒介",充分利用数字技术媒介的学习场景,如虚拟现实、在线课程、科学模拟软件等,为学生提供更丰富、更便捷的学习资源和工具,支持他们自主学习和创新实践。最后是"自主学习,终身成长",注重培养学生的自主学习能力,鼓励他们通过阅读、研讨、实践等多种方式,不断拓展自己的知识面。同时,引导他们树立终身学习的理念,学会适应社会的发展和变化,为未来发展奠定坚实的基础。

通过这三重境界的深入探索与场域拓展,笔者期望能够构建一个充满活力与创新的小学科学教育生态系统。在这个系统中,学生不仅能够掌握扎实的科学知识,更能发展高阶思维、综合素养与创新能力。同时,也希望学生能够养成终身学习的习惯,保持对科学的好奇心和探索精神,为未来的科学研究和社会进步贡献自己的力量。作为科学教师,我们的目的不仅是培养优秀的学生,更是为社会播撒科学的种子,让科学的精神和智慧生根发芽、茁壮成长。

二 趣探三进阶课程体系

(一)以趣探科学为核心的设计理念

趣,即使人感到愉悦。探,即探究,是一种解决问题的活动,也是一种思维方式。趣味探究,即在一种正向、快乐的状态下,深入探求规律、真理。"跨域趣探"教学主张以国家颁布的课程标准为指引,以学生的兴趣爱好为出发点,以学生的科学素养培育为落脚点,整合"家校社"育人场域、育人行动和育人担当,通过学校课程整体设计、家庭学习氛围营造、场馆资源有效支持,以趣探课程的形式创新教学实践,打开学生与知识、与他人、与世界连接的窗口,在趣玩、趣探、趣悟的学习情境中成长。

(二)大概念统摄下的小学科学跨学科趣探进阶课程建构

大概念的思想可以追溯至布鲁纳的教育学、心理学理论。布鲁纳指出,无论教师教授哪门学科,一定要使学生理解该学科的基本结构。掌握某个事物的基本结构,就是以让许多别的事物与它有意义地联系起来的方式去理解它,学习这种基本结构就是学习事物之间是怎样相互关联起来的。大概念统摄下的小学科学跨学科课程有利于实现课程内容组织的结构化、科学知识的整合化、学习层次的深度化。

基于此,大概念统摄下的小学科学跨学科课程应该是以培育学生科学核心素养为目标,以趣探科学为设计理念,围绕大概念整合学科知识,开发涵盖家庭、学校、社会三方的立体化课程,将科学知识的理趣、科学精神的意趣、探究实践的乐趣融为一体,吸引学生在玩中学、在趣中探、在研中悟,持续激发学生自主学习的热情。大概念统摄下的小学科学趣探进阶课程将基础课程"趣·玩"、核心课程"趣·探"、延伸课程"趣·悟"三类跨学科课程有机融合,构成由"课程类别—课程(内容侧重)—课程实施场域"组成的立体课程模型(图5-3-1)。

该课程模型由纵向、横向和斜向三条主线搭建而成,彰显课程结构的系统性。纵向线代表课程类别,分别为"趣·玩"基础课程、"趣·探"核心课程、"趣·悟"延伸课程。横向线代表与课程内容侧重匹配的三种课程:大单元整合视域下重构的正式课程,侧重知识与知识的联结;区域馆校合作视域下开发的研学课程,侧重知识与生活的衔接;创新型人才培养视域下开设的实践课程,侧重知识与应用的连接。斜向线代表与课程实施匹配的场域,分别是学校场域、馆校场域、社会场域,三位一体的场域互补互促,可以帮助学习者将所学的概念、原理和方法关联起来。

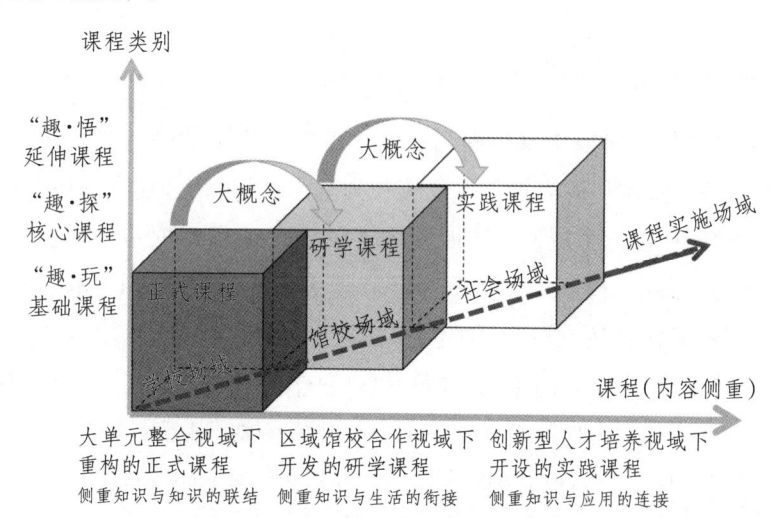

图5-3-1 大概念统摄下的小学科学跨学科趣探进阶课程模型

(1)围绕大概念进行结构性课程转化。大概念是人类的一种思维形态。它既是思维的产物,是人们对客观事物一般特征、本质属性的认识,又是思维的工具,是进行判断和推理的基础。因此,大概念教学本质上也是思维的教学。只有充分调动学生的思维,引导学生进行有意义的建构,才能使概念内化于学生的认知,成为他们分析和解决问题的工具。探究和实践是理解科学学科本质的核心方式,科学思维又是科学核心素养的核心内涵。《科学课标(2022年版)》将13个学科核心概念和4个跨学科概念作为大概念,剖析了其具体内涵,要求教师在深度理解的基础上对教材线性结构进行重构性转化。例如,结合学习进阶,从主题设计、内容选择、活动安排等方面进行结构化重组,形成主题引领下的情境化课程内容和进阶性学习活动,可以保证"跨域趣探"教学理念与教学内容高度一致。

(2)设计促进大概念建构的趣味系统课程体系。以促进学生建构科学大概念体系为目标,笔者结合概念形成的三种类型(镶嵌式生成、阶梯式生成、螺旋式生成)搭建了趣味系统课程体系。笔者带领团队精研每个课程涉及的学科知识点、具体内容,统筹制订教学计划、设计教学方案,形成学习进阶式课程设计。大概念统摄下的趣味系统课程有助于学生建构事物之间的关联,掌握从科学学科视角感受世界、理解世界和解释世界的认知方法,解决课堂内外遇到的各类科学问题。趣味系统课程体系包含"趣·玩"课程、"趣·探"课程和"趣·悟"课程。

三 "趣·玩""趣·探""趣·悟"教学模式

小学科学跨学科教学秉持探究性教学是理解科学学科本质的核心方式的理念,以具备完整循环的思维型探究流程为基本框架,结合趣味的核心理念,根据学校、家庭、社会三个层面不同课堂的教与学特点,开发对应的教学模式。在不断摸索与实践的过程中,"跨域趣探"教学主张注重顶层设计,整合学校、家庭、社会等各级各类教育资源,构建"家校社"三位一体的学习场域和育人共同体。在家庭方面,可以利用家长资源,开展"科学家长进课堂"活动,帮助孩子洞悉科技动态;鼓励有条件的家庭建立家庭趣味实验室,提升实践能力;利用科学研学课程推行基于素养提升的科学亲子活动,拓宽科学视野;等等。在社会方面,可以联动博物馆、社区、高校、研学场所等资源,丰富学生核心素养的培育和实践路径。笔者在大概念的统摄下,聚焦科学思维发展,结合趣探理念,根据学校、家庭、社会三种场域的特点,建构了不同的教学模式。

(一)基于发现式教学理论的"趣·玩"教学模式

"趣·玩"教学模式吸收了布鲁纳的发现式教学理论,主张围绕概念的认知发展过程,基于玩中学的教学思想展开教学。

1.发现式教学理论基本内涵

(1)发现式教学理论。

最早将发现法应用于教学的是美国著名心理学家、教育家布鲁纳。20世纪五六十年代,他提出了认知结构理论(认知发现理论)的核心概念——发现式学习[1]。布鲁纳认为,发现包括用自己的头脑亲自获得知识的一切形式,教学是学习者主动建构自我认知结构的过程,是一种积极的、主动的和自我革新的教学哲学观。布鲁纳在此基础上提出了一系列教学主张,主要有重视学科基本结构的教学和发现学习法等[2]。发现式教学与发现式学习是密不可分、相辅相成的,学生的学习过程需要教师的教学引导,因此,布鲁纳提出的发现法同样适用于发现式教学。发现教学法作为一种具有影响力的教学方法,受到了世界范围内的认可和重视。

(2)发现式教学理论的特点。

第一,强调学习的主动性。学习的主动性指发现者在学习中具备内在动机,需要在学习本身中发现学习的源泉和报偿。以内在动机为动力的学习者,除了开展由动机推进的学习活动之外,不要求任何别的外部报偿。它所要求的报偿,就是由该活动出色结果带来的满足感,或是由活动过程本身产生的喜悦感。

第二,强调思维的启发性。发现教学法强调直觉思维的重要性。直觉思维是基于已知的知识领域,使学习者实现跨越式思维的方法。它可以帮助学生更好地掌握问题或情境的含义和结构。重视培养学生直觉思维的发现教学法需要教师在教学时对学生的思维进行多角度、多维度的启发,使学生能够大胆地猜想,促使学生的直觉思维向着合理的方向发展,最后做出智慧的推测。在教

---

[1] 关睿.从发现到建构:布鲁纳发现式教学在艺术教学中的实践逻辑[J].教育理论与实践,2022,42(28):52-56.
[2] 肖少北.布鲁纳的认知——发现学习理论与教学改革[J].外国中小学教育,2001(5):38-41.

学过程中,教师的作用应在于启发,在于让学生产生学习兴趣,在于引导而非牵拉。教学并不是把知识、道理平铺直叙地告诉学生,而是在于启发学生的思维,用一种思维去引发学生的思维,给予一种推力而不是拉力。[1]

第三,强调活动的主体性。发现式教学的整个过程都围绕着学生而展开,离开了学生的发现式教学是不存在的。在这个过程中,师生处于协作关系,学生主动展开活动,扮演积极的角色,有时甚至扮演"主角"。教师的作用是创设一种学生能够独立探究的情境,而不是提供现成的知识。正如布鲁纳所说,学习是一种过程,而不是结果。因此,学生不是被动的、消极的知识接受者,而是主动的、积极的知识探究者。

第四,强调过程的真实性。在实际开展发现式教学时,教师通常要结合日常生活的大环境,充分挖掘生活中的学习资源,消除学生的陌生感。而家庭是学生学习知识的重要场域,是他们最熟悉、最亲近的环境,因此,这种模式需要学生在家庭中开展生活实践,在真实的体验中进行知识发现、探索和应用。

(3)发现式教学理论的价值。

第一,有利于培养学生的认知能力,挖掘学生的学习潜力。布鲁纳在完善发现式学习理论时提出:所谓知识,是过程,不是结果。发现式教学理念下的小学科学跨学科课堂中,学生通过独立思考和自主探究,自主发现并解决实际问题,进而建构科学概念,获得真实体验。这一过程,就是发展学生认知能力、挖掘学生学习潜力、锻炼学生思维能力的过程,也是培养科学核心素养的过程。可见,在小学科学跨学科教学中应用发现式教学模式,有利于培养学生的认知能力,也有利于挖掘学生的学习潜能[2]。

第二,有利于加强学生体验过程,发展科学思维能力。在发现式教学理念下,学生是学习活动的主体,他们从知识的接受者转变为探究者,他们参与发现问题、提出假设、探究实践、解决问题的每一个环节,获得了学习经验。在问题的发现与解决过程中,学生对知识的掌握更加牢固,学习效果事半功倍。在知识总结的过程中,学生能够形成严谨的逻辑思维能力和科学探究能力,有助于学生科学核心素养的发展。

---

[1] 陈甜甜.发现教学法在初中《道德与法治》课中的应用研究[D].乌鲁木齐:新疆师范大学,2021:10.
[2] 何玉红.发现式教学模式在小学数学教学中的应用[J].甘肃教育,2021(7):80-81.

第三,有利于发挥学生主观能动性,培养科学学习兴趣。学生的学习动机较为复杂,可能源于父母或老师的压力、学生之间的竞争心理、想展示自己的能力、外部物质奖励等。大部分的学习动机来源于外部,也称外驱力,而非原发的内驱力。布鲁纳曾对此进行了实践研究,发现学习动机为外驱力时,其对学习的促进作用是短期的,而学习动机为内驱力时,其对学习的促进作用是长久的。在发现式教学理念下,学生参与知识探索,总结每一个过程,体会发现问题以及解决问题的快乐,而成功的愉悦促使学生产生学习兴趣,同时也调动起了学生继续学习的主动性和积极性。

2.发现式教学模式的基本过程

有学者在前人的研究基础上拓展和深化了发现式教学模式的内涵,还将发现式教学与其他学习做了融合,这些发现式教学模式为教学实践提供了良好的范本。盛群力、郑淑贞两位学者提出了"协同—发现型"合作学习(图5-3-2)与"帮助—发现型"合作学习(图5-3-3)教学基本过程。

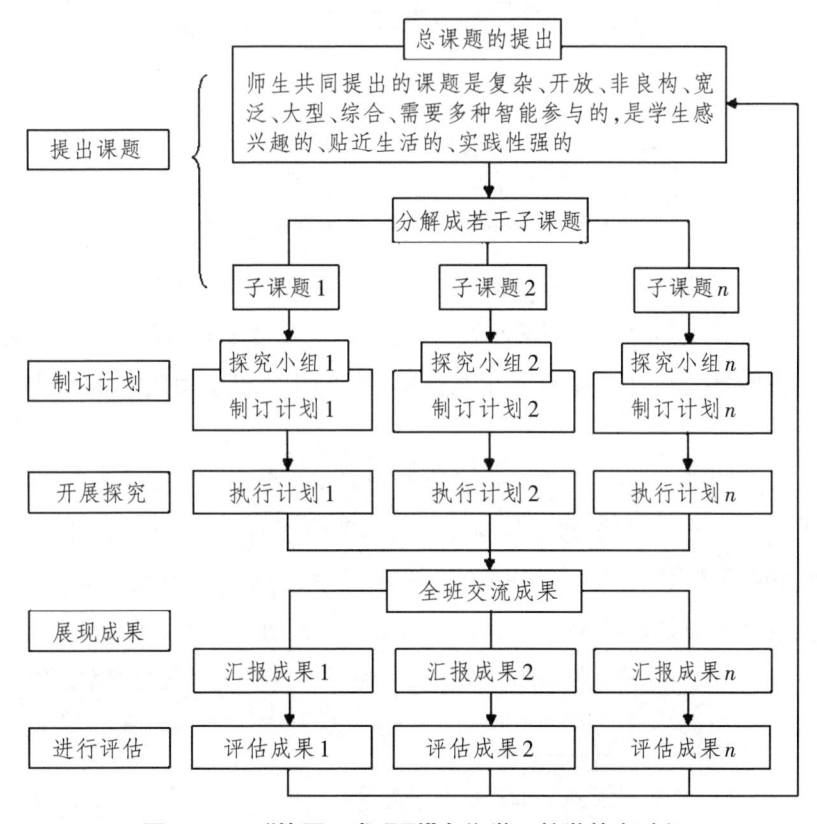

图5-3-2 "协同—发现型"合作学习教学基本过程

跨域趣探：小学科学跨学科教学探析

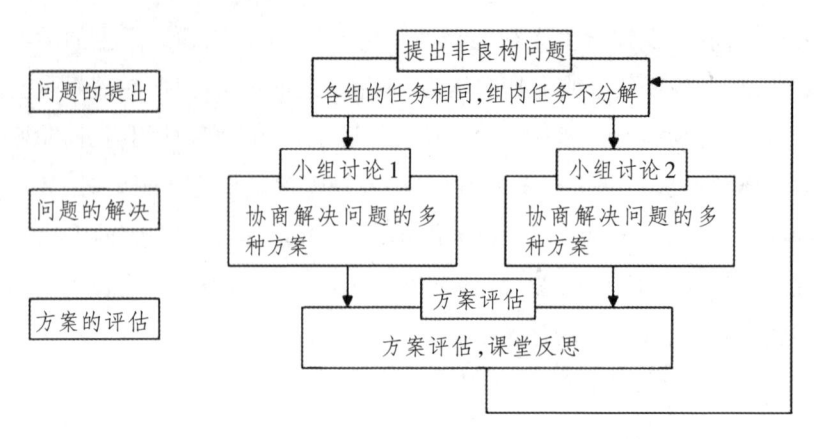

```
问题的提出 ──→ 提出非良构问题
                各组的任务相同，组内任务不分解
                        │
        ┌───────────────┴───────────────┐
        ↓                               ↓
问题的解决 ──→ 小组讨论1              小组讨论2
            协商解决问题的多          协商解决问题的多
            种方案                    种方案
                └───────────────┬───────────────┘
                                ↓
方案的评估 ──→              方案评估
                            方案评估，课堂反思
```

图5-3-3　"帮助—发现型"合作学习教学基本过程

杨霜在其硕士论文中提出了"探究—发现"教学模式，她认为发现学习本质上是一种探究。她提出的"探究—发现"教学模式综合了探究学习和发现学习的优点。她认为在小学科学教学中"探究—发现"教学模式一般分为三个阶段（图5-3-4）：引入阶段、探究发现阶段以及反思交流阶段。[①]

```
引入阶段 ──→ 探究发现阶段 ──→ 反思交流阶段
                │
                ↓
         信息资料收集 ──→ 提出假设 ──→ 验证假设
```

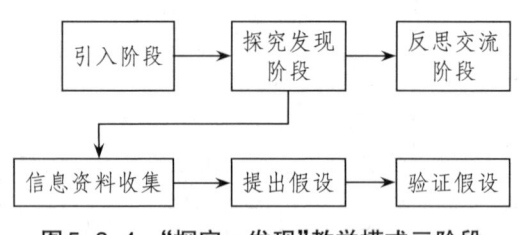

图5-3-4　"探究—发现"教学模式三阶段

（1）引入阶段：创设问题情境。在引入阶段的教学中，教师要善于结合学生已有的经验和认知水平来创设问题情境，问题的设置要有目的性和针对性，要包含课程所要探究的问题，让学生在真实的情境中积极主动地发现问题和提出问题。

（2）探索发现阶段。首先是信息资料收集。这个环节的教学要充分发挥学生学习的主动性，学生要搜集与问题解决相关的资料，不仅仅是从自己已有的知识经验中去搜寻，还要借助外在的一些信息收集手段，比如互联网、参考书目等，与此同时，教师要给学生提供必要的引导和帮助。其次是提出解决问题的假设。该环节主要培养学生的问题意识。为了寻找解决问题的方案，学生必须

[①] 杨霜."探究—发现"教学模式在小学科学教学中的应用研究——以重庆市H小学为例[D].重庆：重庆大学，2019：9.

172

在搜集资料的基础上对问题进行深刻的剖析,以此来提出解决问题的可行性假设。最后是验证假设。在提出了可行性假设后,为了验证提出的假设,学生必须将理论落实到实践,此时教师可为学生提供验证假设的一些外在条件,让学生自行去探究。如果学生通过实践验证了原有的假设,那么学生就会体会到主动探究的乐趣和成就感。

(3)反思交流阶段。作为"探究—发现"教学模式的最后一步,教师引导学生对问题解决过程进行反思、交流和总结是非常必要的。这个过程有利于加强学生对问题解决过程的认识,总结有效的经验和方法,让学生在以后遇到类似的问题情境时,能迅速完成知识的迁移与应用。

3.基于发现式教学理论建构"趣·玩"教学模式

该模式主要以家庭为学习场域,基于布鲁纳的发现式教学理论,在借鉴前人研究成果的基础上拓展和深化了发现式教学模式的内涵。笔者将发现式教学与跨学科主题教学做了一些融合,倡导教师围绕学生对概念的认知发展过程,基于"玩中学"的思想展开教学。该教学模式共四个阶段(图5-3-5)。在发现目标阶段,教师提供融入科学概念和规律的实验,设计玩、学相结合的学习活动,通过玩来激发学生的求知动力,使他们在玩中发现感兴趣的问题,明确待探究的概念。在探究假设阶段,学生在教师和家长的引导下开展"做中学",提出研究问题,重视动手实践,关注信息收集,通过独立思考等实现主动建构和有意义的学习。在概念建构阶段,学生通过分析数据或信息,验证假设,获取丰富感知,在交流分享中形成新的知识结构。在应用迁移阶段,教师可巧设新情境,使学习内容和概念密切联系,引导学生解决问题、展示成果,完成概念迁移,实现概念的系统建构和思维能力的有效提升,充分感受科学探究的乐趣,发展核心素养。

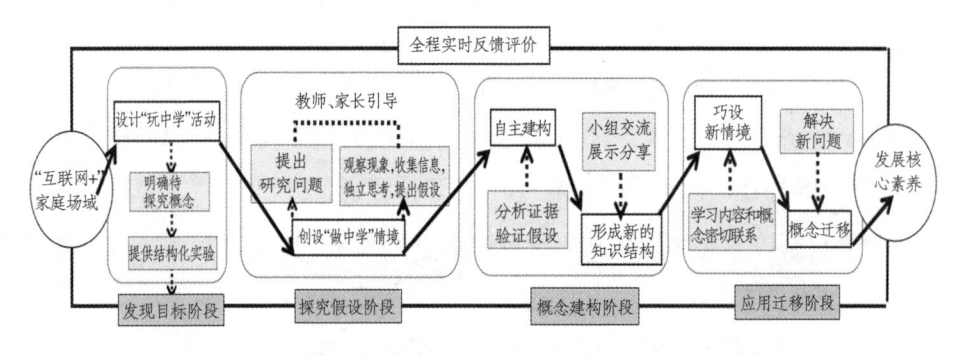

图5-3-5 基于发现式教学理论建构的"趣·玩"教学模式

以"浮力"一课为例,教师可在核心概念"物质的结构与性质"统摄下进行教学,引导学生实现对概念的不断完善和迭代。首先,利用水杯、食盐、鸡蛋、勺子等常见的生活用品设计"会跳舞的鸡蛋"探究活动。教师往装了水的水杯中缓慢添加食盐,让学生观察鸡蛋在水中的"舞蹈"轨迹,引导学生提出研究问题:同样装了水的水杯和鸡蛋,为什么加盐后,鸡蛋就能浮起来了?其次,在"玩中学"的同时,重视学生动手实践、信息收集和分析的过程,让学生通过与同伴的分享交流,不断得出新的发现,形成新的知识结构,促进"物质是由微观粒子构成的"这一概念雏形的形成。最后,教师巧设逆向思维情境:再往加了盐的水杯中缓慢加水,为什么鸡蛋又沉下去了?以此帮助学生将学习内容和概念迁移密切联系起来,实现"物质的结构与性质"概念的建构和思维能力的提升,让学生充分享受科学发现的乐趣。

(二)基于"5E"教学模式的"趣·探"教学模式

1."5E"教学模式基本内涵

(1)"5E"教学模式。

美国生物科学课程研究会(BSCS)的教育学家拜比(Bybee)等人在学习环的基础上提出了适合美国科学课程的教学模式——"5E"教学模式[1]。该模式的五个环节分别是引入(engagement)、探究(exploration)、解释(explaination)、迁移(elaboration)和评价(evaluation)。

(2)"5E"教学模式的特征。

第一,强调学生的自主探究。"5E"教学模式要求教师组织探究活动,学生主动积极地进行探索,全程参与课堂活动。"5E"教学模式是一种以探究活动为中心,以学生为主体的教学模式,该模式下的教师不再是枯燥无味地搬运教材上的知识,而是引导学生有意义地学习。

第二,强调学生的自主建构。"5E"教学模式强调,课堂应以能激活学生先前知识的问题情境作为引入,以学生自主探究为核心,辅以教师的指导,围绕着科学概念的建构,有组织地开展一系列活动,包括解释、迁移概念等。该模式重视学生对新概念的自主建构过程。新旧概念间矛盾冲突的形成是学生主动建构

---

[1] 高悦.基于"5E"教学模式促进高中化学核心概念建构的实践研究[D].牡丹江:牡丹江师范学院,2023:17.

的原动力,它能够使学生产生兴趣,自发地投入到学习活动中。"5E"教学模式的五个环节是围绕着学生建构新概念而设置的,全程贯穿了学生主动建构概念的思想,体现了在人们认知结构中新概念的形成,与传统的讲授式教学模式有着本质的区别。

第三,强调教学过程的多段性与实践性。"5E"教学模式将教学过程划分为五个环节,各环节层层递进、环环相扣,使得课堂组织形式更加多样化,呈现出教学过程的多段性。从教学设计理念的角度来看,"5E"教学模式强调教学的实践性,为学生提供丰富的课堂探究活动,其每一环节的顺利开展都需要学生的主动参与,这样才能圆满完成课堂教学要求。其教学结构呈现为多段式,使得课堂教学更加灵活,加之丰富的探究活动,有助于提高学生的课堂参与度,调动其积极性,实现学生对知识的深刻理解和实践运用。

(3)"5E"教学模式的价值。

第一,培养模型建构能力。"5E"教学模式的五个环节与模型建构的思维过程相适应,即问题表征、抽象理解、建立模型、应用模型、评价反思。在引入环节,教师通过创设具有生活趣味的问题情境,引发学生的认知冲突,对问题进行表征;在探究环节,教师逐步引导学生对情境要素进行分析,结合多种思维方法,对问题进行抽象理解,感受模型构建的过程;在解释环节,学生在原有知识的基础上建立模型并加以阐述;在迁移环节,学生修正与完善科学模型的建构,运用科学模型解决实际问题;评价环节贯穿于始终,教师给予恰当的评价,学生反思模型建构的过程,最终促进学生模型建构能力的提升。

第二,培养科学推理能力。"5E"教学模式中引入环节的设置,能够帮助教师把握学生的原有知识基础。在探究环节与解释环节中,教师引导学生在探究过程中自主尝试去观察现象、发现问题、表征问题,然后进行推理假设,最后尝试用自己的推理结果解释实验现象。教师应带领学生在不同的问题情境中加深对相关概念和规律的理解,学生经过了灵活的思考,才能更好地提升科学推理能力,而不是仅仅停留在单纯熟记概念和规律的层面,只会机械地套用解题步骤,"5E"教学模式中的迁移环节恰恰能够实现该过程。

第三,培养科学论证能力。"5E"教学模式是一种以学生为主体的探究式教学模式,有利于培养学生的科学论证能力。创设恰当的问题是科学论证的起点,决定着科学论证的发展方向。在"5E"教学模式的引入环节中,在学生原有的知识基础上,教师创设问题情境,学生在教师的引导下自主思考,互相讨论,大胆地提出自己对问题的见解与主张。紧接着,学生通过探究环节的活动寻找支撑问题或观点的相关证据,结合已掌握的科学概念与规律进行分析。在解释环节中,教师不仅要引导学生归纳得出自己的结论并作出阐述,还应鼓励学生基于自己的主张、获得的证据、严谨的推理过程等对他人提出有依据的质疑、批判,或立场坚定地反驳他人对自己的质疑,直到提出新的观点。此外,教师还应引导学生进行自我反思,不断完善对科学概念或规律的认知,实现学生科学论证能力的提高,发展科学思维素养[①]。

第四,培养质疑创新能力。"5E"教学模式的引入环节强调创设问题情境,引发学生的认知冲突,让学生提出对问题的看法与质疑。在探究与解释环节,学生通过探究活动观察现象与获取证据,在自主思考和推理分析后解答疑问,依据事实提出问题,于不同角度看待问题,实现创新。创新就是创造性地解决问题,学生在问题解决的过程中表现出思维的新颖性、创造性,因此学生的创新思维离不开对科学概念与规律的实践应用。在迁移环节中,教师可以引导学生根据问题从多个角度展开分析、比较,探讨出最优方案,让学生在思维的碰撞中摆脱定式,锻炼创新能力。而评价环节可以起到鼓励、启发学生不断创新的作用。

2."5E"教学模式的基本过程

"5E"教学模式贯彻了以学生为中心这一教育思想,它非常注重探究式学习,强调在教学中充分利用学生已有知识和生活经验,通过学生间合作探究活动的开展,促使他们进行知识的主动建构,并通过知识的应用加强对所学概念的掌握与记忆。结合小学科学跨学科课堂教学,"5E"教学模式各环节具体任务如下:

(1)引入。该环节要求教师通过创设合适的问题情境引发学生的认知冲突,或引导学生联系已有学习和生活经验,引起学生的注意力,使他们更快地进入学习状态。

(2)探究。该环节要求教师设计探究活动并充分给予学生探究的机会和时间。探究大多以小组合作的形式进行,学生通过动手实验和思考交流提出问题,解决问题。

---

① 罗思玮.基于"5E"教学模式培养高中物理科学思维的实践研究[D].上海:上海师范大学,2023:15.

(3)解释。在该环节中,首先教师通过设置小组展示等活动,鼓励学生作出解释,并且大胆质疑,勇于表达不同意见。其次,教师进行总结,给出明确的科学或技术解释,使学生理解教学内容中的新概念和原理,并掌握其中包含的技能。解释环节的关键是简短、清楚地展示概念、技能等。

(4)迁移:该环节要求教师鼓励学生将新概念和技能加以运用,如应用知识解决新问题或解释生活中的现象。同时,通过应用,深化学生对新概念的理解,促进其对新知识的掌握。

(5)评价:该环节要求教学过程中不能仅是教师进行评价,还要学生进行自评与互评。教师评价与学生自评、互评的有机结合能够有效促进学生对自身学习效果的认识。自评与互评是鼓励学生对自己和同伴在课堂上的表现进行评价,如对知识的理解与掌握、回答问题的积极性、实验操作情况等。

3.基于"5E"教学模式建构"趣·探"教学模式

该模式主要参照"5E"教学模式的环节推进教学,共四个阶段(图5-3-6)。在诱发参与阶段,教师基于学生的前概念,精准把握认知失衡点,提出基于现实的开放性问题。通过创设真实的生活情境,把深奥、枯燥的概念巧妙地嵌入趣味探究活动之中,充分发挥其内在驱动性。在实践探究阶段,教师可以为学生提供趣味化、结构性的材料,借助游戏元素将问题串和学习活动深度融合,推进探究逐步深入,让学生获取数据和信息以便提出新的假设。在解释建构阶段,教师可巧设趣味检测题,引导学生分析、讨论、思辨,加工实验数据,形成事实证据,建构新知识和观念,并检测概念达成情况;搭建展示平台,让学生在分享中阐述观点,归纳演绎新的科学知识和观念。在迁移拓展阶段,教师可创设新概念迁移应用的场景(新游戏),使游戏内容紧紧围绕新建构概念的理解和应用,促进学生认知结构的不断完善,让他们享受科学探究的乐趣,实现核心素养的发展。

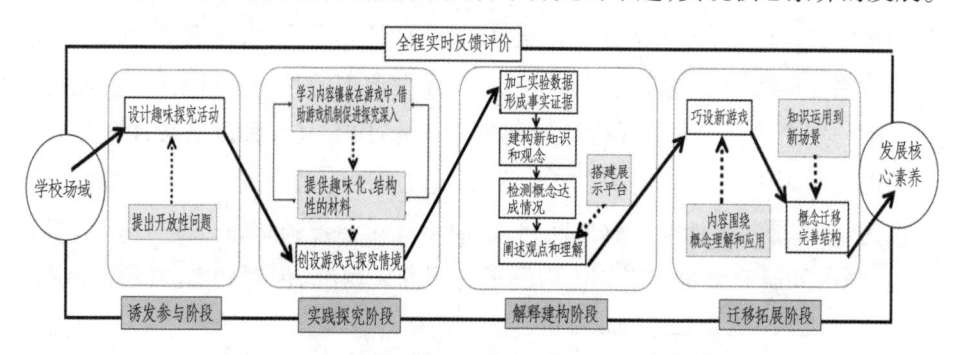

图5-3-6 基于"5E"教学模式的"趣·探"教学模式

以"鸟类"一课为例,在核心概念"生物与环境的相互关系"的统摄下,教师可以引导学生从具体现象、事实出发,逐步建构起较为抽象的概念。首先,利用红嘴蓝鹊攻击人的新闻视频创设真实的生活情境,把学科核心概念"生物与环境是息息相关的,环境决定了生物的结构,结构影响功能"巧妙嵌入学习活动之中。其次,基于前概念,精准把握学生对"生物与环境相互作用、相互协调"的认知点,提出驱动性问题"解锁鸟类攻击人的奥秘"。教师可以设计趣味游戏,利用剪线钳、镊子、勺子分别模拟短而尖的、带钩的、袋状的鸟喙,将学习内容"认识鸟喙的多样性"融入游戏竞赛中,帮助学生获取丰富的认知,提出"鸟类的身体结构与环境相适应"的假设。再次,巧设"请给小鸟找到家"的趣味检测题,引导学生通过分析、讨论、思辨,形成事实证据,理解"鸟类为适应不同的取食环境而发展出多样的鸟喙",让学生在分享中阐述自己的思考和理解。最后,设计"与鸟为邻"交流大会,展示项目式学习成果,如"解锁鸟类攻击人的奥秘"小论文、鸟巢实物制作、科普剧展演等。展示内容紧紧围绕概念的理解和应用,促进学生认知结构的不断完善,在寓教于乐的过程中加深学生对核心概念的理解。

(三)基于PBL教学模式的"趣·探"教学模式

1.PBL教学模式基本内涵

(1)PBL教学模式。

PBL(Problem-Based Learning)可译为基于问题的学习、问题驱动式学习、问题导向式学习等。PBL最早应用于医学教学领域,是为了促进医学生将理论应用于实践,实现知行合一。1969年,巴罗斯首次将PBL作为一门课程引用到教育领域,创立了以问题解决为核心的教学方法。巴罗斯强调PBL既是一门课程,又是一种学习方式。作为一门课程,它包括精心选择和设计的问题,而解决这些问题要求学习者能够获取关键的知识,具备熟练的问题解决技能、自主学习的策略,以及参与小组活动的技能;作为一种学习方式,它要求学习者使用系统的方法去解决问题以及处理在生活和工作中遇到的难题。后来,许多研究者对PBL的概念进行了进一步深化。西尔弗认为,PBL是一种以复杂且答案不唯一的以问题为中心的教学指导方式,学生通过解决问题完成学习。鲍德和费莱蒂认为,PBL是通过让学生解决问题,从而形成对学习刺激的一种方法[①]。综上所述,国内外研究者虽然对PBL内涵进行了深入研究,但对PBL的概念界定并

---

① 沈文艺.PBL教学模式在初中物理教学中的应用研究[D].成都:四川师范大学,2022:9.

没有统一的标准。PBL最初被定义为一门课程,随着研究的深入,PBL被当作一种教学策略运用于课堂教学,后来又逐步发展成为一种教学模式应用于教育领域。

刘梦莲指出,PBL教学模式是将学习者置于有意义的问题情境中,学习者通过自主思考、沟通交流、团队合作等方式来解决问题,学习问题背后的科学知识,促使学习者获得自主探究与合作学习的技能,提高解决问题的能力,发展学习者的思维。[1]赵瑞祺认为,PBL教学模式把问题作为学习的诱因,可以促使学习者使用各种技能和方法去搜索信息,进而解决问题。[2]陈黎云认为,该模式是以问题为基本要素的教学活动,促使学生在不断提出问题和解决问题的循环往复的过程中进行学习,在此过程中掌握学科基础知识,发展自主学习能力,形成问题意识。[3]结合国内外学者对PBL教学模式的阐述,笔者将PBL教学模式定义为一种将学生置于生活真实情境,通过创设引发学生认知冲突的情境来诱发其提出问题,并在小组合作解决问题的过程中获得素养发展的教学模式。

(2)PBL教学模式的特征。

与传统教学相比,PBL教学模式中创设的引发学生认知冲突的情境能够快速吸引学生的注意力,诱发学生提出驱动性问题。学生通过自主学习和团队合作参与到问题的探索和解决过程中。在这个过程中,学生整合新旧知识,建构概念,发展综合素养。PBL教学模式应用于实际课堂教学时具有以下特征。

第一,情境真实性。PBL教学模式的驱动性问题来源于学生的真实生活,由他们在日常生活的所见所闻诱发而生。提炼的问题来源于学生能够接触到的生活世界,因此更容易触发学生的求知欲望,驱动性更强。

第二,问题劣构性。劣构性问题指的是复杂的、开放性的、结构不良的问题,它有别于解决过程具有一定程序性和固定解决路径的良构问题。劣构问题没有特定的解决方法和步骤,需要解决者运用多方面的知识和能力,并通过与小组成员的合作来解决。

第三,学习合作性。PBL教学模式是一种以学习者为中心的合作学习模

---

[1] 刘梦莲.基于问题式学习(PBL)的设计[J].现代远程教育研究,2003(1):39-43.
[2] 赵瑞祺.PBL策略在高中生物学概念教学中的应用研究[D].沈阳:沈阳师范大学,2020:13-14.
[3] 陈黎云.PBL教学模式在高中生物教学中的应用研究[D].昆明:云南师范大学,2018:15-19.

式。驱动性问题的复杂性决定了单个学习者较片面的认识往往无法很好地解决问题。因此,需要学习者在生成驱动性问题后组建合作小组,通过与小组成员的思维碰撞,完善研究方案,分配任务,取长补短,共同解决问题,实现组内成员的共同发展。

第四,素养综合性。PBL教学通常涉及多个学科领域,学生在核心问题的驱动下进行自主探究与实践,运用多学科的知识和技能来解决问题。这种跨学科教学有利于学生综合思维能力、创新能力和学习能力的发展,使他们能够应对生活中其他的复杂问题。因此,PBL教学目标指向的是学生的综合素养,让他们在解决问题的过程中获得多方面的发展。

(3)PBL教学模式的价值。

PBL教学模式是在教师的引导下,学生通过自主学习和合作学习来获得发展的一种教学模式,它强调学生的主体地位,有效避免了传统讲授式教学的"填鸭式"学习弊端。因此,充分挖掘PBL教学模式来指导教学,对于转变教学方式、达成课程目标、实现深度学习具有重要意义。

第一,从教师教转向学生学,实现以学为中心。学生是学习的主体,让学生学会学习是教育的基本要求,也是时代发展的要求。在PBL教学模式中,教师是教学的引导者,学生通过自主或合作的方式解决问题,不断地修正或扩充自身经验,重构概念体系,以达到学习的目的,真正地实现以学为中心。

第二,从浅层学转向深度学,实现综合发展。PBL教学模式把学习的主动权交还给学生,教师提供真实情境,由学生自主提出问题、制订计划、分解问题、实践探究、展示成果,真正让学生成为学习的主导者。学生在学习中依托真实情境,深入开展探究实践,不断提高解决问题能力、知识综合应用能力、学习迁移能力以及认知重构能力,实现深度学习。

第三,从单一目标转向多维目标,实现素养培育。社会发展伴随着不确定性和挑战性,学生只有学会分析问题、解决问题,才能跟上时代的步伐,适应未来社会。传统教学常常聚焦于单一学科课程的具体目标,这容易让学生的学习处于一种脱离真实生活的状态。而在PBL教学模式中,教师创设具有社会特点的议题,学生依据自身的认知和能力不断地分析问题、解决问题。这既能促进学生在解决问题的过程中掌握多学科的知识,还能提高其思维能力、解决问题能力以及学习能力,实现素养培育。

2.PBL教学模式的基本过程

PBL被引用到教育领域后,国内外的学者相继对PBL教学模式展开了研究,并据此对教学流程进行了设计。此处选取了三个有代表性的模型。

(1)罗伯特七步模型。

罗伯特在前人的研究基础上,细化了PBL教学模式的阶段,将其划分为七个环节,如图5-3-7所示。

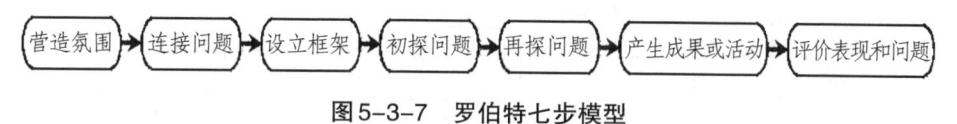

营造氛围 → 连接问题 → 设立框架 → 初探问题 → 再探问题 → 产生成果或活动 → 评价表现和问题

图5-3-7 罗伯特七步模型

罗伯特七步模型与巴罗斯PBL教学模式的不同之处在于,罗伯特七步模型对解决问题的过程进行了细化,他给出了更具体的操作:从连接问题、初探问题到再探问题,逐步深入。在再探问题环节,学生可能会根据收集到的证据和资料改变原来的观点或产生新的疑问,增设这一环节可以让学生探究新疑问,解决新问题。

(2)伊利诺斯数学科学学院PBL模型。

伊利诺斯数学科学学院PBL模型(图5-3-8)将教学分为理解问题、课程探究、解决问题三个环节,以及遭遇问题、知道需要知道的东西、确定问题、收集信息、分享信息、产生可能的解决方案、确定最佳方案、实施解决方案、听取报告九个步骤。在伊利诺斯数学科学学院PBL模型中,由三个步骤理解问题,四个步骤进行课程探究,两个步骤解决问题,可见该模型非常注重学生解决问题前期的思维过程,强调真正培养学生解决问题的能力,具有很强的实操性。

理解问题 → 遭遇问题 / 知道需要知道的东西 / 确定问题

课程探究 → 收集信息 / 分享信息 / 产生可能的解决方案 / 确定最佳方案

解决问题 → 实施解决方案 / 听取报告

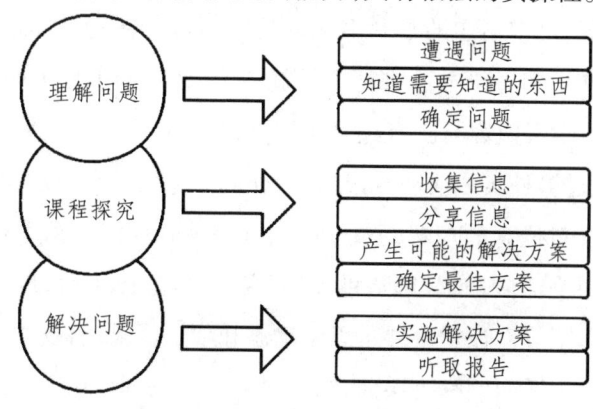

图5-3-8 伊利诺斯数学科学学院PBL模型

(3)沈文艺提出的PBL教学模型。

沈文艺将教学过程细化为六个环节:学生分组,营造氛围;创设情境,提出问题;设计方案,分配任务;收集信息,解决问题;成果展示与总结;教学评价。由此,她提出了PBL教学模型(图5-3-9)。该模型虽强调将自主学习与合作学习相结合,但整个教学过程的设计较为笼统,实施时易出现教学形式化等问题。

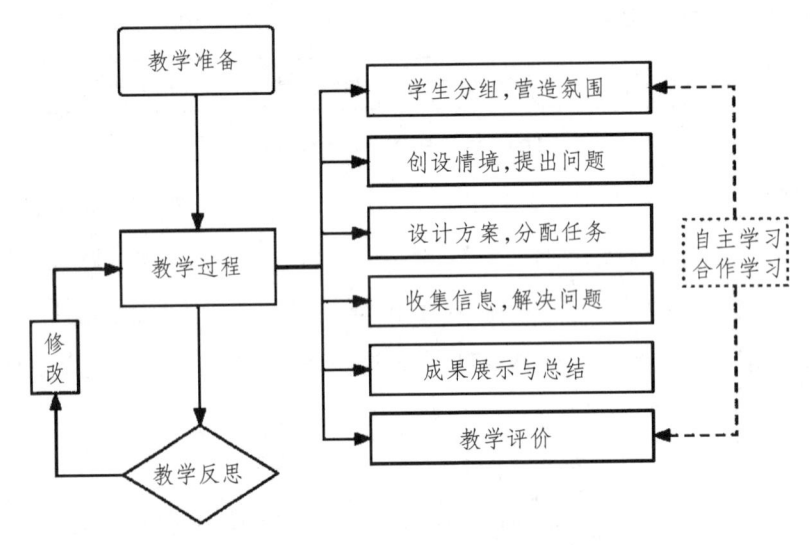

图5-3-9 沈文艺提出的PBL教学模型

3.基于PBL教学模式建构"趣·悟"教学模式

该模式主要参考了PBL教学模式,融合了"跨域趣探"教学主张的理念和思维方式,共分为四个阶段(图5-3-10)。在选定项目阶段,教师指导学生从生活中选择感兴趣的社会性科学议题,对其价值、可行性等进行研究,给出调整建议或进行重新选择,确定涵盖跨学科概念的研究项目。在制订计划阶段,学生需要融合多学科知识和思维方法进行项目规划,在教师的引导下明晰概念结构、层次、功能等,将学习内容与已有经验相结合,制订综合性研究计划。在活动探究阶段,学生通过多种实践活动收集信息,获取概念认知和情感体验,在解决问题的过程中增强对概念的理解,激趣促悟,开展综合性探究活动积累独特的认识成果。在成果交流阶段,教师借助新颖便捷的融媒体平台,以丰富有趣的形式(展览会、辩论赛等),让学生展示思维动态和项目成果;启发学生将多学科的理论知识投射到生活问题解决层面,结合自身感悟,获取概念认知和情感体验,不断深化对跨学科概念的理解,有效发展核心素养。

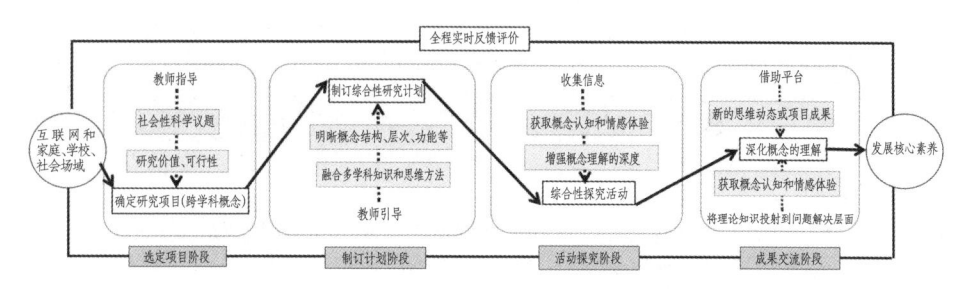

图5-3-10 基于PBL教学模式的"趣·悟"教学模式

以"探寻中国科技崛起之路：传统、现代和未来"科学场馆研学课程为例。首先，以学科核心概念"技术、工程与社会"为统摄，突破学段和单元的限制，对教学内容进行结构化重组，将原四年级的"摩擦力"、五年级的"神奇的机械"、六年级的"遗传和变异"与区域场馆资源有效整合为社会性科学研学主题——"改变世界的历史·橡胶与轮胎""古人智慧今犹在：苏颂与水运仪象台""现代农业科技·基因和超级水稻"。组织学生对其研究价值、可行性等进行评价，给出调整建议。其次，在研学实践中，着重引导学生融合多学科的思维方法进行规划，将学习内容与已有经验相结合，侧重明晰概念的结构、层次、功能等，制订综合性研究计划。再次，借助优质场馆资源，引导学生探索中国科学文化、科学技术、科学智造的发展崛起之路，在解决复杂真实问题的过程中，理解技术的核心是发明，工程的核心是建造，促进学生对"技术、工程与社会"概念的深度理解。注重沉浸式、具身式、体验式等多种学习方式的综合应用，帮助学生积累丰厚的感知，促进跨学科概念理解的深入。最后，在研学课程结束后，教师可借助融媒体平台，以展览会、辩论赛等丰富有趣的形式，让学生展示水运仪象台、基因技术等发明创造对人类社会发展的价值与意义，使学生理解科学、技术、工程是相互影响、相互促进的。在实践中，学生有了新感知、新思维和新成果，对跨学科概念的理解不断进阶，创新精神和综合能力持续发展，核心素养水平稳步提升。

"跨域趣探"教学主张建构的大概念统摄下的小学科学跨学科课程和教学模式，兼具理论性与实践性，提供了指向核心素养培育的可借鉴、可推广的校本化课程范本。实践证明，该课程体系的实施不仅使学生的学业质量得到提升，他们在学习兴趣、学习深度等方面也有不俗表现。未来，笔者将带领团队努力吸收跨界学习、多维整合等新型教学方式和经验，通过教学方式的变革，突破学科边界，寻找课堂内外的延伸拓展点，做好科学教育加法；通过真实的探究实践，让儿童开展有意义的学习，有效实现学生的个性化发展，促进学生核心素养的发展。

第六章

案例评析:跨学科教学的案例分析与实施

第六章 案例评析：跨学科教学的案例分析与实施

教育的基本任务在于促进学习者的全面发展，这要求我们超越传统学科的界限，探索知识间的内在联系。跨学科教学以其独特的视角和方法，正逐步成为推动教育改革与创新的重要力量。在此基础上，本章将深入剖析大概念统摄下的小学科学跨学科教学案例，展现其独特的实践智慧与探索深度。在"跨域趣探"教学主张和跨学科教学的实践中，趣味课程体系的构建是一项重要的创新。基于概念建构的三种类型，笔者精心设计了既富有趣味性又具挑战性的课程体系——"趣·玩""趣·探""趣·悟"课程，让学生在轻松愉快的氛围中掌握科学知识，激发他们的好奇心与求知欲。通过"玩中学""趣中探""研中悟"，学生逐步形成个性化的学习方法与路径，这为他们的科学学习奠定了坚实的基础。为了更直观地展示"跨域趣探"小学科学跨学科教学的魅力与实效，本章精心挑选了三个精品案例——"趣·玩"课程"爱眼小侦探，守护'视'界大冒险"、"趣·探"课程"我是密码小达人"、"趣·悟"课程"预制菜止步校园餐桌背后的秘密"。这些案例不仅对每个主题课程涉及的学科知识点、学情能力等进行了全面而深入的剖析，还统筹制订了科学合理的教学计划与设计方案，形成了学习进阶式的课程设计。大概念统摄下的趣味课程体系，不仅有助于学生建构事物之间的内在关联，更能教会他们如何从跨学科的视角去感受世界、理解世界和解释世界。这样的课程体系为学生打开了一扇通往科学殿堂的大门，让他们在未来的学习与生活中，能够更加自信地面对各种科学问题与挑战。这些案例将展现出"跨域趣探"小学科学跨学科教学的独特魅力与深远意义。

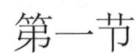

第一节 "趣·玩"课程（基础课程）："爱眼小侦探，守护'视'界大冒险"课程设计和实施

本节旨在通过具体案例，展示"趣·玩"课程的设计与实施。

实施年级：五至六年级
所跨学科：科学、体育与健康、数学、美术等
实施课时：7~9课时

一、课程设计

"趣·玩"课程以完善学生的概念结构为宗旨，充分利用生活物品、家庭场景等资源，促成学生的真实体验，是对小学科学课程的前置铺垫或外展延伸。该课程是积累经验的基础课程，可用于非正式的学习环境。"趣·玩"课程主要参照以大概念为基础的跨学科主题学习C-POTE模型，即以"概念群、问题链、目标层、任务簇、证据集"为核心来设计和组织教学。该模型不仅强调以驱动性问题促进学生对大概念的深度理解，重视教师对实践活动的参与和引导，而且注重在教学开展过程中贯穿始终的可操作性评价，为教师实施跨学科主题教学提供了切实指引。根据C-POTE模型，以"概念群、问题链、目标层、任务簇、证据集"的顺序确立每个核心环节的内容，按照课程开发流程，对该课程进行设计。

（一）明确主题，建构概念群

1. 课程主题选择

（1）课程背景。

①儿童的高近视率与近视趋于低龄化问题并存。

随着学业负担的加重、电子产品的普及，我国儿童青少年出现了高近视率以及近视趋于低龄化等问题。国家疾控局监测数据显示：2022年，我国儿童青少年总体近视率为51.9%。有专家预测，到2050年全球将有约一半的人口患有近视。儿童青少年近视率越来越高，近视已成为全球关注的公共卫生问题。

②新冠疫情增加近视防控难度。

2019年底突发的新冠疫情导致儿童青少年的户外活动大大减少,网课令儿童青少年使用电子产品的时间大大增加,我国儿童青少年近视防控工作备受冲击。由于户外运动时间减少、观看电子屏幕时间增长,与2019年相比,2020年我国中小学生近视率不降反增,增幅达2.5%。

③近视防控的相关政策落地。

青少年视力健康问题日益突出,2018年,习近平总书记曾对此作出重要指示:我国学生近视呈现高发、低龄化趋势,严重影响孩子们的身心健康,这是一个关系国家和民族未来的大问题,必须高度重视,不能任其发展。2023年3月,教育部办公厅印发了《2023年全国综合防控儿童青少年近视重点工作计划》的通知;同年9月,教育部印发通知,部署各地教育行政部门、中小学校和幼儿园以"注重行为干预　融入日常生活"为主题开展近视防控宣传教育月活动。

(2)课程开发愿景。

①提供跨学科课程范例。

在深化教育教学改革的背景下,作为一线教育教学工作者,我们迫切需要深入探索和开发近视防控的主题课程。《义务教育课程方案(2022年版)》明确提出"突出课程内容结构化,探索主题、项目、任务等内容组织方式。原则上,各门课程用不少于10%的课时设计跨学科主题学习"。相关主题跨学科课程的开发,可以有效弥补学校关于近视综合课程的缺失。

②通过课程引起学习者对爱眼护眼的重视。

近年来,全世界的儿童青少年近视率呈现增长的趋势。眼睛的重要性体现在日常生活中的方方面面,学生需要植根学科思维,调动多个学科的学习经验,运用多个学科的观念与方法解决问题、形成解释、创造产品。本跨学科课程的开发旨在逐步引起儿童青少年对近视防控的重视,让儿童青少年在"趣玩"的主动学习过程中了解近视的成因、近视的防范措施等。

(3)课程标准依据。

课程标准是教学的核心指导文件。跨学科主题课程的设计要基于课程标准,根据学生需求,科学规范地建立学生知识与生活的联系。"爱眼小侦探,守护'视'界大冒险"课程以科学为主学科,根据学习需求,在大概念的统摄下,有机地加入、渗透其他学科的知识和技能。

①主学课程标准依据:课程标准是进行教学的直接依据,在设计、实施小学科学跨学科主题学习活动时,教师要充分结合现行小学科学课程标准的相关要求。

学科核心概念	内容要求	本主题活动设计契合点
物质的运动与相互作用	知道来自光源的光或来自物体反射的光进入眼睛,能使人看到光源或该物体	1. 回顾眼睛是如何看到光的 2. 模拟近视眼和正常眼中的物体成像实验
生命系统的构成层次	识别人的眼、耳、鼻、舌、皮肤等器官,列举这些器官的功能与保护方法	1. 提出如何保护视力,确立研究方法并开展研究 2. 拓展学习:认识眼球的基本结构,了解近视成因
生命的延续与进化	描述和比较动物子代与亲代在形态特征方面的异同	通过问卷调查、数据分析、走访调查等方法认识遗传因素、环境因素对视力的影响

②其他学科课程标准依据:护眼课程并不只局限于科学领域,例如近视率和近视情况的调查会涉及数学学科中的数据分析,用眼习惯涉及体育与健康学科中的健康行为方式,宣传、文化渗透也离不开美术学科的支撑。因此,除了小学科学课程标准中的内容要求,在其他学科的课程标准中也有与本主题相契合的要求。

关联学科	关联学科内容要求	本主题活动设计契合点
数学	1.现实生活中,很多问题应当先收集数据,做调查研究 2.同一组数据可以用不同的表达方式,需要根据问题背景选择合适的方式	数据分析意识
体育与健康	学会运用健康与安全的知识和技能,形成健康的生活方式	健康的行为与生活方式
美术	通过审美感知,形成自己的思考;基于美术技法与风格,搜集素材进行构思(创意实践);综合媒材、技法与观念,用艺术表现或美术表现创作美术作品,最后展示作品,传达意义	审美感知主要关注作品形式与表现力,文化理解注重作品的主题与意义,整个美术创作实践均围绕作品形式和主题而展开,以更好地表达主题

2.概念群的生成

本课程设计基于上述分析,确定跨学科概念"结构与功能",在跨学科概念统摄下将相关概念从跨学科概念(Ⅰ级概念)、学科核心概念(Ⅱ级概念)、具体概念(Ⅲ级概念)依次进行梳理,得到概念群。

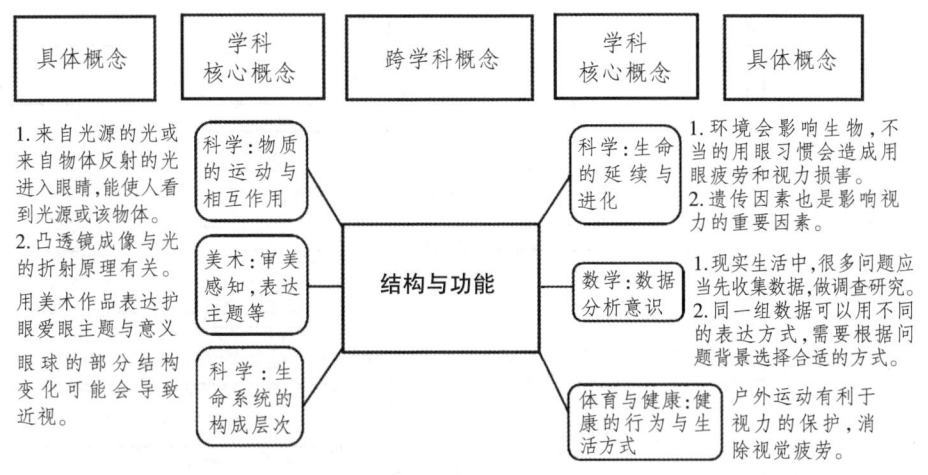

具体概念	学科核心概念	跨学科概念	学科核心概念	具体概念
1.来自光源的光或来自物体反射的光进入眼睛,能使人看到光源或该物体。2.凸透镜成像与光的折射原理有关。用美术作品表达护眼爱眼主题与意义眼球的部分结构变化可能会导致近视。	科学:物质的运动与相互作用 美术:审美感知、表达主题等 科学:生命系统的构成层次	结构与功能	科学:生命的延续与进化 数学:数据分析意识 体育与健康:健康的行为与生活方式	1.环境会影响生物,不当的用眼习惯会造成用眼疲劳和视力损害。2.遗传因素也是影响视力的重要因素。 1.现实生活中,很多问题应当先收集数据,做调查研究。2.同一组数据可以用不同的表达方式,需要根据问题背景选择合适的方式。 户外运动有利于视力的保护,消除视觉疲劳。

(二)整合知识,设计问题链

课程基于"通过数据调查、建构模型发现结构决定功能,环境影响生物"开发。课程概念群明确了科学、体育与健康、数学、美术等相关学科概念,根据这些概念整合课程的知识内容,从其他学科的知识和方法中形成解决科学这一主干学科的问题。

学科	相关知识点	技能与方法
科学	1.知道来自光源的光或来自物体反射的光进入眼睛,能使人看到光源或该物体 2.了解成像的特点,能解释近视的成因,形成保护视力和健康用眼的意识 3.了解遗传因素、环境因素对视力的影响	1.通过资料阅读、模拟实验等方法认识光进入眼睛的科学原理 2.通过资料阅读、模拟实验、合作交流、调查走访等方法认识近视的成因 3.通过问卷调查、数据分析、合作交流、调查走访等方法认识遗传因素、环境因素对视力的影响
体育与健康	了解健康的行为与生活方式,运动护眼	通过户外运动、护眼操等实际运动方式达到护眼效果
数学	学会利用扇形图、条形图等统计图进行数据分析	通过对比分析法对近视成因的数据进行分析
美术	关注作品形式与表现力,体现作品主题与意义	创作艺术宣传作品,展示作品并传达护眼意义

确定了预期的知识图谱后,通过设计系列问题链,创设问题情境,提升学生的问题解决能力。

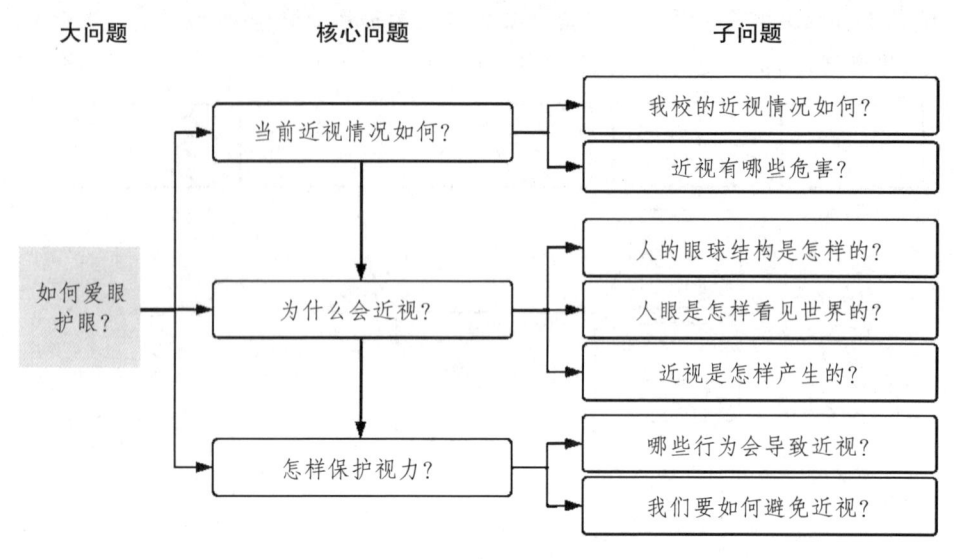

大问题	核心问题	子问题
如何爱眼护眼?	当前近视情况如何?	我校的近视情况如何? 近视有哪些危害?
	为什么会近视?	人的眼球结构是怎样的? 人眼是怎样看见世界的? 近视是怎样产生的?
	怎样保护视力?	哪些行为会导致近视? 我们要如何避免近视?

(三)明确问题,确定目标层

1.课程总目标

在基于发现式教学的"趣·玩"课程背景下,学习简单的光学知识,认识人的眼球结构,利用常见的材料制作小孔成像仪,开展近视眼模拟实验。立足学生科学思维的培养,关注真实问题情境的创设,调动多个学科的学习经验,运用多个学科的观念与方法来了解近视成因,列出预防近视的措施,帮助自己和他人形成爱眼护眼的健康生活意识。

2.课程素养目标

(1)人文底蕴:①提升对眼睛健康重要性的认识,发扬"眼睛是心灵的窗户"的文化理念,强调眼睛在表达个人情感和内心世界时的独特作用;②呼吁社会各界对眼睛健康问题给予更多的关注和支持,形成全社会共同参与的爱眼护眼的良好氛围。

(2)科学精神:①通过认识眼睛的构成与视觉的形成,了解眼睛的结构与功能,学习光学原理;②通过模型建构,认识近视的成因和矫正的方式;③通过调动多个学科的学习经验和方法,像科学家一样经历解决问题、形成解释、创造产品的过程。

(3)责任担当:意识到近视防控对自身、家庭乃至国家的重要性,形成爱眼护眼的健康责任意识。

(4)实践创新:形成运用知识解决实际问题的能力,体验项目的完整流程,发展知识整合能力和高阶思维。

(5)学会学习:①尝试外出体验与记录,通过参观、采访、询问等方式,在生活的真实情境中感受眼睛的重要性;②能够在模拟实验的探究学习中形成到"结构与功能相适应"的观点;③设计调查问卷,实施实验证据收集,进行数据处理,分析检验猜想,并展开交流,接受其他团队的询问和评价。

(6)健康生活:①制作不同的关于预防近视的宣传产品,在讲解中接受他人的询问和评价,帮助自己和他人形成爱眼护眼的健康生活意识;②倡导健康的生活习惯,践行均衡饮食、规律作息、适量运动等有利于眼睛健康的生活方式。

(四)聚焦目标,设置任务簇

1.以问题链为驱动,设置任务簇

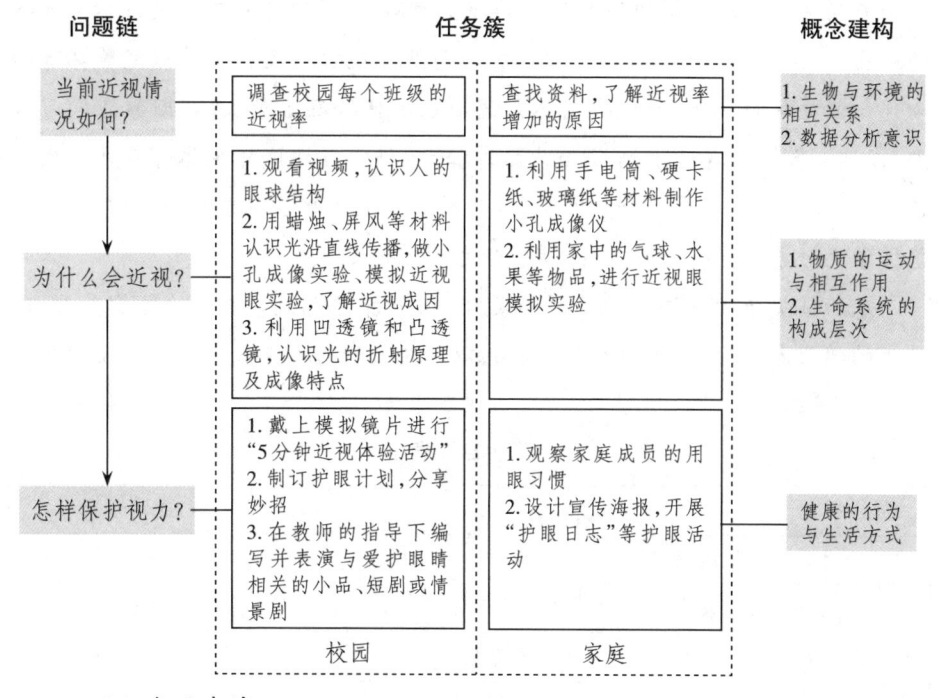

问题链	任务簇（校园）	任务簇（家庭）	概念建构
当前近视情况如何?	调查校园每个班级的近视率	查找资料,了解近视率增加的原因	1.生物与环境的相互关系 2.数据分析意识
为什么会近视?	1.观看视频,认识人的眼球结构 2.用蜡烛、屏风等材料认识光沿直线传播,做小孔成像实验、模拟近视眼实验,了解近视成因 3.利用凹透镜和凸透镜,认识光的折射原理及成像特点	1.利用手电筒、硬卡纸、玻璃纸等材料制作小孔成像仪 2.利用家中的气球、水果等物品,进行近视眼模拟实验	1.物质的运动与相互作用 2.生命系统的构成层次
怎样保护视力?	1.戴上模拟镜片进行"5分钟近视体验活动" 2.制订护眼计划,分享妙招 3.在教师的指导下编写并表演与爱护眼睛相关的小品、短剧或情景剧	1.观察家庭成员的用眼习惯 2.设计宣传海报,开展"护眼日志"等护眼活动	健康的行为与生活方式

2.课程资源清单

资源类型	资源内容	来源
文字材料	家族成员近视情况调查问卷	学生自拟
视频资源	眼球结构模型、近视原理等	网络
家庭资源	气球、水果等	家庭
工具资源	眼球模型、蜡烛、屏风等	学校

(五)依据学业表现,收集证据集

评价设计并非独立的第五阶段,也并非最终评价,它是贯穿教学全过程的评价体系。教师要收集学生在跨学科学习全过程中的表现性证据,对学生的问题解决情况、核心概念的理解程度等进行合理测评,并根据学生的具体表现及时给予反馈,通过评价促进学生对跨学科概念的进一步理解。

评价类型	证据集
学习性评价	制作小孔成像仪、爱眼小剧场
学习式评价	成果展示、自我反思
学习的评价	作品评价表、课堂表现评价量规

跨学科课程采用多元化的评价方式来检验学生对知识的掌握程度以及核心素养的发展情况。与传统教学中的评价不同,跨学科课程不仅关注学生最终的产出成果,还关注学生的科学思维、问题解决策略以及在合作探究等环节的表现。学生依据教师的评价,可以反思自己的优势及不足,并不断修正学习状态,以达到预期的学习目标。除此之外,跨学科学习评价的主体可以是学生自己,也可以是小组成员、老师、家长、专家等。多主体和多维度的评价方式,能够督促学生对学习过程进行自我监控,助力学生发展。

基于证据集的不同评价方式与类型,该课程需要制定不同的评价量表,以学生的学业表现为依据辅助证据收集,以反映教师的教学效果以及学生的学习状态。

学生自评表

评价指标	自评结果
我对这次的主题很感兴趣,积极参与课堂学习活动	☆☆☆☆☆
我在讨论中积极发表自己的意见	☆☆☆☆☆
我能与同组伙伴良好合作,共同完成学习任务	☆☆☆☆☆
我在老师和同学的帮助下学到了关于近视的许多知识	☆☆☆☆☆
我能在今后的学习生活中做到科学护眼	☆☆☆☆☆

组员互评表

评价指标	互评结果
他(她)踊跃参与,表现积极	☆☆☆☆☆

续表

评价指标	互评结果
他(她)的意见、观点经常对我有很大的帮助	☆☆☆☆☆
他(她)能够按时完成应该做的那份工作和学习任务	☆☆☆☆☆
如果还有机会,我非常愿意与他(她)再分到一组	☆☆☆☆☆
针对小组合作完成任务的情况,根据小组成员的贡献情况进行排序(贡献大的在前,用座号表示)	
请对小组成员在合作过程中的积极性排序(积极性高的在前,用座号表示)	

评价指向与水平描述

评价指向		水平描述		
		水平3	水平2	水平1
活动过程	搜集整理信息	积极搜集近视的成因、防控方法等资料,整理信息全面、有条理	能搜索资料并进行一定的整理,但信息不够全面和精当	无法根据要求搜集资料,信息不足
	交流合作	在小组活动中,能积极主动与小组成员配合,耐心听取他人意见	能够与小组成员配合,基本做到倾听他人的观点	不肯主动承担小组分配的任务,不善于倾听他人的观点
	表达展示	表达流利,展示成果与活动的要求和目标一致,并有一定的创意	表达基本流利,展示的成果与活动任务不太一致	表达欠缺,例证不能支持观点
跨学科素养	科学观念	理解主要核心概念,并能建构内在逻辑关系	对每一个知识点能理解到位,但不能很好地建构知识间的逻辑关系	对知识点一知半解,理解偏差较大
	创新迁移	综合并创新地运用学科知识和思维方法对复杂生活现象进行有理有据的辨析,对不同利益诉求能进行辨护或批判	能运用学科知识和思维方法对复杂生活现象进行辨析和评价,但不够全面和完整;能做出正确的价值判断和价值选择	能对复杂生活现象进行辨析与评价,有观点,但没有理论支撑,无法形成自己的价值观念

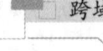

二、课程实施

(一)课程实施流程

发现式教学是让学习者自己去发现学习内容的结构、结论和规律的教学方式。在发现式教学中,教师提供支架式的引导,学习者像科学家那样思考、探索、建构、迁移,从而获得解决问题的能力。基于此,本课程主线分为发现目标、探究假设、建构概念、应用迁移四个阶段,遵循"教—学—评"一致性原则,将评价贯彻始终。以下是"爱眼小侦探,守护'视'界大冒险""趣·玩"课程实施流程图。

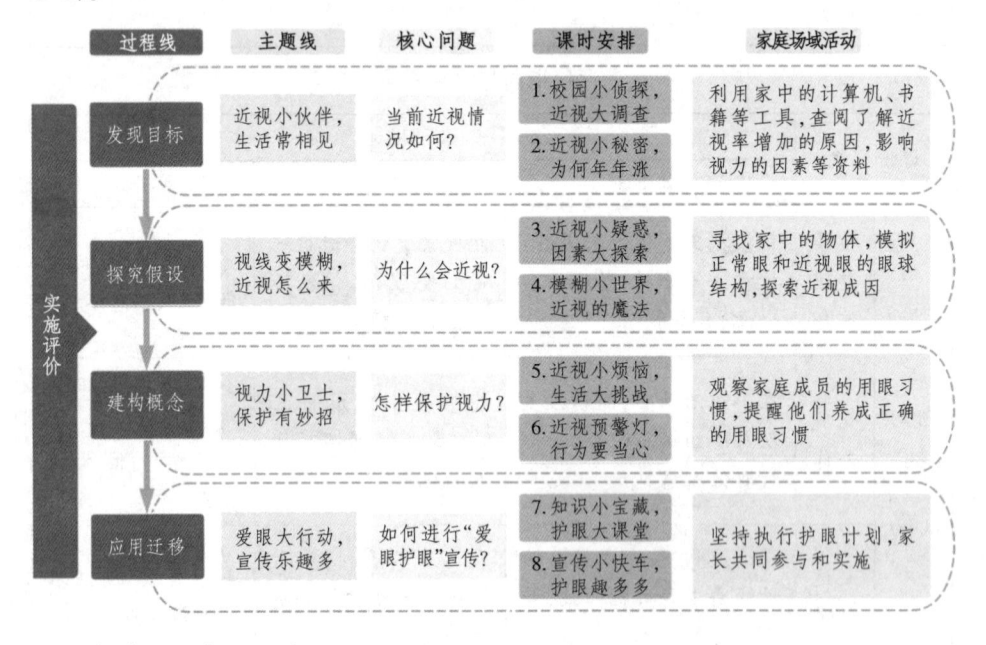

过程线	主题线	核心问题	课时安排	家庭场域活动
发现目标	近视小伙伴,生活常相见	当前近视情况如何?	1.校园小侦探,近视大调查 2.近视小秘密,为何年年涨	利用家中的计算机、书籍等工具,查阅了解近视率增加的原因,影响视力的因素等资料
探究假设	视线变模糊,近视怎么来	为什么会近视?	3.近视小疑惑,因素大探索 4.模糊小世界,近视的魔法	寻找家中的物体,模拟正常眼和近视眼的眼球结构,探察近视成因
建构概念	视力小卫士,保护有妙招	怎样保护视力?	5.近视小烦恼,生活大挑战 6.近视预警灯,行为要当心	观察家庭成员的用眼习惯,提醒他们养成正确的用眼习惯
应用迁移	爱眼大行动,宣传乐趣多	如何进行"爱眼护眼"宣传?	7.知识小宝藏,护眼大课堂 8.宣传小快车,护眼趣多多	坚持执行护眼计划,家长共同参与和实施

(过程线左侧:实施评价)

(二)课程实施保障

(1)政策支持与组织领导:教育部等八部门联合印发《综合防控儿童青少年近视实施方案》,明确了目标与行动方案,建立全国儿童青少年近视防控工作评议考核制度,加强组织领导和统筹协调。

(2)课程保障:将近视防控知识和技能融入学校教育体系,利用7~9课时,集中开展跨学科课程。

(3)家庭参与:家长为学生提供课前和课后的相关材料,带领学生参与了解科学用眼知识,控制孩子使用电子产品的时间,保障孩子的睡眠和营养,增加户外活动和锻炼的时间。

(4)学校资源:学校实验室提供眼球结构模型、蜡烛、屏风等材料,用于了解眼睛的构造和近视的原理。

(5)网络资源:利用网络平台为学生提供学习资源、收集学习成果、分析数据等。

(6)社会宣传与媒体合作:利用广播电视、网络等媒体宣传推广近视防治知识,营造良好的社会氛围。

(三)课程实施过程

"趣·玩"课程以家庭为主要学习场域,依据布鲁纳的发现式教学理论,围绕学生对概念的认知发展过程,基于"玩中学"的思想展开。该模式包括发现目标、探究假设、建构概念、应用迁移四个阶段。基于前文所述的发现式教学模式规律,紧扣近视率增加的热点问题,将课程内容分为"近视小伙伴,生活常相见"(发现目标)、"视线变模糊,近视怎么来"(探究假设)、"视力小卫士,保护有妙招"(建构概念)、"爱眼大行动,宣传乐趣多"(应用迁移)、评价总结(贯穿全过程)五个部分,遵循"教—学—评"一致性原则,实施课程。

1.发现目标阶段:"近视小伙伴,生活常相见"

在发现目标阶段,教师提供融入科学概念和规律的实验,设计玩、学相结合的学习活动,通过玩来激发学生的求知动力,使他们从中发现感兴趣的问题,明确待探究的概念和问题。

(1)设计思路。

该阶段是跨学科主题课程开展的前提,通过提出问题背景,充分调动学生参与研究和调查的积极性。该阶段需要教师、学生和家庭共同参与。在课堂上,教师展示2010—2020年我国中小学近视人数和近视率的变化情况,学生提出对于造成近视率居高不下的影响因素的猜测,讨论调查校园近视现状的方法。回家后,学生可利用家中的计算机、书籍等工具查阅可能影响视力的相关资料。

(2)教学过程:设计"玩中学"活动。

师:同学们,大家好!今天,我们要化身为"视力小侦探",一起探索一个非常重要又紧迫的健康问题——近视。首先,让我们通过一个有趣的游戏,来感受一下目前我国近视情况的严峻。

活动一:近视地图寻宝。

教师在黑板上贴出一张放大的中国地图,上面标记着不同地区的近视率。

师:看,这是一张特别的近视地图。地图上不同的颜色代表着不同区域的近视率。现在,我们要玩一个寻宝游戏,规则很简单,我会说出几个省份的名称,你们要在地图上找到它们,并告诉我那里的近视率是多少。准备好了吗?

教师依次说出几个省份的名称,学生找到对应区域,并大声报告近视率数据。

师:通过这个游戏,我们不难发现,近视问题在我国已经非常普遍。而青少年近视率居高不下,形势十分严峻。那么,我们学校的近视情况又是怎样的呢?接下来,让我们进行第二项活动——"校园视力大调查"。

活动二:校园视力大调查。

教师分发事先准备好的问卷和视力测试表。

师:现在,我们要分组行动,每组负责一个年级或班级,进行视力测试和问卷调查。问卷内容包括同学们的用眼习惯、每天户外活动的时间、电子产品使用时间等。记住,我们的目标是了解本校学生的近视状况,并找出可能会影响视力的因素。

学生分组,带上问卷和视力测试表,兴奋地走出教室,开始"侦探工作"。一段时间后,各组学生带着收集到的数据和视力测试结果回到教室。

教师用投影仪展示调查数据,并出示2010—2020年我国中小学近视人数和近视率变化图表。

师:你发现了什么?结合你在家查找的资料,想一想是什么原因造成了这样的情况。

生1:我国的近视人数逐年递增,并且在儿童青少年中,年级越高,近视人数越多。

生2:可能因为随着年级增高,同学们学业压力增大,户外运动时间被挤占。

生3:因为电子产品使用过多,加上不正确的用眼姿势。

2.探究假设阶段:"视线变模糊,近视怎么来"

在探究假设阶段,让学生在教师和家长的指导下开展"做中学",提出研究问题,真正动手实践,关注信息收集,通过愉悦的探究过程中实现主动建构和有意义的学习。

(1)设计思路。

发现式教学需要教师提供支架式的引导,让学生观察现象、独立思考、提出问题、进行探究等。在这个过程中,学生是主动且积极的,完成了整合科学、数学、体育与健康、美术等学科知识的跨学科课程学习。在家长和教师的引导下,学生着手探究近视的成因和防控近视的措施。

(2)教学过程:创设"做中学"情境。

活动一:"小小眼科医生"模拟诊所。

师:今天我们来到眼科模拟诊所,模拟医生为患者检查眼睛。那你们知道人的眼球结构是怎样的吗?

学生观看视频及眼球模型,了解人眼结构。

师:光是如何进入人的眼睛的?人眼又是怎样看到物体的呢?

学生根据教师提供的材料进行实验。

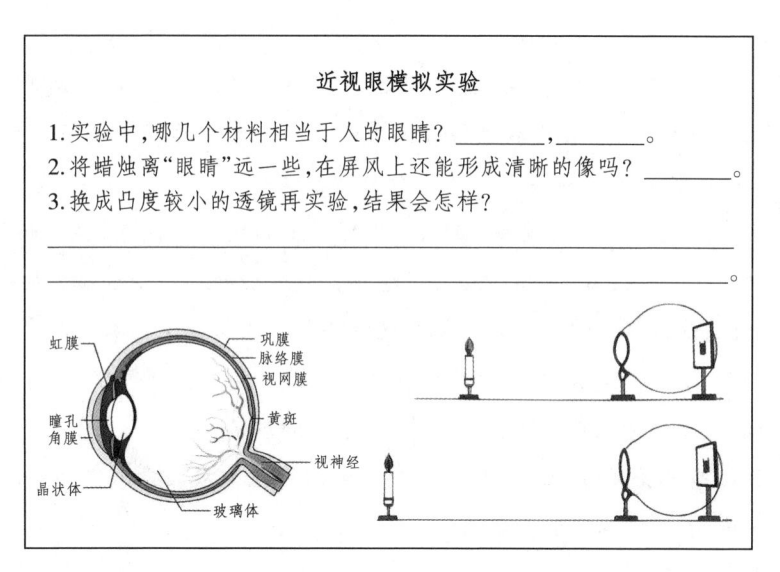

近视眼模拟实验

1. 实验中,哪几个材料相当于人的眼睛? _____,_____。
2. 将蜡烛离"眼睛"远一些,在屏风上还能形成清晰的像吗? _____。
3. 换成凸度较小的透镜再实验,结果会怎样?
_____
_____。

活动二:"近视模拟器"体验站。

学生课后回家与父母探讨,近视的眼球结构发生了什么变化,利用家中气球、水果等物品进行近视眼模拟实验。

找找家里的水果,哪个更适合形容不同状态下的眼球?

远视眼 　　　正常眼 　　　近视眼
　　　　　　　　　　　(眼轴增长)

3.建构概念阶段:"视力小卫士,保护有妙招"

在建构概念阶段,教师需要让学生通过观察实验、分析数据或信息,获取丰富感知,在交流分享中形成新的知识结构。

(1)设计思路。

在传统的近视防控教育活动中,学校虽然采取了健康教育课、讲座、宣传栏、微信推文等多样化的教育形式,但往往以讲授、列举知识点的方式呈现,内容也较为碎片化,无法将学校、家庭、社会三个场域有机结合。基于此,在概念建构阶段,可以让学生通过组内交流、学生辩论、师生交流、家庭参与等形式,引导学生自主建构概念,以多样化的形式汇报学习成果。

(2)教学过程。

①自主建构。

活动一:"5分钟近视体验"。

师:在这个快节奏的时代,近视问题日益"年轻化",很多同学对它并不陌生,但真正了解近视带来的不便和好视力的重要性的人可能并不多。今天,我们将进行一场特别的体验活动——"5分钟近视体验"。

学生戴上模拟近视的设备,首先看向黑板上的视力测试表,尝试辨认最小的可辨识的符号。接着,看向远处的风景画,感受视线模糊、细节丢失的感觉。

师:戴上设备后视觉有什么变化?这种变化对生活和学习有什么影响?

生1:戴上设备后,看远处的物体会感到模糊不清。生活中,可能会看不清远处的路标、交通标识或人脸,增加了发生意外的风险。

生2:眼睛容易疲劳,在课堂上,我们可能看不清黑板或投影仪上的内容,导致学习困难,影响注意力和专注力。

②形成知识结构。

活动二:"近视原因连连看"游戏。

师:今天,我们将通过一场有趣的游戏,来深入理解近视的成因及危害。我们的游戏叫作"近视原因连连看"。这些卡片,一面写着可能导致近视的行为,比如"长时间玩手机""不正确的阅读姿势"等,另一面写着这些行为可能导致的后果,比如"视力下降""眼睛疲劳"等。我们的任务就是快速找出这些卡片,并将它们正确配对。

教师将卡片随机分发到各个小组,学生迅速行动起来,开始寻找互相匹配的卡片。

在某个小组中,小明迅速拿起一张卡片,上面写着"长时间看电视",他环顾四周,迅速找到了一张写着"视力下降"的卡片,自信地将它们放在一起。

另一组的小红拿起了写着"不正确的阅读姿势"的卡片,她稍作思考,便找到了写着"眼睛疲劳"的卡片,将它们配对成功。

师:谁来说说你们的配对结果,并谈谈感受。

生1:我们小组发现,"长时间看手机"会导致"视力下降",这对我们的生活和学习都有很大的影响。

生2:我们小组配对的是"缺乏户外活动"和"近视风险增加",这让我意识到,多去户外走走,对眼睛健康非常重要。

活动三:"家庭视力检查员"游戏。

学生在课堂上讨论形成"日常用眼习惯检查表",回家后根据调查表,观察家庭成员的一日用眼习惯,并与家长讨论,形成自疗方案。

题号	调查内容	选项			
1	每天使用电子产品的时间是多少?	基本不用	0.5 h及以内	0.5~1.0 h	1 h以上
2	是否经常躺着看书?	经常	有时	从不	
3	用眼时能否保持正确姿势?	能	有时	从不	
4	是否坚持做眼保健操?	是	否		
5	户外运动频率是?	几乎每天	只有周末	几乎没有	
6	每次户外运动的时间是多少?	0.5 h及以内	0.5~1.0 h	1 h以上	
7	每天的睡眠时间是多少?	8 h及以下	8~9 h	9~10 h	10 h以上

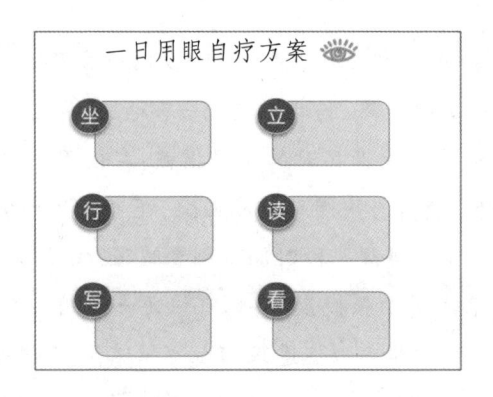

一日用眼自疗方案

坐　立

行　读

写　看

4.应用迁移阶段:"爱眼大行动,宣传乐趣多"

在应用迁移阶段,教师可巧设"玩中学"新情境,使活动内容和概念应用密切联系,引导学生解决问题、展示成果,实现概念的系统建构和思维能力的有效提升,让他们充分感受科学探究的乐趣。

(1)设计思路。

在前面课程的学习过程中,学生已在丰富而有趣的实验探究中形成了用眼护眼的知识概念与健康意识。然而,当教师抛出一句:"长大以后视力就会不再降低了吗?"同学们却又深深地陷入了沉思。因此,在一些特定的场景中模拟用眼情况,邀请眼科专家进校园,体验眼睛对生活的重要性,能进一步加强学生的近视防控意识。

(2)教学过程。

①巧设新情境。

活动一:制订"护眼行动计划"。

师:同学们,我们已经学习了近视的成因和危害,知道了不正确的用眼习惯会对我们的眼睛造成很大的伤害。那么,在不同的生活场景里,比如读书、写作业、使用电子产品时,我们应该如何保护我们的眼睛呢?接下来,我们将以个人或小组的形式,制订一份"护眼行动计划"。这份计划需要包括我们在日常生活中可以实施的护眼措施,比如定时休息、远眺、做眼保健操等。现在,请大家小组讨论,并写下你们的想法。

学生讨论与制订计划。

在一个四人小组中,小明首先发言:我觉得,在读书或写作业的时候,我们应该每隔20分钟就休息一下,看看窗外的绿树或远处的风景,让眼睛得到放松。

小华点头表示赞同,并补充道:对,还有,我们应该保持正确的阅读姿势,比如书本和眼睛保持一定的距离,胸部离桌子一拳远,这样可以减轻眼睛的负担。

小丽则想到了使用电子产品时的护眼措施:在使用手机或平板电脑时,我们可以调整屏幕亮度,使其与周围环境相匹配,还可以开启护眼模式,减少蓝光对眼睛的伤害,另外,记得每隔一段时间就刻意眨眼,保持眼睛湿润。

小组的最后一名成员小强提议:我们可以每天抽出几分钟时间,做一套眼保健操,按摩眼周穴位,这样可以促进眼部血液循环,缓解眼睛疲劳。

师:经过一段时间的热烈讨论,各个小组都制订了"护眼行动计划"。哪个小组愿意上台来分享你们的行动计划?

生1:"定时休息法",强调了在学习或工作的过程中,每隔一段时间就进行远眺和闭眼休息的重要性。

生2:"注意用眼姿势",包括调整桌椅高度、保持书本与眼睛的距离等,以减小用眼压力。

生3:"电子产品护眼策略",包括调整屏幕亮度、使用护眼软件、保持适当的距离等,以减轻电子产品对眼睛的伤害。

②概念迁移。

活动二:"爱眼小剧场"活动。

学校多功能厅被布置成了一个充满生活气息的小世界,包括学习区、户外运动区、电子产品使用区以及餐厅四个主要场景,每个区域都精心设计了与日常视力保护相关的情境。

师:欢迎各位同学来到"爱眼小剧场",今天,我们将通过角色扮演的方式,探索在不同生活场景中如何有效保护我们的眼睛。每一次正确的选择,都是对视力的一份呵护。现在,让我们开始吧!

学生根据自己选择的主题,在相应的场景表演,教师及眼科医生等进行点评、指导。

眼科医生(特邀嘉宾):同学们的表演非常生动,让我看到了你们对保护视力的热情和认真。爱护眼睛不应是一时的行为,而需要长期坚持。希望大家能把今天学到的知识应用到日常生活中,让我们一起守护好"心灵的窗户"。

校医:此外,定期进行眼科检查也很重要,它能及时发现并处理潜在的视力问题。同学们如果有任何眼部不适,一定要及时告诉家长或老师,及时就医。

活动三:护眼日志。

学生回家后和家长共同讨论如何进行视力保护,完成护眼日志的填写。

三、设计策略

(一)以趣引玩,激学导思——启程:兴趣的火花

在学习的旅途中,兴趣是最初的火花。家长作为孩子的第一位引路人,应当细心观察孩子的兴趣所在,为他们打造一个充满趣味的学习环境。无论是科学实验的奇妙现象,还是艺术创作的无限想象,都能成为激发孩子学习热情的火种。同时,家长应鼓励孩子提出问题,即使是非常小的疑问,也可能是探究未

知世界的钥匙。教师则需要扮演问题引导者的角色,结合不同学科的知识,设计一系列既贴近生活又富有挑战性的问题,如:近视的眼球结构发生了什么变化?能否用身边的物体比拟?这些问题引导着学生在探索的道路上前行。教师还要引导学生自主查阅资料、设计实验或进行调研。在兴趣的驱动下,学生自然而然地形成了自主探究的习惯。他们带着疑问,勇敢地踏入未知领域,通过观察、实践、思考和交流,逐步构建起自己的知识体系。

(二)以趣导玩,自学独思——深入:自主学习的海洋

随着探究的深入,学生逐渐掌握了自主学习的能力。家长在这个阶段应给予更多的支持和鼓励,让孩子在自由的环境中翱翔。家长可以提供丰富的在线学习资源,如电子书籍、在线课程等,让孩子根据自己的兴趣和进度进行学习。教师可以通过线上答疑平台,随时解答学生的疑惑。教师不仅要提供知识上的帮助,更要注重引导学生独立思考,培养他们解决问题的能力。在这个过程中,学生学会了如何筛选信息,如何提出有价值的问题,如何通过合作与交流找到答案。在自主学习的海洋中,学生学会了独立思考和自我管理。他们不再依赖他人的指导,而是能够根据自己的兴趣和目标,制订学习计划并付诸实践。

(三)以趣促玩,展学反思——展示:成果的舞台

学习的乐趣不仅在于探索的过程,更在于成果的展示与分享。家长应鼓励孩子展示自己的学习成果,无论是科学实验的成果展示还是艺术创作的爱眼小剧场,都能让孩子在展示中获得成就感。教师应为学生搭建起展示的舞台,通过组织"爱眼小剧场""护眼流动站"等活动,让学生有机会展示自己的才华和个性。同时,教师还应采用多样化评价方式,对学生的展示内容、表达能力、团队协作能力等进行全面的评价,并给予具体的改进建议。在展示与交流的过程中,学生不仅收获了自信与认可,还学会了如何反思自己的学习过程和成果。他们开始思考自己在哪些方面做得好,哪些方面需要改进,以及如何更好地与他人合作和沟通。

(四)以趣创玩,拓学创思——创新:未来的展望

教育的最终目的是培养具有创新精神和实践能力的人才。在跨学科课程设计的趣味之旅中,创新是不可或缺的一点。家长应持续鼓励孩子大胆提出新想法、尝试新方法,不怕失败,勇于挑战自我。家长可以与孩子一起探索未知领域,共同解决问题,培养孩子的创新思维和团队协作能力。教师可以通过总结性评价和联系生活的方式,引导学生将所学知识应用于实际问题的解决中,鼓

励学生关注社会热点、思考未来发展并尝试提出自己的解决方案。在这个过程中,学生不仅拓宽了视野,丰富了知识,还锻炼了解决实际问题的能力。在创新的道路上,学生不断突破自我,超越极限。他们学会了如何将所学知识融会贯通,如何运用创新思维解决实际问题,以及如何为社会贡献自己的力量。这场跨学科课程的趣味之旅,不仅让学生收获了知识与技能,更让他们学会了如何成为一个有责任感、有担当的人。

四、实施策略

(一)明确课程目标与内容

首先,需要明确跨学科主题课程的总体目标和具体内容。本主题课程的总目标主要是了解眼睛的基本结构和功能等,探究近视成因,激发对眼睛的保护欲。因此,在内容选择上,课程应围绕提升学生的科学素养、跨学科整合能力、创新思维能力和问题解决能力展开,设计与学生生活和社会实际紧密联系的、具有探索性、开放性和综合性的活动,如制作小孔成像仪、"爱眼小剧场"活动等。这些活动能够自然地融合科学、数学、艺术等多个学科的知识和技能,为学生提供一个综合性的学习平台。

(二)构建发现式教学环境

为了实施发现式教学,教师和家长需要构建一个支持学生自主探究的学习环境。这包括提供丰富的学习资源以及创造开放、包容的学习氛围,学习资源涵盖文字、视频、工具资源等多种类型。本主题课程提供调查问卷、眼球结构模型、气球、水果等各种学习资源,以满足学生多样化的学习需求。其中,活动器材安全、易操作,能够支持学生进行各种科学探究活动。除此之外,教师还鼓励学生运用信息技术工具收集近视数据、分析结果、展示成果,提高学习效率和质量。

(三)设计发现式学习任务

发现式学习任务的设计是课程实施的关键。这些任务具有以下特点:一是情境化,将学习任务置于近视率升高的真实情境中,使学生能够在解决实际问题的过程中学习知识和技能;二是问题导向,以如何爱眼护眼为核心,引导学生通过观察、实验、调查等方式发现问题,提出问题,解决问题;三是开放性,鼓励学生提出不同的护眼计划,培养他们的创新思维和批判性思维。在设计任务时,教师应充分考虑学生的年龄特点和认知水平,确保任务既具有可行性又具有一定的挑战性。

(四)实施多元化评价策略

为了全面评估学生的学习成效和跨学科能力,需要实施多元化评价策略。这些评价策略应关注学生在探究过程中的表现和努力程度,以及他们的学习成果和创新能力。如在本主题课程中,教师通过课堂观察、小组讨论记录、实验报告、项目展示等多种方式收集评价信息。同时,教师鼓励学生进行自我评价和同伴互评,帮助他们认识自己的优点和不足,促进自我改进和相互学习。在评价过程中,教师应注重过程性评价与结果性评价相结合,既关注学生的学习成果又关注他们的学习过程和成长变化。

(五)持续反思与课程优化

跨学科主题课程的实施是一个持续优化的过程。为了不断提高课程的教学效果和质量,教师需要进行持续的反思和优化。在主题课程结尾,教师可以通过问卷调查、访谈等方式收集学生和家长的反馈意见,了解他们对课程的满意度和改进建议。同时,教师还应关注教育改革的最新动态和研究成果,不断更新自己的教育理念和教学方法。在反思过程中,教师应认真分析课程实施中存在的问题和不足,并制订相应的改进措施和优化方案。通过不断地反思和优化,使跨学科主题课程更加符合学生的学习需求和发展目标。

五、课程实施感悟

(一)聚焦现实问题,确立跨学科主题

跨学科主题学习是新课标中的一大亮点。为什么要开展跨学科教学,如何开展有意义的跨学科主题教学活动,是教师需要深入思考的问题。跨学科主题教学应当打破学科壁垒,指向核心素养的生成。学生并非游离于跨学科主题学习活动之外,而是在教师指导下,围绕生活中的现实问题,选取合适的跨学科主题,明确自己要做什么,要解决哪些领域的关键问题。

在当下儿童高近视率与近视低龄化问题并存的现实背景下,看着越来越多的孩子脸上多了一副小眼镜,我不禁思考:电子产品的普及,学业的压力,使得孩子们不可避免地加深了眼睛疲劳,而学校中的近视防控课程往往是短期的、碎片化的、灌输式的,孩子们的接收程度能达到多少呢?在这样的背景下,我从解决实际问题的目标出发,确立了"爱眼小侦探,守护视'界'大冒险"跨学科主题课程。

(二)重视家庭实践,彰显"趣·玩"课程特色

"趣·玩"课程以完善学生的概念认知结构为宗旨,倡导充分利用生活中的物品、家庭场景等资源;其学习场域主要发生在家庭,需要充分发挥家庭育人功能,吸引孩子在生活化、趣味化的游戏中,学习基础知识,掌握基本原理。

在近视防控活动的探索过程中,我发现孩子的家庭用眼习惯尤为重要,因此,在本跨学科主题课程中,我设计了丰富的让孩子在家庭中参与实验的任务。对于小学的孩子来说,有趣的比喻更能吸引他们参与探究,当我提出:"谁能用家里的水果或其他物品来比喻近视眼的眼球结构变化?"同学们哈哈大笑,近视和水果有什么关系呢?但在同学们的探究中,他们已经发现了大部分近视的人眼球结构都发生了变化——眼轴变长。因此,同学们找到了几种不同的水果,如苹果、柠檬等,通过这些水果的不同形状,教师向学生科普了近视眼眼球的形态变化。生动的比喻往往更打动人心,在这样形象的比喻后,同学们开始好奇是什么造成眼球形状的变化,各种各样的调查、探究活动也因此展开。

(三)注重迁移应用,加强真实体验

在真实的生活中,我们会处于不同的环境中,在不断变化的环境中应用知识,可以使学生学会适应新情况并灵活应对挑战。通过迁移应用和真实体验,学生可以认识到学习是一个持续的过程,并不局限于学校。

在课程的前期学习中,学生已在丰富而有趣的实验探究中形成了用眼护眼的知识概念与健康意识。然而,在不同的场景中,他们知道如何避免眼睛疲劳和近视程度加深吗?为此,我们从"视力小卫士,保护有妙招""爱眼大行动,宣传乐趣多"等主题活动出发,让护眼不再是纸上谈兵,让学生明白具体情况应该具体分析,在家庭实践中进一步形成护眼观念和正确用眼的行为习惯。

第二节 "趣·探"课程(核心课程):"我是密码小达人"课程设计和实施

本节旨在通过具体案例,展示"趣·探"课程的设计与实施。

实施年级:五至六年级
所跨学科:科学、综合实践、信息科技、数学、语文等
实施课时:7~9课时

一、课程设计

"趣·探"教学场域主要发生在课堂。"趣·探"课程主要参照"5E"教学模式推进教学,基于游戏化的探究策略展开教学。根据C-POTE模型,以"概念群、问题链、目标层、任务簇、证据集"为核心,按照课程开发流程,对"我是密码小达人"跨学科主题课程进行设计。本课程从儿童的社会生活和经验出发,准确把握社会热点、学生的关注点、培养创新思维这一高阶思维的难点,确定以摩尔斯电码的工作原理和设计思路为核心概念,精心设计,准确把握跨学科课程的统整性和探究性,有机融合数学、艺术与工程技术、设计思维、道德与价值观等要素,培养学生的综合素养。

二、课程设计流程

(一)明确主题,建构概念群

1.课程主题选择

(1)主题背景。

习近平总书记在中共中央政治局第五次集体学习时的讲话中对如何培养担当民族复兴大任的时代新人提出明确要求:"要坚持不懈用新时代中国特色社会主义思想铸魂育人,着力加强社会主义核心价值观教育,引导学生树立坚定的理想信念,永远听党话、跟党走,矢志奉献国家和人民。"如何在课堂上落实

立德树人的根本任务,《科学课标(2022年版)》指出,要将社会主义先进文化、革命文化、中华优秀传统文化、国家安全等重大主题教育有机融入课程,增强课程思想性。基于课程主题内容和核心概念强化课程思想性、综合性和实践性,需要教师的精心设计。

(2)课程开发愿景。

本课程基于六年级专项学习"像科学家那样……"的内容,重新进行开发设计,以"我是密码小达人"为主题,在遵循学生身心发展规律,保证课程科学性和系统性的同时,增强课程思想性进行开发与实施。笔者期望通过这一既富有趣味性又充满挑战的主题课程教学,在激发学生对科学探索的浓厚兴趣的同时,深入培养学生的逻辑思维能力、创新思维以及信息安全意识。

第一,培养模型建构能力。模型建构能力是针对某一类问题或现象,通过抽象、概括和归纳,构建出能够简明扼要表达问题特征的模型的能力。本课程拟在学生模拟发报译文的活动中,利用制作的电报机,结合通用密码本,进行编码和解码。结合多种思维方法,对密码进行抽象化理解,经历模型构建的过程。通过实践,分析信息的传递路径模型,培养学生的模型建构能力。

第二,培养科学推理论证能力。科学推理和科学论证在科学思维中占据着至关重要的地位,它们是学生探索和理解自然现象的关键能力。用摩尔斯电码编码活动来培养学生科学推理和科学论证的能力,是一种可行且有效的教育方式。教师要给学生提供思考与发表自己见解的机会,让他们基于自己的主张、获得的证据、严谨的推理过程等对他人提出有依据的质疑、批判,或立场坚定地反驳他人对自己的质疑,直到提出新的观点,在思维的碰撞中,不断提高学生的科学推理论证能力,提升创新思维和科学素养。

第三,培养担当民族复兴大任的时代新人。浇花浇根,育人育心。本课程将社会主义先进文化、革命文化、中华优秀传统文化、国家安全等重大主题教育有机融入,基于课程主题内容和核心概念强化课程思想性、综合性和实践性;用新时代中国特色社会主义思想铸魂育人,着力加强社会主义核心价值观教育,引导学生树立坚定的理想信念,永远听党话、跟党走,矢志奉献国家和人民。

(3)课程标准依据。

①主学科课程标准依据:课程标准是组织教学的直接依据,在设计、实施小学科学跨学科主题教学时,教师要充分考虑到现行科学课程标准的核心概念和相关要求。

学科核心概念	学习内容	内容要求	本主题活动设计契合点
能的转化与能量守恒	电磁相互作用	知道电源、导线、用电器和开关是构成电路的必要元件；说明形成电路的条件；了解切断闭合回路是控制电流的一种方法	用简单电路元件制作一个能发声的蜂鸣器，并进行测试
		知道有些材料是导体，容易导电；有些材料是绝缘体，不容易导电	用导体和绝缘体设计电路开关，并检测所设计的开关能否按要求控制电路
技术、工程与社会	技术与工程创造了人造物，技术的核心是发明，工程的核心是建造	知道技术包括方法、程序和产品等；知道发明的常用方法，举例说出一些典型的发明	探寻摩尔斯电码的发明故事及规律，构建摩尔斯电码的工作模型
工程设计与物化	工程的关键是设计	利用示意图、影像、文字或实物等多种方式，阐明自己的创意，初步认识设计方案中各影响因素间的关系	小组合作设计一个升级版密码，并在优秀作品交流会上进行分享交流

②其他学科的课程标准依据：除了科学课程标准中的内容要求，在其他学科的课程标准中也有与本主题相契合的点。

关联学科	关联学科核心概念	本主题活动设计契合点
数学	数据分析	收集数据，并从中发现规律；从实际情境中找到解决问题的模型；数字和文字、色彩、图片、九宫格、节气等的转换；数字和信息技术的融合；数学中排列组合的运用
综合实践	研究性学习	基于摩尔斯电码设计加密器；根据检验结果对设计作出改进，能够客观地评价自己和他人的方案
道德与法治	道德价值观	核心价值观；科学探究无止境；向革命先辈和科学家致敬
语文	语言表达	分享交流

2.生成概念群

结合主题和课程标准要求生成概念群。

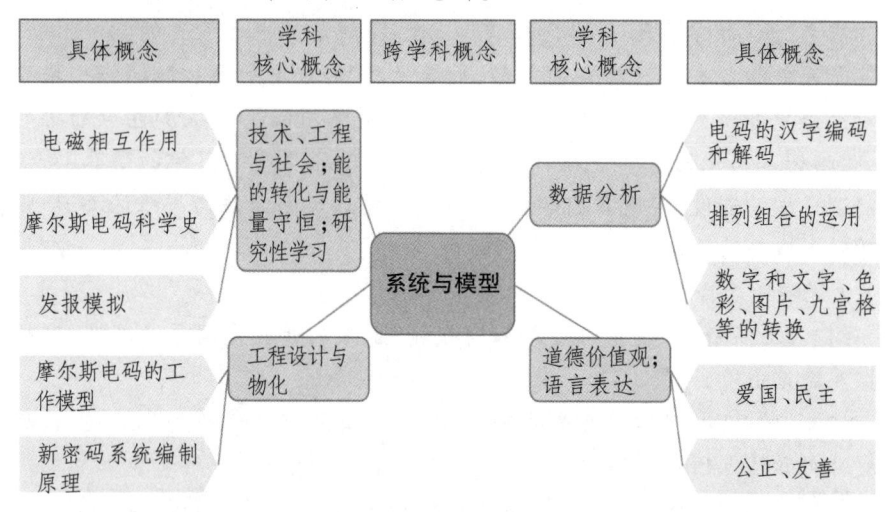

```
具体概念        学科核心概念    跨学科概念    学科核心概念    具体概念

电磁相互作用    技术、工程                      数据分析        电码的汉字编码
                与社会;能                                       和解码
摩尔斯电码科学史 的转化与能                                      排列组合的运用
                量守恒;研
发报模拟        究性学习      系统与模型                        数字和文字、色
                                                              彩、图片、九宫格
摩尔斯电码的工   工程设计与                    道德价值观;      等的转换
作模型          物化                          语言表达
                                                              爱国、民主
新密码系统编制
原理                                                          公正、友善
```

(二)整合知识,设计问题链

学习过程本质上是认知过程,而认知过程的核心在于思维活动。在具体的教学过程中,教师要将关键问题作为教学切入点,把一个个互相关联的关键问题串联成问题链,持续推动学生思维从低阶向高阶发展。根据课程知识图谱,教师可以通过设计一系列具有逻辑性的探究问题,解决真实问题,提升学生解决问题的能力。

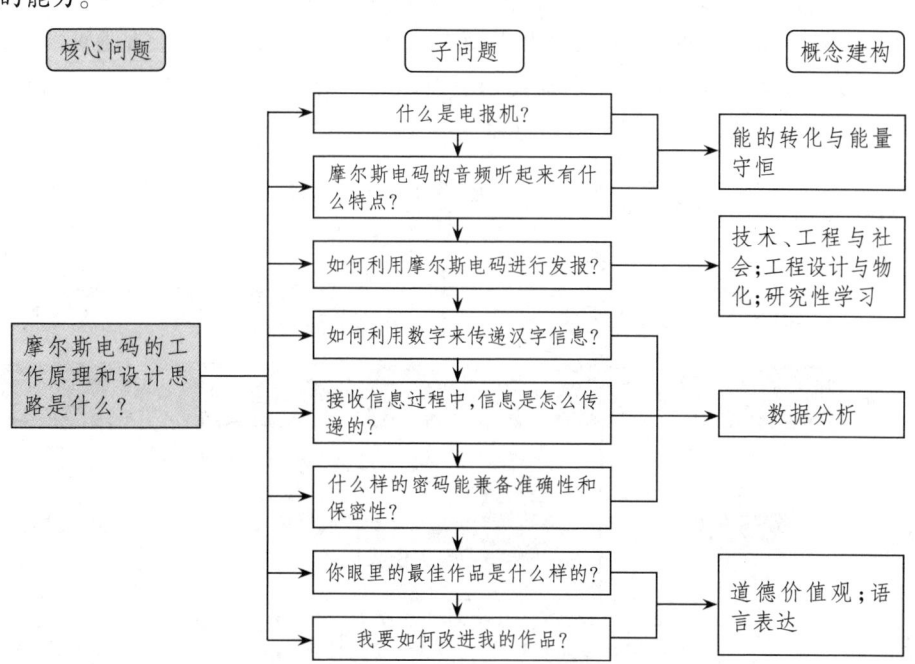

```
核心问题                    子问题                           概念建构

                     什么是电报机?
                                                       能的转化与能量
                     摩尔斯电码的音频听起来有什       守恒
                     么特点?

                     如何利用摩尔斯电码进行发报?    技术、工程与社
                                                       会;工程设计与物
摩尔斯电码的工                                        化;研究性学习
作原理和设计思       如何利用数字来传递汉字信息?
路是什么?
                     接收信息过程中,信息是怎么传
                     递的?                            数据分析

                     什么样的密码能兼备准确性和
                     保密性?

                     你眼里的最佳作品是什么样的?
                                                       道德价值观;语
                     我要如何改进我的作品?           言表达
```

211

(三)明确问题,确定目标层

1.课程总目标

基于"5E"教学理论,本课程开展认识和了解基本电子元件的学习活动,利用电子元件组合成具有功能的电器,如蜂鸣器、电波发射器、接收器等,培育学生对无线电报如何传输和接收信息的兴趣,侧重图形、声音、颜色等的排列组合,明晰密码转化的基本原理和加密原理。立足学生科学思维的培养,关注真实问题情境的创设,实现多门学科的融合,注重各学科方法与思维的渗透,强调跨学科大概念的统领。

2.课程素养目标

(1)人文底蕴:弘扬民族精神和时代精神,深入开展爱国主义教育,理解科学探究是无止境的。

(2)科学精神:了解摩尔斯电码科学史,知道没有最好的加密方案,只有不断提升科学技术信息和处理方式才能达到保密的效果。

(3)责任担当:感受革命先辈的爱国精神和信念,向他们和科学家致敬。

(4)实践创新:了解密码的由来和作用,能初步构建密码学的设计模型,制作并演示加密器,根据检验结果对设计作出改进。

(5)学会学习:能够客观地评价自己和他人的方案,提出意见,吸取意见。

(6)健康生活:善于合作,尊重证据,乐于探究。

(四)聚焦目标,设计任务簇

为了有层次地开展小学生的科学探究活动,在开展"我是密码小达人"主题课程学习活动时,教师需要通过任务驱动的方式,使学生有目的、有思考、有计划、有比较、有选择地进行摩尔斯电码模型的建构研究,而不仅仅局限于对简单电路元件的认识、实验验证、归纳总结。

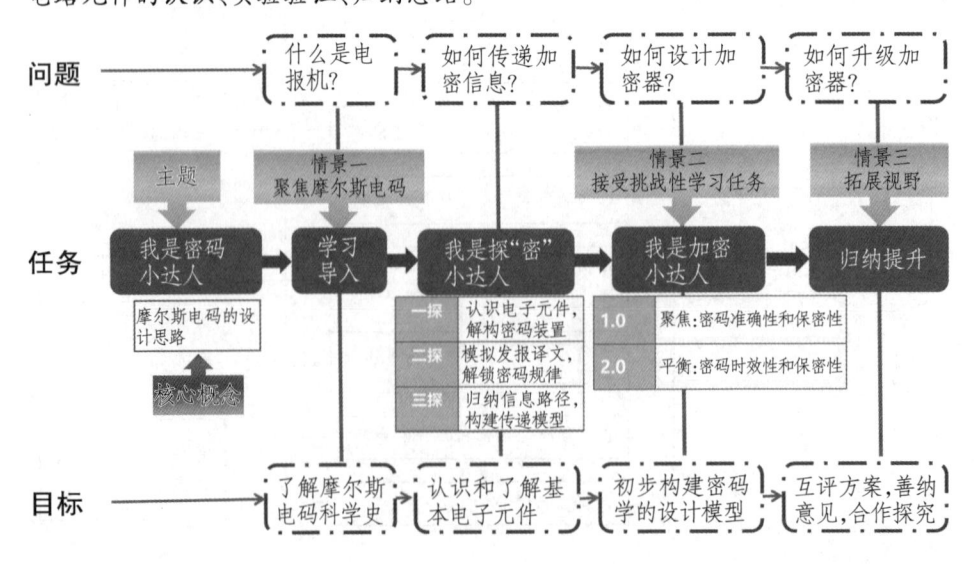

问题		什么是电报机?	如何传递加密信息?	如何设计加密器?	如何升级加密器?
任务	主题:我是密码小达人	情景一 聚焦摩尔斯电码 → 学习导入	我是探"密"小达人 一探:认识电子元件,解构密码装置 二探:模拟发报译文,解锁密码规律 三探:归纳信息路径,构建传递模型	情景二 接受挑战性学习任务 我是加密小达人 1.0 聚焦:密码准确性和保密性 2.0 平衡:密码时效性和保密性	情景三 拓展视野 归纳提升
目标	摩尔斯电码的设计思路 / 核心概念	了解摩尔斯电码科学史	认识和了解基本电子元件	初步构建密码学的设计模型	互评方案,善纳意见,合作探究

第六章 案例评析:跨学科教学的案例分析与实施

为了更好地完成任务,在本主题课程的问题链和目标层基本确定的前提下,教师要提供学习支架,帮助学生建立各项任务的研究逻辑,为学生提供丰富的解决任务的探究材料,提前准备资源清单。

资源类型	资源内容	来源
文字材料	课程任务清单及评价表	教师
视频资源	电影《风声》片段、摩尔斯电码科普视频	网络
社会资源	摩尔斯电码发射器及解码器实物及科普材料	博物馆、图书馆
工具资源	摩尔斯电码发射器组装材料、解码器制作材料(卡纸、活页本、台历、彩色笔等)和工具(剪刀、小刀、胶带等)	科学仪器室

(五)依据学业表现,收集证据集

评价是跨学科教学的评定过程。指向证据集的评价源于朱莉·斯特恩等人提出的概念教学评价模型。该模型以创新实践过程为中心,将评价分为学习性评价、学习式评价以及学习的评价三类。在评价环节中,教师要主动收集学生的学习成果(即完成学习性评价),并根据学生的学习表现提供即时反馈,搭建平台引导学生通过案例阐述、作品展示等对自己的创新实践过程进行自我评价与反思(即完成学习式评价)。同时,教师要以学生创新实践过程的阶段性学习结果为切入点进行评价(即完成学习的评价)。

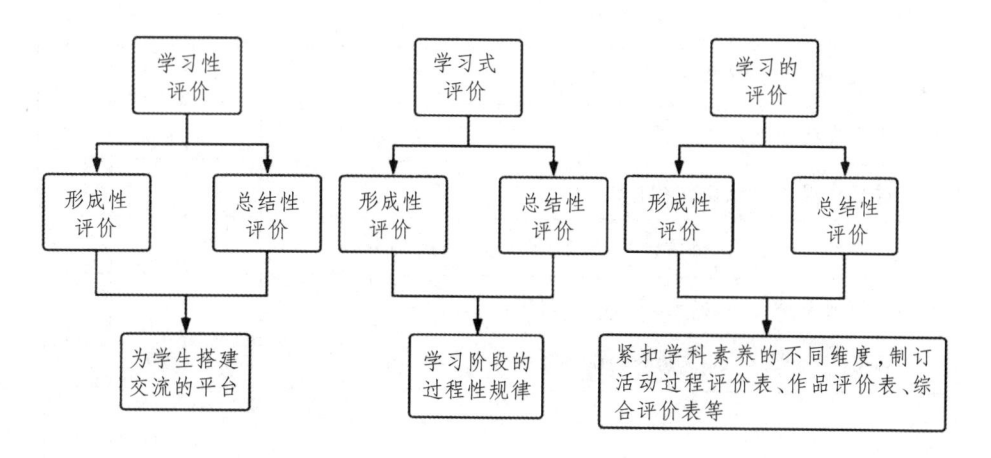

```
学习性评价                学习式评价                学习的评价
   │                        │                        │
 ┌─┴─┐                    ┌─┴─┐                    ┌─┴─┐
形成性 总结性              形成性 总结性              形成性 总结性
评价   评价                评价   评价                评价   评价
   │                        │                        │
为学生搭建                学习阶段的                紧扣学科素养的不同维度,制订
交流的平台                过程性规律                活动过程评价表、作品评价表、综合评价表等
```

213

在"我是密码小达人"跨学科主题教学中,教师要重点关注学生基本技能和高阶思维的发展,使用不同的评价方法来掌握学生的学习状态和学习成果,提高他们在学习过程中的参与度以及团队合作能力。评价将以搜集证据集为基础,同时考虑过程和结果,旨在实现教学评价和学习评价两个目标。

(1)学习性评价:收集学生设计的作品进行评价。

(2)学习式评价:为学生搭建成果展示交流平台,根据成果及时反馈。学生通过平台可向全班同学展示个人或小组成果,在组内成员之间、小组之间展开交流,并进行评选,同时反思自身的不足之处。

(3)学习的评价:紧扣学科核心素养,挑选合适的评价量表,如作品评价表和课堂表现评价量规等,重点对学生的阶段性学习成果进行合理测评。

评价类型	证据集
学习性评价	拼装的摩尔斯电码模拟器等
学习式评价	成果展示、自我反思
学习的评价	作品评价表、课堂表现评价量规

要基于证据集的不同评价方式与类型制定不同的评价量表,以学生的学业表现为依据辅助证据收集,反映教师的教学效果以及学生的学习情况。

学习的评价表

评价内容	自评	互评	师评
主题明确,解决提升保密性的问题(20分)			
设计中没有科学性知识错误(20分)			
研究过程体现了小组合作精神(20分)			
能大方介绍小组成果,语言清晰流畅,富有表现力(20分)			
能够客观地看待作品,接受别人的有效建议(20分)			
总分(100分)			

学习式评价量表

任务清单·设计与制作	
主题:我是密码小达人　第(　)组　姓名:_____	

所需材料	
设计图	
修改建议	
二次设计	
制作中值得记录的事件	
分享作品的收获	

学生姓名	评价项目	学生自评	小组评价	工程导师评价
	信息管理	☆☆☆☆☆	☆☆☆☆☆	☆☆☆☆☆
	团队协作	☆☆☆☆☆	☆☆☆☆☆	☆☆☆☆☆
	问题探究	☆☆☆☆☆	☆☆☆☆☆	☆☆☆☆☆
	自我管理	☆☆☆☆☆	☆☆☆☆☆	☆☆☆☆☆
	创造设计	☆☆☆☆☆	☆☆☆☆☆	☆☆☆☆☆

评星标准				
评价项目	☆☆☆	☆☆	☆	附加星
信息管理	准确提取与加密相关信息并记录,提出自己的疑问,有自己的想法	准确收集与加密相关的信息并记录,提出自己的疑问	准确收集与加密相关的信息	收集的信息得到团队的高度赞扬;能引发大家提出创造性的问题
团队协作	有团队协作的习惯,在团队中乐于承担任务,乐于分享和交流,尊重别人的想法	有团队协作的习惯,在团队中乐于承担任务,乐于分享和交流	有团队协作的习惯,在团队中乐于承担任务	在团队协作中起到了突出作用,因为有你某件事变得特别成功
问题探究	通过描述和总结问题,展示对问题的理解;提出可能的解决方案,解释方案,并说明选择的理由及可行性	通过描述和总结问题,展示对问题的理解;提出可能的解决方案	通过描述和总结问题,展示对问题的理解	提出让团队觉得非常有价值的问题;对问题的解决有创新的建议

续表

评价项目	☆☆☆	☆☆	☆	附加星
自我管理	检查学到了什么,提出进一步改进的措施;认识到自己在团队中的优点和不足;能够正确处理任务中的问题	认识到自己在团队中的优点和不足;能够正确处理任务中的问题	认识到自己在团队中的优点和不足	对自己在团队中的定位有清晰的认知,并有创造性的改变;在团队中发挥了不可或缺的作用
创造设计	接触工程设计任务和挑战时,表现出好奇心;设计时懂得倾听,积极交流想法和经验;提出很多的想法和方案,构建最终想法	接触工程设计任务和挑战时,表现出好奇心;设计时懂得倾听,积极交流想法和经验	接触工程设计任务和挑战时,表现出好奇心	其设计具有独到之处;表达清晰,说服力强,能以多种形式展示自己的作品

学习性评价表

评价维度	评价内容	自评	互评	总评
资料收集和整合(5分)	运用多种检索方式查找资料、收集信息			
	对搜集到的信息进行有针对性的筛选和分析,为小组提供有价值的信息			
学习实践和探究(20分)	积极参与加密计划的制订			
	积极参与课堂观察和交流,掌握摩尔斯电码的相关知识,了解信息加密的设计思路			
	积极参与摩尔斯电码的制作和实践,做好记录			
成果设计和制作(10分)	积极参与成果的设计,提供有价值的建议			
	积极参与成果的制作,承担一定的任务			
小组交流与合作(5分)	每次都能积极承担任务,配合其他组员,并按时完成任务			
	乐于分享和交流自己的收获和想法			
总分(40分)				

三、课程设计要点

(一)明确与主题融合的教育目标

(1)紧扣时代需求:结合国家教育政策和社会发展趋势,如立德树人、培养担当民族复兴大任的时代新人等,明确课程的教育目标。

(2)跨学科融合:围绕核心主题,如科技探索、文化传承、国家安全等,融合多门学科知识,如科学、综合实践、数学、艺术等,增强课程的综合性和思想性。

在课程设计之初,教师要对国家教育政策和社会发展趋势以及时事热点进行全面的分析,明确课程主题和课程教育目标。在此过程中,融合多学科知识,丰富课程内涵,拓展课程框架。

(二)整合C-POTE模型

(1)概念群:明确课程的核心概念群,这些概念应贯穿整个课程,成为连接不同学科知识的桥梁。例如,在"我是密码小达人"课程中,核心概念包括技术、工程与社会,工程设计与物化,数据分析等。

(2)问题链:围绕核心概念设计一系列问题链,引导学生逐步深入探究。问题应具有层次性,从简单到复杂,从具体到抽象,推动学生的思考层层深入。

(3)目标层:设定明确的课程目标,包括知识、技能和情感态度等方面的目标。目标应具体、可测量,并与核心概念紧密相关。

(4)任务簇:设计多样化的学习任务,形成任务簇,以支持学生完成课程目标。任务应具有实践性、挑战性和趣味性,鼓励学生主动参与和合作探究。

(5)证据集:收集学生在学习过程中的各种证据,包括作业、作品、探究表现、讨论记录等,以评估学生的学习成果和目标达成情况。

"我是密码小达人"课程的设计以C-POTE模型为框架,以小学科学课程标准为依据,梳理教材内容,形成概念群,明晰知识之间的结构与关联;设计具有逻辑的问题链,以此确定课程实施的方向,并以发展核心素养为目标确定符合学情的课程目标,指向概念建构。为有效达成课程目标,需要设计指向问题链与目标的任务簇。在此过程中,注重学生高阶思维的培养和课程的趣味性,提升课程的育人价值。最后设计多元化的评价方式,收集学生的学业表现,以此建立证据集,反馈课程的达成效果,为教师的教学调整提供依据。

(三)融合"5E"教学模式

(1)引入:通过创设有趣的问题情境或实践活动,激发学生的学习兴趣和好奇心,为后续学习做好准备。

(2)探究:鼓励学生自主或合作进行探究活动,通过观察、实验、调查等方式收集信息,形成对问题的初步理解。

(3)解释:引导学生对探究过程和结果进行解释和讨论,帮助学生理解核心概念,构建知识体系。

(4)迁移:通过应用、拓展和迁移等学习活动,加深学生对核心概念的理解和应用。例如,让学生设计自己的密码系统或解决与密码相关的实际问题。

(5)评价:采用多元化的评价方式,包括过程性评价和总结性评价等,评估学生的学习成果和达成情况。同时,鼓励学生进行自我评估和同伴互评,培养他们的批判性思维能力。

在"我是密码小达人"课程实施过程中,教师可以以"5E"教学模式为参考,从引入到探究、解释、迁移、评价,一步一步扎实地带领学生完成科学探究学习的全过程。引导学生在此过程中建构概念,形成新的知识图谱。同时,教师应始终将教学目标定位于培养学生的核心素养,掌握课程设计的方法与流程,为开发更多的具有育人价值的跨学科课程奠定基础。

四、课程实施

(一)课程实施背景

2021年,为庆祝建党100周年,学校开展了红色电影展播活动。学生在观看《永不消逝的电波》《风声》《悬崖之上》等影片后,深受革命者的精神和斗志鼓舞,同时也对战争时期信息(密码)是如何发出的,又是如何被翻译正确的,非常感兴趣。本主题课程从儿童的社会生活和经验出发,准确把握社会热点、学生的关注点、培养创新思维这一高阶思维的难点,确定以摩尔斯电码的工作原理、如何设计密码和加密设计思路为教学主线。经过精心设计,旨在准确把握跨学科课程的统整性和探究性,有机融合多学科知识和技能,建构起密码传递和接收的科学模型,帮助学生理解加密和解密的基本原理。

(二)课程实施流程

基于"5E"教学模式的"趣·探"课程教学包括五个阶段:诱发参与阶段、实践探索阶段、解释建构阶段、迁移拓展阶段、全程实时评价阶段。由浅入深的任务情境设计构成了本课程的整体结构。

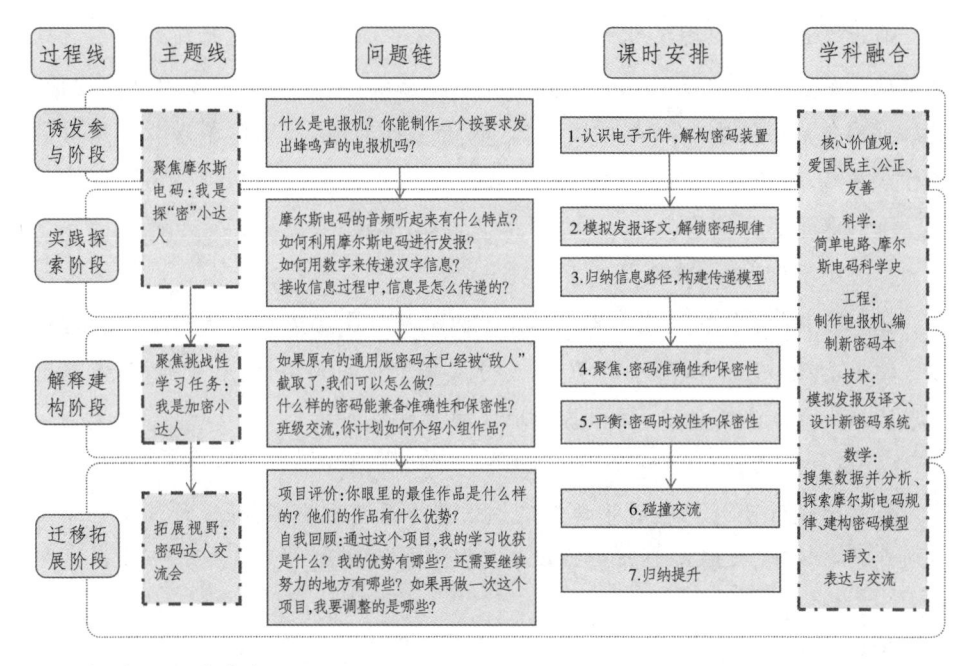

过程线	主题线	问题链	课时安排	学科融合
诱发参与阶段	聚焦摩尔斯电码：我是探"密"小达人	什么是电报机？你能制作一个按要求发出蜂鸣声的电报机吗？	1.认识电子元件，解构密码装置	核心价值观：爱国、民主、公正、友善
实践探索阶段		摩尔斯电码的音频听起来有什么特点？如何利用摩尔斯电码进行发报？如何用数字来传递汉字信息？接收信息过程中，信息是怎么传递的？	2.模拟发报译文，解锁密码规律 3.归纳信息路径，构建传递模型	科学：简单电路、摩尔斯电码科学史 工程：制作电报机、编制新密码本
解释建构阶段	聚焦挑战性学习任务：我是加密小达人	如果原有的通用版密码本已经被"敌人"截取了，我们可以怎么做？什么样的密码能兼备准确性和保密性？班级交流，你计划如何介绍小组作品？	4.聚焦：密码准确性和保密性 5.平衡：密码时效性和保密性	技术：模拟发报及译文、设计新密码系统 数学：搜集数据并分析、探索摩尔斯电码规律、建构密码模型
迁移拓展阶段	拓展视野：密码达人交流会	项目评价：你眼里的最佳作品是什么样的？他们的作品有什么优势？自我回顾：通过这个项目，我的学习收获是什么？我的优势有哪些？还需要继续努力的地方有哪些？如果再做一次这个项目，我要调整的是哪些？	6.碰撞交流 7.归纳提升	语文：表达与交流

(三) 课程内容概述

1.聚焦目标

摩尔斯电码是于19世纪30年代诞生的编码方式，它通过长短不同的电脉冲或闪光信号来传递字母、数字和标点符号，曾是19世纪最伟大的发明之一，影响了当时人类通信的方式。在跨学科主题课程设计中，探究是一个重要原则。基于摩尔斯电码本，我们设计了"我是密码小达人"这一"趣·探"课程，旨在通过探究性的方式吸引学生参与，从而发展他们的高阶思维。

2.任务驱动

在建党100周年红色电影展的背景下，教师组织学生展开了观影交流活动。通过回顾红色电影中的镜头，让学生意识到信息传递的重要性，特别是保密技术在革命战争时期的关键作用。随后，教师设计了一个趣味活动，利用导线、电池、小灯泡等基础电路元件，让学生尝试模拟制作电报机。在此基础上，教师引导学生利用之前制作的电报机和通用密码本进行编码和解码实践，解锁密码规律，模拟发报译文，分析归纳信息的传递模型；并通过富有启发性的问题链和任务簇，引导他们在了解摩尔斯电码传递和破译的基础上，尝试自己设计升级版密码。这一教学过程有效锻炼了学生的批判性思维和创新能力，并促进了他们之间的交流与合作。之后，教师引导学生基于全过程表现和设计的成果进行客观自主的评价。评价过程从小组评价开始，最终在作品展示平台上进行。通过票选,产生"图灵杯"获奖小组和个人。持续评价、及时反馈是引导学生深度反思自己的学习状况并及时调整学习策略,实现深度学习的有效途径;不仅可以促进学生深入理解学习内容,改进学习策略,还可以帮助教师及时调整教学策略,增强课堂教学的实效性。

(四)课程实施过程

1.诱发参与阶段:激趣引思重情境

在"趣·探"课程的诱发参与阶段,着重强调创设真实的生活情境,把深奥、枯燥的概念巧妙地嵌入游戏活动中,充分发挥游戏的驱动性;基于前概念,精准把握认识失衡点和兴趣点;提出基于现实的开放性问题。

(1)设计思路。

教师通过红色电影展引导学生认识信息传递的重要性,并设计活动让学生模拟制作电报机,体验密码发出和接收的工程技术的魅力。

(2)教学过程。

①提出开放性问题。

师:亲爱的同学们,2021年是建党100周年,学校通过展览、观影、阅读等多样的方式展示了中国共产党艰苦卓绝、奋勇拼搏的革命历程,我们再次一起来回顾一下学校红色电影展播中的一些电影片段。(播放剪辑的《永不消逝的电波》《悬崖之上》《风声》等电影片段)你们知道吗?这些故事、人物,都是根据历史上的真实事件和人物创编的。今天,老师将从另一个角度带领你们重温在革命战火中,中国共产党人和敌人斗智斗勇的智慧、意志和决心。一起来交流你们的发现与感悟。你最感兴趣的是什么,说说你的理由。

生1:我们小组交流了电报机发明和应用的故事。感悟在革命战斗中,信息的传递是很重要的,加密技术的级别越高,信息的保密性越强。我对摩尔斯电码的工作原理很感兴趣。

生2:如何设计和制作一个可以发出蜂鸣声的电报机呢?

②设计趣味性探究活动。

师:我们可以发现,在革命战斗中信息的传递是非常重要的,谁掌握了最强的保密技术,谁就抢占了先机,加密科技含量越高,保密性越强。大家对相关的科学技术和知识很感兴趣,那么今天,我们将开启"我是密码小达人"主题课程,自己设计和制作一个摩尔斯电码模型。

学生完成蜂鸣器发声简单电路,并进行测试,注意检测所设计的开关能否按要求控制电路。

2.实践探究阶段:搭建支架重探究

在"趣·探"课程的实践探究阶段,着重强调为学习者提供有趣味的结构性材料,引导学生提出问题;将学习内容镶嵌在游戏任务中,借助游戏规则促进探究深入,推动学生获取数据和信息,提出假设。

(1)设计思路。

教师通过创设系列挑战性活动,提供结构性材料,引导学生初步感知电报机的工作原理,认识摩尔斯电码信息传递的工作原理,为后续制作电报机奠定知识基础。

(2)教学过程:创设游戏式探究情境。

①摩尔斯解码者大挑战。

师:摩尔斯电码的音频听起来有什么特点?

师生共同探寻摩尔斯电码规律。

②电码听译大比拼。

师:如何利用摩尔斯电码进行发报?

教师引导学生进行数字发报,并进行听译。

③摩尔斯汉字解码赛。

师:如何用数字来传递汉字信息呢?

生:把数字转化成汉字,收到讯息后,查找《标准电码本》中数字所对应的汉字。

④摩尔斯"密语"揭秘。

师:发出和接收信息的过程中,信息是怎么传递的?

教师引导学生梳理摩尔斯电码信息传递的工作模型。

3.解释建构阶段:概念形成重理解

在"趣·探"课程的解释建构阶段,学生通过分析、讨论、思辨,加工实验数据,形成事实证据;通过归纳与推理,形成新的科学知识和观念;通过游戏性的习题,阐述观点,加深概念理解。

(1)设计思路。

此阶段,教师通过带领学生模拟发报译文来解锁密码规律。可播放一段影视剧中的摩尔斯电码,让学生分析音频特点,如有短音、有长音、有停顿,让他们尝试用代码来表示音频。教师可设计趣味发电报活动,让学生利用之前制作的电报机,结合通用密码本进行编码和解码,通过实践归纳,分析信息的传递路径,并尝试建立信息传递的模型。

(2)教学过程。

①加工实验数据,形成事实证据。

师:摩尔斯装置是由各种电子元件组成的复杂电路,元件都有哪些呢?我们一起来认识一下。

生:有导线、电池、按键、发光二极管、蜂鸣器、底座等。

②形成新知识和观念。

师:导线、按键、发光二极管、蜂鸣器有什么作用?发射器具有什么功能?接收器呢?

学生说出简单电路各元件的功能和作用。

③检测概念达成。

师:大家按要求将电路连接起来,就是一套完整的摩尔斯装置。你能让它工作起来吗?要注意什么细节?

组内成员分工合作,明确发射、接收、记录、转化、技术支撑的职责。团队要齐心协力,高度集中,战胜困难。

教师引导学生完成摩尔斯电码的认识和发送练习。

教师引导学生完成摩尔斯电码的接收和转化练习。

④阐述观点,加深理解。

教师现场出题,检测各组情况(出示明文,借助密码转成密文发出声波,借助密码转回明文)

师:接收过程中,你的信息是怎么传递的?

师:它是怎么工作的?

学生阐述摩尔斯装置的工作模型和原理。

4.迁移拓展阶段:提升难度重思维

在"趣·探"课程的迁移拓展阶段,着重强调创设新游戏增强学习兴趣,培养学生的高阶思维能力;游戏内容紧紧围绕促进概念理解和应用的目标,通过将新知识迁移运用到新场景,促进学生认知结构的不断完善,享受科学探究的"理趣",实现提升核心素养的目的。

(1)设计思路。

通过精心设计有启发性的问题链或表现性的游戏任务,让学生在深入了解摩尔斯电码传递和破译原理的基础上,尝试自己设计升级版密码。这样的课程设计不仅能有效调动学生的批判性思维和创新能力,而且能促进学生之间的多方交流与合作。

(2)教学过程。

①巧设新游戏。

师:模拟情境(男主角丢失密码本后被捕),讨论密码本的重要性。原有的通用版已经被敌人截取了,我们可以怎么做?

生:重新设计一个升级版密码。

教师组织学生小组讨论"图灵杯——我是密码小达人"比赛的评价细则、评奖项目(最具竞争力小组奖、最佳讲解奖、最佳设计奖)和评价要求。

②概念迁移,完善结构。

各小组交流自己的加密设计,推荐出组内公认的优秀设计,派代表上台交流,其他小组可以提问和质疑。

教师主持第一次分享交流会。

各小组聚焦原设计准确性、保密性方面的不足,根据建议优化设计。

5.全程实时评价阶段:全面复盘重多元

大概念统摄下的小学科学跨学科教学评价,以动态评估理论和建构主义学习理论为指导,构建了以形成性评价为主的多元评价机制。课程中、课堂内外、课程的每一主题都可采用自我评价、同伴评价、教师评价甚至是大数据诊断等多维度评价方式。教师借助过程性评价了解课程实施中的相关问题,可以发现学生在学习时遇到的困难,及时反馈调控。

(1)设计思路。

通过学生作品成果的展示交流,引导学生自评、小组评价、班级评价同步进行,促进学生对学习过程和学习成效进行自我反思。推动评价者更好地关注学习过程,关注学习的参与度、达成度,围绕不同能力要素,促进学生更主动、更科学地学习。

(2)教学过程。

小组派代表上台交流优化后的设计,呈现设计模型,并围绕提升点进行介绍,简要概括加密器的优点和不足。

教师主持第二次分享交流会。

学生自评、小组评价、班级评价同步进行。

全班基于全过程表现及设计成果进行客观自主的评价,小组进行投票,推选出最佳设计奖、最佳讲解奖、最具竞争力小组奖。

教师为获奖小组组长颁发奖状。

师:(及时采访)从他们的获奖设计中,你得到什么启发?

学生进行学习收获分享。

五、课程实施策略

(一)情境创设与问题导向

(1)创设贴近学生生活实际或具有挑战性的情境,激发学生的学习兴趣和探究欲望。

(2)设计具有层次性和引导性的问题链,引导学生逐步深入探究,培养其逻辑思维和科学推理能力。

如在"我是密码小达人"课程中,创设了具有挑战性的设计和制作摩尔斯模拟器、加密器的问题情境,极大地激发了学生的学习兴趣和探究欲望。教师以什么是电报机,摩尔斯电码的音频听起来有什么特点,如何利用摩尔斯电码进行发报,什么样的密码能兼备准确性和保密性等逻辑性强的问题链,引导学生层层深入地思考,提升学生的逻辑思维能力和科学推理能力。

(二)项目式学习与合作学习

(1)采用项目式学习模式,围绕核心概念设计综合性项目,让学生在完成项目的过程中实现知识的建构和应用。

(2)组织小组合作学习,鼓励学生之间进行交流与合作,共同完成任务,培养他们的团队合作精神和沟通能力。

如在"我是密码小达人"课程中,采用项目式的学习模式,围绕设计和制作摩尔斯模拟器、加密器的主题项目,展开关于简单电路的科学学习。在此过程中,帮助学生形成结构化的知识图谱,并以小组的形式,运用知识解决实际问题,提升合作探究、自主探究的能力。

(三)信息技术融合与创新应用

(1)充分利用信息技术手段,如多媒体、网络、智能工具等,丰富教学内容和形式,提高教学效果。

(2)鼓励学生运用信息技术进行自主学习和创新实践,培养学生的信息素养和创新能力。

如在"我是密码小达人"课程中，教师不仅运用多媒体、网络、智能工具为学生提供海量资源进行沉浸式学习，更在实时评价、实时反馈中积极运用信息技术，提升学生的信息素养和创新能力的同时，促进"教—学—评"一致性的达成。

(四)差异化教学与个性化指导

(1)关注学生的个性差异和学习需求，采用差异化教学策略，为不同学生提供适合的学习资源和支持。

(2)加强个性化指导，针对不同学生的学习情况和问题给予具体的指导和帮助，促进学生的全面发展。

如在"我是密码小达人"课程中，针对不同的学生作品教师应给予个性化的修改意见，为有不同需求的学生提供不同的资源支持，帮助学生有针对性地提升，引导他们持续关注自身的学习过程，不断完善改进成果，促进学生的全面发展。

(五)评估与反馈

(1)采用多元化的评价方式，收集学生在学习过程中的各种证据，以评估学生的学习成果和达成情况。

(2)及时给予学生具体的、建设性的反馈，帮助学生认识自己的优点和不足，明确改进方向，促进学生持续进步。

如在"我是密码小达人"课程中，不仅有学生自评、小组评价、班级评价等多种评价方式同步进行，还有学生、小组成员、老师等多主体参与，更有学生作品、学生展示交流、评价量表等多样化的评价内容。以这样的方式评估学生的学习成果和达成情况，可以帮助学生全面地反思自己的学习过程，提升学习内驱力。

第三节 "趣·悟"课程(延伸课程):"预制菜止步校园餐桌背后的秘密"课程设计和实施

本节旨在通过具体案例,展示"趣·悟"课程的设计与实施。

实施年级: 五至六年级
所跨学科: 科学、综合实践、劳动、道德与法治、数学、语文等
实施课时: 8~10课时

一、课程设计

"趣·悟"课程是以社会性议题研究为主题,囊括多学科内容和方法的跨学科延伸课程。它在国家课程的基础上,遵循儿童思维发展规律,依托解决问题这一主线,以科学学科为主,将解决问题所需的其他学科内容进行有机融合,建构具有一定学习进阶层次的主题性跨学科课程。

"趣·悟"课程倡导利用大概念统整学习内容,以C-POTE模型为基础展开课程设计,即以概念群、问题链、目标层、任务簇、证据集五大部分建构课程体系。概念群作为课程的核心框架,决定了学习内容的选择,是实现跨学科整合的关键,也是检验问题链准确性的依据;从问题切入主题,以"预制菜为什么不能进校园?"驱动学生学习,通过分解驱动问题衍生出指向问题解决的问题链;基于概念群和问题链定位课程的目标层,目标指向问题解决能力的培养和解决问题过程中学生核心素养的培育;任务簇是学科实践的承载,依托解决"预制菜为什么不能进校园?"衍生的问题链,设计一系列探究实践任务,以任务簇作为学习载体,促进问题解决和概念建构;证据集是学生发展水平的呈现,是跨学科评价的依据,通过收集学生学习过程中连续的学习证据,可以对学生的学习情况做出更准确的评价。

二、课程设计流程

本课程从概念群、问题链、目标层、任务簇、证据集出发,结合课程主题和它们之间的逻辑关系进行设计。

(一)基于社会热点议题确定主题

1.课程主题选择

(1)课程开发背景。

①政策层:积极倡导培养儿童青少年健康饮食的习惯。

我国多次颁布食品健康、食品安全相关法律法规,从国家、社会、校园、个体等多方面为儿童青少年的饮食健康保驾护航。《学校食品安全与营养健康管理规定》(2019)要求学校建立健全相关制度,落实校园食品安全责任,开展食品安全与营养健康的宣传教育。《中华人民共和国基本医疗卫生与健康促进法》(2020)明确规定将健康教育纳入国民教育体系,学校应当利用多种形式实施健康教育,培养学生良好的卫生习惯和健康的行为习惯。《儿童青少年生长迟缓食养指南(2023年版)》强调儿童青少年应保证一日三餐、定时定量,同时做到食物多样,每餐的膳食应包括谷薯类、蔬菜水果、畜禽鱼蛋、奶和大豆等食物中的3类及以上,每天食物种类达到12种以上,每周达到25种以上。针对不同年龄段的儿童青少年,该指南还提出了具体的膳食建议和加餐选择。《儿童青少年肥胖食养指南(2024年版)》基于营养科学理论、中医理论和儿童青少年生长发育特点,提出了六大食养原则和建议:小份多样,保持合理膳食结构;辨证施食,因人因时因地制宜;良好饮食行为,促进长期健康;积极身体活动,保持身心健康;多方合作,创造社会支持环境;定期监测,科学指导体重管理。

综上所述,国家制定和发布了一系列政策法规来引导和保障儿童青少年形成健康的饮食习惯,这些政策不仅提供了详细的营养健康指导,还强调了多方合作、社会支持以及定期监测的重要性。对于儿童青少年及其家长来说,了解这些政策法规有助于促进儿童青少年的健康成长。

②饮食文化层:国民饮食追求营养与健康并重。

随着社会的不断发展和进步,人们的生活水平显著提高,对饮食健康有了更高的追求。过去,人们可能更多地关注食物的味道和数量;而现在,随着医学知识的普及和大众健康意识的增强,人们更加注重食物的营养价值,以追求营养均衡、关注食材来源、创新烹饪方式等来保持身体的健康。

③饮食教育层:有重视,但缺优质课程。

在义务教育阶段,多个学科都涉及了健康饮食的教育内容,如《科学课标

(2022年版)》要求学生认识食物的营养成分以及人体所需的营养素;《义务教育劳动课程标准(2022年版)》要求学生学会使用合适的烹饪方法烹煮食物,注意营养搭配。《义务教育道德与法治课程标准(2022年版)》要求学生养成良好的饮食习惯。但义务教育各学科课程中,关于健康饮食内容的侧重点不同,缺乏系统性、连贯性,导致学生对健康饮食不够重视,不利于树立良好的饮食观念。

(2)课程开发愿景。

①培养分析问题、解决问题的能力。

本课程利用真实问题不断驱动学生在不同的场域开展研学探究:在校探究预制菜的营养、添加剂使用情况;在工厂考察预制菜生产车间,亲历预制菜的生产制造;在家庭自制预制菜;等等。学生通过这些丰富的研究实践活动不断解决子问题,继而解决核心问题。基于问题解决的"趣·悟"课程可以引导学生建构解决问题的模式,培养他们分析问题、解决问题的能力,最终提升个人的综合能力。

②建立健康的饮食观念。

民以食为天,三餐的饮食管理是每个人一生的必修课。近年来,外卖、预制菜逐渐兴起,在此背景下,本课程通过探究预制菜的营养成分和添加剂,培养学生选择健康食品的能力;再通过自制预制菜活动,培养学生自主搭配食物、烹饪食物的基本技能。通过课程的学习,期望学生能够掌握科学管理饮食的方法和技巧,建立健康的饮食观念,成为自己健康生活的守护者。

③理性看待身边的事物,建立适切的价值观。

预制菜是社会发展、生活节奏变快的产物,人们对其褒贬不一。学生通过了解预制菜出现的社会背景,预制菜对社会生活生产的影响,及对其营养价值、添加剂、生产过程的探索,从不同的角度分析预制菜的利与弊,辩证认识预制菜。本课程借由预制菜这一载体,培养学生的辩证思维,让他们能够从不同的视角分析事物,避免人云亦云,学会理性地看待身边的事物。

(3)课程标准依据。

①主学科课程标准依据。

《科学课标(2022年版)》是科学教学的指导性文件,也是教师实施跨学科教学的主要依据。它优化了课程内容结构,明确提出设立跨学科主题学习活动,加强学科间相互关联,带动课程综合化实施,强化实践性的要求。"预制菜止步校园餐桌背后的秘密"正是强调实践性、综合性的跨学科课程,与课程标准的要求相契合。

《科学课标(2022年版)》对健康饮食作出多方面的要求,所涉及的核心概念包括人的生活习惯影响机体健康、人通过获取营养来维持生存、微生物的生长

第六章 案例评析:跨学科教学的案例分析与实施

繁殖会引起食物变质等。"预制菜止步校园餐桌背后的秘密"课程正是以健康饮食为主题,将课程标准要求的内容进行有序整合,形成关于饮食健康的系统性课程。

核心概念	内容要求	本主题活动设计契合点
人的生活习惯影响机体健康	1.列举饮食影响健康的因素,养成良好的生活习惯 2.从饮食健康角度评价家庭生活质量,记录自身健康状况,为自己建立健康档案	实验探究检测人体所需营养元素的方式
人通过获取营养来维持生存	1.通过描述人体生长发育所需的主要营养物质及其消化吸收过程,分析评估自身营养摄取情况 2.举例说明营养素的作用,形成均衡膳食的观念 3.能够分析常见食品(如牛奶、饼干、饮料)包装袋上的信息,并依据包装袋上的营养成分表、配料、添加剂、过敏原、生产日期、保存条件等,对食品做出科学选择	1.设计一份符合人体生长发育需求的健康食谱 2.制作食品添加剂的海报,介绍不同添加剂对食品生产保存的作用
微生物的生长繁殖会引起食物变质	1.列举生活中常见的微生物(如酵母菌、霉菌、病毒),举例说出感冒、痢疾等疾病是由微生物引起的 2.初步认识微生物及其对人类的影响	实验探究影响食品保存的因素,分析微生物在人类生活中的功与过

②其他学科的课程标准依据。

在义务教育阶段,除小学科学有饮食健康教育外,劳动、道德与法治、综合实践同样包含了不同层面的饮食教育,其课程标准要求见下表。在课程实施过程中,语文、数学作为基础性学科,既是学生进行系统性学习的有力支架,也从不同层面检验了学生综合应用知识的能力。

关联学科	关联学科内容要求	本主题活动设计契合点
劳动	烹饪与营养:初步养成营养搭配和健康饮食的习惯,具有食品安全意识;初步掌握基本的家庭饮食烹饪技法,制作简单的家常餐;根据家庭成员身体健康状况、饮食特点等设计一日三餐的食谱,注意三餐营养的合理搭配;独立制作午餐或晚餐中的3~4道菜	预制一份营养可口的菜品,并选用合理的方式保存为预制菜
道德与法治	生命安全与健康教育:养成良好的饮食和个人卫生习惯	饮食健康主题

续表

关联学科	关联学科内容要求	本主题活动设计契合点
综合实践	包括研究性学习、社区服务与社会实践、劳动与技术教育和信息技术教育等	课程既包含了劳动与技术教育,同时也是一个研究性学习活动
数学	数据的收集、整理与表达:能收集、整理具体实例中的数据,并用合适的方式描述数据,分析与表达数据中蕴含的信息	收集信息、分析数据
语文	梳理与探究:初步了解查找资料、运用资料的基本方法;利用图书馆、网络等渠道获取资料,解决与学习和生活相关的问题;尝试写简单的研究报告	查找资料,实地考察,撰写报告

(二)建构概念群

概念群是实现跨学科整合的关键,其作为课程核心框架贯穿整个教学过程。从多学科的基本概念、规律和原理逐级向上提炼,以"具体概念—学科核心概念—跨学科概念"的形式形成内在关联、螺旋上升的概念群。概念群从概念性视角对课程进行高位审视,把关课程内容的适切性,并检验问题链中子问题的合理性。

本课程从科学、劳动、道德与法治等学科中遴选与健康饮食有关的具体概念,提炼相应学科中与健康饮食有关的核心概念,再整合各学科的核心概念生成跨学科概念。

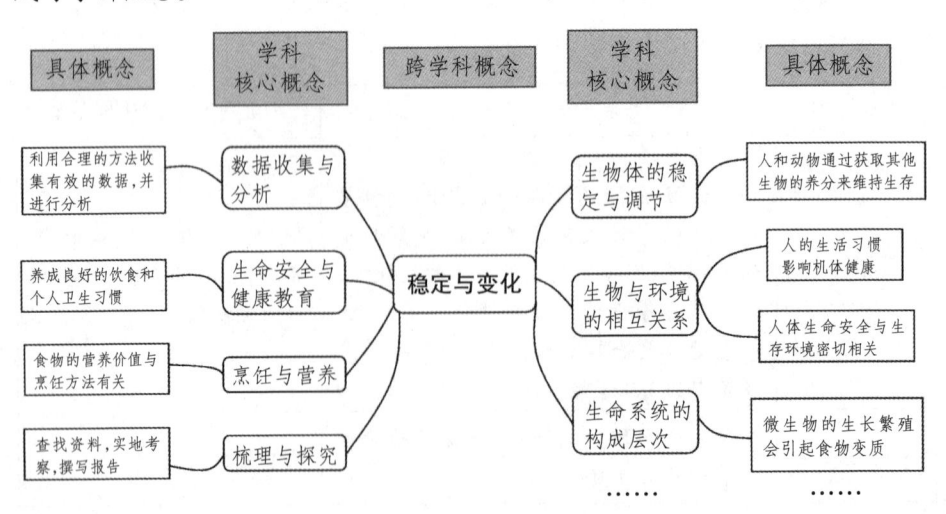

具体概念	学科核心概念	跨学科概念	学科核心概念	具体概念
利用合理的方法收集有效的数据,并进行分析	数据收集与分析	稳定与变化	生物体的稳定与调节	人和动物通过获取其他生物的养分来维持生存
养成良好的饮食和个人卫生习惯	生命安全与健康教育		生物与环境的相互关系	人的生活习惯影响机体健康
食物的营养价值与烹饪方法有关	烹饪与营养			人体生命安全与生存环境密切相关
查找资料,实地考察,撰写报告	梳理与探究		生命系统的构成层次	微生物的生长繁殖会引起食物变质
……				……

(三)生成问题链

问题源自主题,主题可以是具有争议的社会性议题,自带问题属性,确定主题的同时即可提炼课程的驱动问题。预制菜在社会上存在很大的争议,它的身影在餐桌上随处可见,但却止步于校园餐桌。基于这样的现状,提炼课程驱动问题:预制菜为什么不能进校园?驱动问题是一个开放的议题,为解决该问题需要从多个角度探寻真相,下一层级的核心问题由此生成。从驱动问题、核心问题到子问题,构成具有层级结构的问题链。

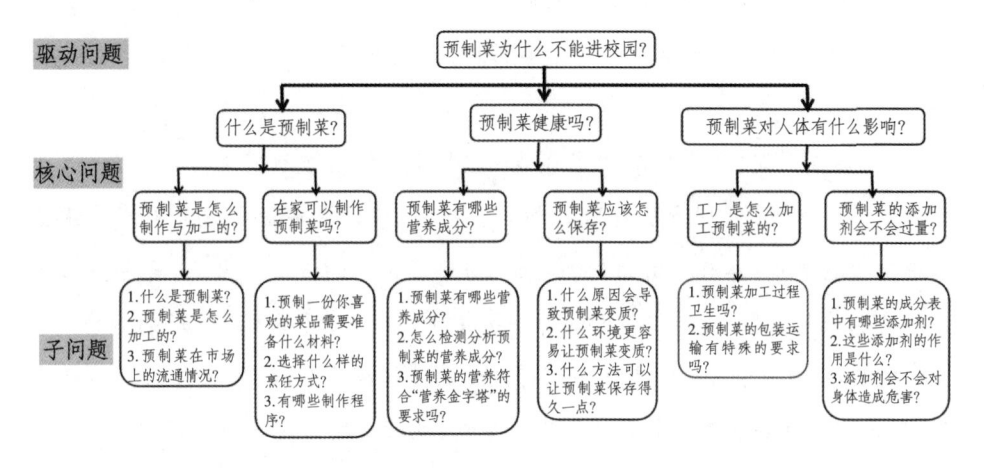

驱动问题：预制菜为什么不能进校园?

核心问题：
- 什么是预制菜?
- 预制菜健康吗?
- 预制菜对人体有什么影响?

核心问题（第二层）：
- 预制菜是怎么制作与加工的?
- 在家可以制作预制菜吗?
- 预制菜有哪些营养成分?
- 预制菜应该怎么保存?
- 工厂是怎么加工预制菜的?
- 预制菜的添加剂会不会过量?

子问题：
- 1.什么是预制菜? 2.预制菜是怎么加工的? 3.预制菜在市场上的流通情况?
- 1.预制一份你喜欢的菜品需要准备什么材料? 2.选择什么样的烹饪方式? 3.有哪些制作程序?
- 1.预制菜有哪些营养成分? 2.怎么检测分析预制菜的营养成分? 3.预制菜的营养符合"营养金字塔"的要求吗?
- 1.什么原因会导致预制菜变质? 2.什么环境更容易让预制菜变质? 3.什么方法可以让预制菜保存得久一点?
- 1.预制菜加工过程卫生吗? 2.预制菜的包装运输有特殊的要求吗?
- 1.预制菜的成分表中有哪些添加剂? 2.这些添加剂的作用是什么? 3.添加剂会不会对身体造成危害?

(四)确定目标层

《科学课标(2022年版)》提出要立足学生核心素养发展,根据核心素养的内涵及学段特征确定目标。目标层是将核心素养具体化的落脚点。本课程从课程总目标和课程素养目标两个角度构建目标体系,以达成发展学生核心素养的目的。

1.课程总目标

本课程借助"预制菜为什么不能进校园?"这一问题驱动学生展开研究,引导学生根据资料和初步调查结果做出猜测,设计合理的方案进行探究与实践,能够较详细地记录研究过程,撰写研究报告,有逻辑地进行表达交流;在研究过程中,让学生学会尊重事实,根据研究结果修正对预制菜的认识,形成正确的科学观念。学生基于这样的学习过程,逐步形成适应个人终身发展和社会发展所需要的正确价值观、必备品格和关键能力。

2.课程素养目标

(1)人文底蕴:通过课程学习知道预制菜是现代食品工业与餐饮结合的产物,其背后蕴含着饮食文化的变革与传承;通过辩证地认识预制菜,增进对饮食文化多元性的认识。

(2)科学精神:能够辩证地认识事物的利与弊,用发展的眼光看待新事物;能够尊重事实,基于证据进行推理判断;具有探索精神,面对未知事物或现象能够不畏困难、勇于探索。

(3)责任担当:体会烹饪劳动的价值,分担家务,主动承担家庭责任;知道科学技术进步促进了预制菜行业的发展,同时意识到维护食品安全是每个人的社会责任。

(4)实践创新:具有一定的实践能力,能够设计制作预制菜的方案,并选择合适的烹饪工具、烹饪方法和配料加工食材;能够设计实验方案探究什么环境容易使食物变质;具有一定的创新意识,勇于尝试新的方法和思路,具有独立思考能力和批判思维;能够将所学的知识运用于实践中,提高解决问题的能力。

(5)学会学习:能够持续有序地对预制菜进行探究实践,管理自己的学习过程,用合适的方法整理收集到的数据和信息,及时反思探究实践过程。

(6)健康生活:树立正确的饮食观念,知道营养均衡才能保持身体健康;知道色素可以增加食物的色泽,防腐剂可以延长食物的保质期,但食用过多的添加剂会对身体造成一定的负面影响;在研究过程中做到不畏困难,保持乐观情绪,具有一定的抗挫折能力。

(五)设计任务簇

问题链是设计任务簇的出发点,而目标层是学生完成任务后所要达到的水平层次。任务簇作为学科实践的承载,是实现学生问题解决与建构概念的抓手。在"预制菜止步校园餐桌背后的秘密"课程中,基于问题解决,课程设计了相应的任务,每一个问题对应一个或多个任务,学生利用已有经验和知识完成任务、解决问题。在此过程中,学生整合新旧知识,建构概念体系,并获得素养的发展。

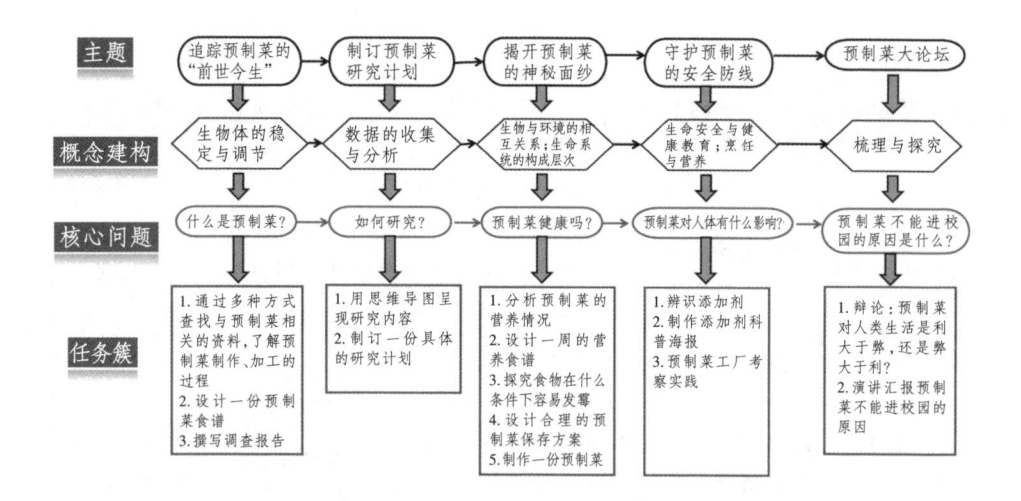

主题	追踪预制菜的"前世今生"	制订预制菜研究计划	揭开预制菜的神秘面纱	守护预制菜的安全防线	预制菜大论坛
概念建构	生物体的稳定与调节	数据的收集与分析	生物与环境的相互关系；生命系统的构成层次	生命安全与健康教育；烹饪与营养	梳理与探究
核心问题	什么是预制菜？	如何研究？	预制菜健康吗？	预制菜对人体有什么影响？	预制菜不能进校园的原因是什么？
任务簇	1.通过多种方式查找与预制菜相关的资料，了解预制菜制作、加工的过程 2.设计一份预制菜食谱 3.撰写调查报告	1.用思维导图呈现研究内容 2.制订一份具体的研究计划	1.分析预制菜的营养情况 2.设计一周的营养食谱 3.探究食物在什么条件下容易发霉 4.设计合理的预制菜保存方案 5.制作一份预制菜	1.辨识添加剂 2.制作添加剂科普海报 3.预制菜工厂考察实践	1.辩论：预制菜对人类生活是利大于弊，还是弊大于利？ 2.演讲汇报预制菜不能进校园的原因

（六）收集证据集

成果展示是项目式学习中的重要环节，能够提升学生学习的驱动力，启发新的思路。项目成果展示可以通过演讲、汇报展示、作品展览、多媒体宣传等方式进行。教师在这一环节要收集学生在项目式学习全过程中的表现性材料，对学生的问题解决情况、项目产品的优化效果、核心概念的理解程度等进行客观测评，并根据学生的具体表现提供及时的反馈，通过评价促进学生对概念的进一步理解。

跨学科主题教学的评价最终指向素养，而素养目标的高阶性和目标构成的复杂多元性，决定了跨学科主题教学的评价应当是一个连续体。评价连续体由多元的评价类型和评价方法构成，评价类型包括学习性评价、学习的评价和学习式评价，评价方法包括课堂问答、知识测验和技能测试、表现性任务、结构化思维工具、自我反思等，最终的评价任务多表现为真实的问题情境，同时反映素养和大概念，从而保证素养目标的达成。评价连续体表现为评价类型的连续体和评价方法的连续体。

1.学习性评价

学习性评价是为了推进学习而进行的评价，它的主要功能是诊断学习情况。这类评价的目的在于为学习的推进提供依据。所设计的学习性评价越具体，越能促进学习。教师在学习前、学习中和学习后收集学生学习情况的数据，并提供针对性的反馈，能够帮助学生更好地改进学习策略。学习性评价的评价主体是教师和同伴，可采用课堂问答、结构化思维工具和表现性任务等评价方法。根据"趣·悟"课程的特点，本课程设计了以下学习性评价。

学习性评价

评价项目	评价标准	评价内容	评价方法	评价方式
基础知识测评	能够根据问题做出正确的回答	1.人体所需的营养素有哪些？ 2.你认识哪些添加剂？ 3.烹饪一道菜需要哪些工具？	课堂问答	教师评价
预制菜科普海报	能够完整且有逻辑地介绍预制菜	科学性、美观性、逻辑性、主次是否突出	表现性任务	教师评价与小组互评
预制菜工厂考察报告	能够用图文结合的方式记录预制菜的选材、加工、包装、运输、储存等过程	内容完整性、表述是否客观	表现性任务	教师评价与小组互评
自制一道菜，并利用合适的方式保存成预制菜	能够用合适的烹饪方法和保存方式自制预制菜	预制菜是否可口，加工过程是否符合标准	表现性任务	家长评价与教师评价
我对预制菜的认识	能够把自身对预制菜的认识用意涵图的形式表现出来	能在学习的前、中、后不同时期表达出对预制菜的认识，观念有一定的迭代更新	结构化思维工具	教师评价

2.学习的评价

学习的评价的标准侧重于公平，这一评价类型旨在根据阶段性的学习成果对学生的学习水平进行筛选、分类和评定。教师根据收集到的信息和证据总结学生在特定阶段的学习情况，公平公正地进行评定，并向学生、家长和社会等传达结果。学习的评价的主体是教师，考查学生对知识的真正理解，可采用知识测验和技能测试、结构化思维工具和表现性任务等评价方法。根据"趣·悟"课程的特点，本课程设计了以下学习的评价。

学习的评价

评价项目	评价标准	评价内容	评价方法	评价方式
"预制菜对人类生活是利大于弊,还是弊大于利?"辩论赛	能够有逻辑地表达观点,呈现支持性证据	观点是否清晰明了,证据能否支持观点	表现性任务	教师评价
课程单元测试	能够根据题目进行正确的回答	食品安全、健康饮食等知识掌握情况	知识测验	教师评价

3.学习式评价

学习式评价的标准侧重自省,这类评价重点关注学生评价能力的培养。在教师的支持、示范及指导下,学生学会收集相应的数据和信息,不仅为教师和同伴提供评价的信息,而且在这个过程中进行自我评价,从而反思学习过程,调整学习方法,同时设立更精准合理的学习目标。学习式评价的主体是教师,主要考查学生元认知方面的评价能力,可采用表现性任务、结构化思维工具和自我反思等评价方法。根据"趣·悟"课程的特点,本课程设计了以下学习式评价。

学习式评价

评价项目	评价标准	评价内容	评价方法	评价方式
预制菜课程学习研究报告	能够撰写完整的研究报告,包括对预制菜的认识、学习过程中的体会、学习收获等	学习报告能够准确反映自己的学习成果和经验	自我反思	教师评价

三、课程实施

本课程围绕预制菜是否健康这个社会热点,以科学学科为主,融合劳动、道德与法治等课程内容,从不同的角度引导学生辩证地认识预制菜,培养他们发现问题、分析问题及解决问题的能力。课程通过让学生深入探究预制菜,帮助他们树立正确的饮食观念,修正自身对预制菜的片面认识,意识到事物大多具有两面性,要用辩证发展的眼光看待问题。

(一)课程结构

基于"趣·悟"课程的一般过程,选定项目、制订计划、活动探究、成果交流几个阶段,及研学课程实施的先后顺序(研学前、研学中、研学后)构成了本课程的结构。

过程线	主题		任务簇	场域	学科融合
研学前	选定项目阶段	追踪预制菜的"前世今生"	1.通过多种方式查找与预制菜相关的资料,了解预制菜制作、加工的过程 2.设计一份预制菜食谱 3.撰写调查报告	普通教室 网络教室 家庭	信息技术 综合实践 数学 劳动
研学前	制订计划阶段	制订预制菜研究计划	1.用思维导图呈现研究内容 2.制订一份具体的研究计划	普通教室	数学
研学中	活动探究阶段	揭开预制菜的神秘面纱	1.分析预制菜的营养情况 2.设计一周的营养食谱 3.探究食物在什么条件下容易发霉 4.设计合理的预制菜保存方案 5.制作一份预制菜	实验室 预制菜工厂家	综合实践 语文 劳动
研学中	活动探究阶段	守护预制菜的安全防线	1.辨认添加剂 2.制作添加剂普海报 3.预制菜工厂考察实践		
研学后	成果交流阶段	预制菜大论坛	1.辩论:预制菜对人类生活是利大于弊,还是弊大于利? 2.演讲汇报预制菜不能进校园的原因	普通教室	道德与法治 语文

全程实时反馈评价

(二)课程内容

本课程以问题为导向激发学生的学习兴趣,学生通过解决问题而获得发展。研学前,教师提供预制菜的相关新闻和资讯,创设学习情境,学生接收信息并提出问题。为解决问题,学生组建学习小组,进行市场调查,收集更多关于预制菜的信息,体验烹煮、品尝预制菜。初探预制菜后,对预制菜不能进校园的可能原因做出猜测,制订相应的研究计划。

研学中的课程内容是课程结构的核心部分。依据学生提出预制菜不能进校园的可能原因,分解核心问题,从预制菜的营养价值、添加剂等多个方面开展相应的探究活动,组织考察预制菜生产车间,观看预制菜的生产制作过程,并开展自制预制菜的实践活动,在动手动脑的过程中形成对预制菜的客观认识。

研学后,组织学生对"预制菜对人类生活是利大于弊,还是弊大于利?"展开辩论,并提供相应的证据,让他们在思维的碰撞和交锋中完善对预制菜的认识。通过对预制菜不断地深入探究实践,引导学生认识到事物具有两面性,要从其两面性出发,全面、客观地看待问题。

(三)课程实施过程

"趣·悟"课程通过跨学科概念整体设计,打破学段和单元的结构壁垒,整合馆校育人场域、育人行动和育人担当。该类课程是国家整体课程育人理念之下的复合型综合课程,贯穿于混合式学习场景中,是促进个性发展的延伸课程。实施课程时,教师应提供相应的资源和情境,引导学生提出问题,确定研究项目;学生根据问题制订研究计划,依据计划进行深入的实践探究,整理研究资料,展示研究成果并对研究过程进行反思评价。

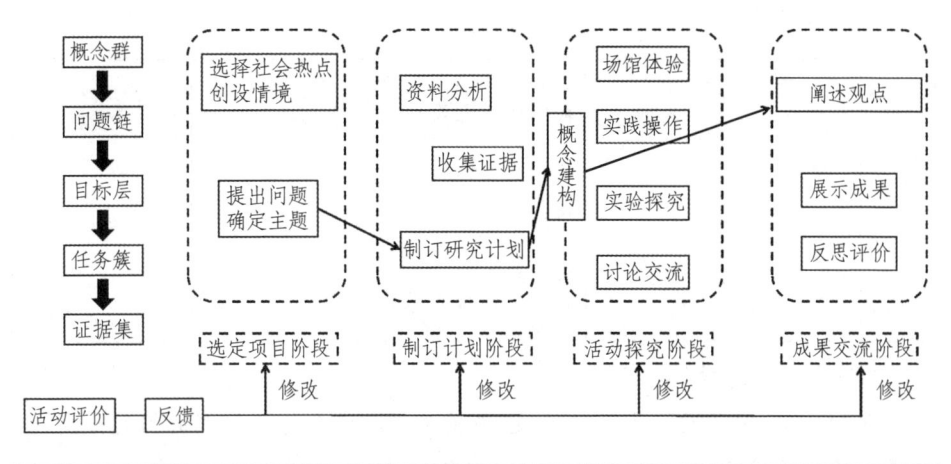

```
概念群 → 问题链 → 目标层 → 任务簇 → 证据集

[选定项目阶段]: 选择社会热点创设情境 / 提出问题确定主题
[制订计划阶段]: 资料分析 / 收集证据 / 制订研究计划
[活动探究阶段]: 场馆体验 / 实践操作 / 实验探究 / 讨论交流 / 概念建构
[成果交流阶段]: 阐述观点 / 展示成果 / 反思评价

活动评价 → 反馈 → 各阶段修改
```

课程实施过程				
课程主题	预制菜止步校园餐桌背后的秘密			
课程设计	追踪预制菜的"前世今生"(1课时)	制订预制菜研究计划(1课时)	揭开预制菜的神秘面纱(4课时)	守护预制菜的安全防线(2课时)	预制菜大论坛(2课时)
^	厨房安全营	研究计划馆	1.营养侦查社 2.小小厨神(2课时) 3.食物保存保卫战	1.添加剂检查站 2.菜品加工坊	1.个性舞台:我眼中的预制菜 2.辩论赛:预制菜对人类生活是利大于弊,还是弊大于利?
课程内容	1.初步了解预制菜的成分、生产加工过程 2.调查超市里预制菜的种类、销售情况 3.尝试设计一份预制菜的食谱 4.小组分享	1.分析预制菜不能进校园的原因,提出探究问题 2.制订研究计划	营养侦查社: 1.学会看预制菜配料表,了解预制菜的配方 2.选取一种预制菜,分析其含有的营养成分 3.分析预制菜的营养成分是否符合人体所需 4.讨论对于不符合"营养金字塔"要求的预制菜有什么建议 5.设计一份营养食谱 小小厨神: 1.认识常见的几种烹饪方式 2.了解不同烹饪方式的优缺点	添加剂检查站: 1.认识生活中的添加剂 2.了解不同添加剂的作用 3.讨论添加剂对人体的影响 4.知道国家标准下添加剂的使用规范 5.尝试运用添加剂制作简单的饮料 菜品加工坊: 1.参观预制菜工厂 2.观看预制菜的生产过程 3.了解预制菜工厂的企业文化、制度等	我眼中的预制菜: 1.整理预制菜研究过程中收集的资料 2.汇报研究结果 辩论赛: 预制菜对人类生活是利大于弊,还是弊大于利? (根据研究成果,分组辩论)

237

续表

课程内容			3.选择一种烹饪方式制作一道菜肴 食品保卫战： 1.了解食物变质的原因 2.探究影响食物变质的因素 3.研究食物的保存方式		

1.选定项目阶段

在"趣·悟"课程的选定项目阶段，着重强调从学生感悟较深的问题出发，结合学生的生活实际，让学生在各种趣味的活动中思悟，进行概念建构。

(1)设计思路。

"趣·悟"课程是一种以问题为导向的教学模式，问题产生的效果与问题的质量密切相关，所以在本阶段如何引导学生提出高质量的问题尤为重要。在课程中，教师通过呈现预制菜市场销售量庞大、国家规范预制菜范围、预制菜国标草稿出炉，及教育部不支持预制菜进校园等相关新闻，打开学生思路，引导学生提出预制菜为什么不能进校园的问题。该问题由学生自主提出，具有较高的驱动性。

(2)设计要素。

概念群
核心概念：用发展、辩证的眼光看待问题 具体概念：社会的发展衍生出了许多新的事物，也带来了许多问题
问题链
①什么是预制菜？ ②预制菜是怎么加工的？ ③预制菜在市场上的流通情况？
目标层
人文底蕴：了解我国包罗万象的饮食文化，知道预制菜的出现对我国的饮食文化产生了冲击 科学精神：能够基于证据推测预制菜不能进校园的原因，能够坚持完成调查任务 学会学习：能够根据需求选择合适的方法检索、收集信息 实践创新：能够自主制订调研计划进行市场调研，能够选择合适的方法烹煮预制菜
任务簇
任务一：通过多种方式查找与预制菜相关的资料，了解预制菜制作、加工的过程 任务二：设计一份预制菜食谱 任务三：撰写调查报告

证据集
预制菜初步调查报告

(3)教学过程:提出问题,确定主题。

(播放视频,开启课程)

师:亲爱的同学们,中国是个美食大国,视频中展示了许多美味佳肴,但是它们和我们平常爸爸妈妈煮的菜有不一样,它们有一个共同的名字——预制菜。你们了解预制菜吗?

学生谈论对预制菜的认识。

师:现在许多同学中午都在学校用餐,预制菜能进入到校园里吗?(播放视频)

生:预制菜为什么不能进校园?

师:预制菜不能进入校园的原因到底是什么呢?我们今天就一起来探究"预制菜止步校园餐桌背后的秘密"。

2.制订计划阶段

(1)设计思路。

研究计划是解决问题的战略书,合理的研究计划是成功的基础。在制订计划阶段,学生根据初探预制菜中获得的信息,基于预制菜为什么不能进校园的可能原因,提出探索性或验证性的研究方案,制订完整的探究流程,选择合理的探究实践方式,明确人员分工,梳理收集信息的方式以及预设应对可能出现情况的措施等。

(2)设计要素。

概念群
核心概念:利用合理的方法收集有效的证据 具体概念:可以通过多种方式解决问题,包括观察、参观、查阅资料、实验探究等
问题链
①我要解决哪些问题? ②我怎么解决这些问题?

续表

目标层
科学精神:能用科学的方法制订计划,分解问题,分步探究,勇于探索 责任担当:能够根据任务需要做好人员分工,主动承担责任,尽职尽责地完成自己的任务 实践探究:能够对探究内容的先后顺序和时间节点做好规划,能够对研究过程可能遇到的问题做出预案
任务簇
任务一:分解驱动问题,将要解决的问题框架呈现出来 任务二:针对每一个子问题,设计具体的可实施的研究计划
证据集
完整且可实施的研究计划,包括研究时间、地点、内容、人员分配等

(3)教学过程。

师:请同学们想一想,我们可以从哪些方面分析预制菜不能进校园的原因呢?

生1:分解驱动问题,将要解决的问题框架列出来。

生2:为每个问题设计可实施的计划。

3.活动探究阶段

(1)设计思路。

探究实践这一学习方式,既能够让学生动手动脑、积极体验,同时也符合小学生的年龄特点和认知水平。活动探究阶段由一系列的探究实践活动组成,是本课程最核心的内容。在该阶段共设三个场域、四个问题来引导学生深入探究预制菜不能进校园的原因。在学校实验室,学生研究预制菜的营养成分,预制菜的添加剂是否符合安全规定;在预制菜工厂,学生深入了解预制菜的选材、切割、烹饪、包装和运输过程,考察预制菜生产车间的卫生是否符合要求;在家里,学生经历挑选食材、选择烹饪方法以及烹煮食材等步骤亲手制作一份预制菜,并研究如何保存这份预制菜,使其不变质。在该阶段中,学生通过实践不断深入认识预制菜,收集预制菜不能进校园的证据。

(2)设计要素。

概念群
核心概念:生物体的稳定与调节、生物与环境的相互关系、生命系统的构成层次、生命安全与健康教育、烹饪与营养 具体概念: ①人和动物通过获取其他生物的养分来维持生存 ②人的生活习惯影响机体健康 ③人体生命安全与生存环境密切相关 ④微生物的生长繁殖会引起食物变质 ⑤食物的营养价值与烹饪方式有关 ⑥养成良好的饮食和个人卫生习惯
问题链
①预制菜有哪些营养成分? ②预制菜应该怎么保存? ③工厂里预制菜是怎么加工的? ④预制菜的添加剂会不会对身体造成危害?
目标层
人文底蕴:知道科学技术的发展促进了预制菜行业的发展 科学精神:能够从营养素角度分析预制菜的营养情况;知道食物变质是微生物生长繁殖的结果;能够设计对比实验,研究什么环境下食物容易变质 责任担当:能够意识到维护食品安全是每个人的社会责任;体会烹饪劳动的价值,热爱劳动 实践创新:能够选择合适的烹饪工具、烹饪方法和配料加工食材 学会学习:能够有序参观工厂,获取有用信息并整理成考察报告 健康生活:能够树立健康饮食观念,均衡膳食;了解添加剂,尽量选择无添加食品
任务簇
任务一:从人体所需的营养角度分析预制菜是否符合人体健康标准 任务二:辨识添加剂 任务三:制作关于添加剂的科普海报,介绍添加剂的种类、作用和安全用量等 任务四:有序进行预制菜工厂的考察实践,利用文字、拍照等手段记录信息,并整理成考察报告 任务五:制作一份加热即食的预制菜 任务六:探究食物在什么情况下可以保存得更久
证据集
①预制菜营养分析报告 ②添加剂科普海报 ③预制菜工厂考察报告 ④预制菜成果展示 ⑤自制预制菜的保存方案

(3)教学过程。

①场馆体验：

教师组织学生参观考察预制菜工厂。

学生在参观过程中进行记录，完成参观手册。

②实践操作：

教师组织学生加热品尝一份预制菜。

学生品尝预制菜，并分享体验过程的感悟。

③实验探究：

教师指导学生探究影响食物保存的因素。

学生对比实验，得出结论。

4.成果交流阶段

(1)设计思路。

成果交流既是学生对学习过程的反思总结，同时也能够帮助学生将活动探究阶段获得的体验和认知梳理成具有一定结构性的认知框架。经历研学课程的学习，学生掌握了一些关于预制菜为什么不能进校园的证据，对预制菜有了更深的认识，而成果交流能给学生提供展示的平台。交流时，学生以提出观点、呈现证据的方式，将研学过程的学习成果梳理、内化成具有一定逻辑性的结构性知识。

(2)设计要素。

概念群
核心概念：用发展、辩证的眼光看待事物 具体概念：世界上的事物对于人类生活的影响，有利有弊
问题链
经过研究，你认为预制菜不能进校园的原因是什么？
目标层
人文底蕴：知道预制菜是快节奏生活催生出的产物，它具有双面性 科学精神：能够对预制菜做出正确的价值判断 学会学习：学会整理资料，利用资料佐证自己的观点 健康生活：能够科学合理地管理自己的饮食

续表

任务簇
任务一:整理收集的材料,并制作关于预制菜多面性的海报 任务二:辩论"预制菜对人类生活是利大于弊,还是弊大于利?"
证据集
客观认识预制菜的海报

(3)教学过程。

①阐述观点和理解:

师:请结合本次探究学习,谈谈预制菜对人类生活是利大于弊,还是弊大于利?

学生辩论。

②展示成果:

学生制作展示预制菜多面性的海报,并进行讲解。全班同学基于全程表现及海报设计进行客观自主的评价,小组进行投票,推选出最佳设计奖、最佳讲解奖、最具竞争小组奖。

教师为获奖学生和小组颁发奖状。

③反思评价:

学生自评、小组评价、班级评价同步进行。

(四)课程设计与实施策略

1.课程设计策略

(1)基于学生需求选择跨学科主题。

①精选争议热点。

教师应通过调研和讨论,了解学生关注的争议热点和社会问题,选择具有教育意义和启发性的话题,设计跨学科的学习单元,帮助学生从不同学科角度理解和分析这些问题。教师应引导学生通过小组合作、案例研究等方式,深入探讨并解开疑惑。本课程选取了社会热点——预制菜,帮助学生了解预制菜的制作过程,引导学生辨析预制菜是否适合进入校园。

②追踪成长需求。

教师应定期与学生沟通,了解他们在不同成长阶段的需求和兴趣。根据学生的反馈,调整课程内容,确保课程与他们的实际需求和发展目标紧密相关。教师应提供个性化的学习资源和支持,帮助每个学生实现其成长目标。通过课程的学习,期望学生能够掌握科学管理饮食的方法和技巧,建立健康的饮食观念,成为健康生活的守护者。

(2)基于大概念确定学习内容。

①基于课标要求提炼大概念。

教师应深入分析课程标准,提炼出核心大概念和关键知识点,确保提炼的大概念能够涵盖多个学科领域,促进跨学科学习。设计学习目标时,教师应明确大概念的具体要求和学生在不同学科中应达到的理解水平。本课程以"稳定与变化"为跨学科概念,结合劳动、综合实践、语文、数学等学科要求,设计了丰富的课程体系。

②紧扣大概念整合学习内容。

教师应围绕大概念,整合不同学科的相关知识和技能,通过案例分析、项目式学习等方法,将理论与实践相结合,加深学生对大概念的理解和应用。同时,教师要鼓励学生在跨学科的学习活动中,主动探索和解决问题。本课程基于概念建构的需求设计了场馆研学、实验探究、烹饪操作等多样化的学习内容。

(3)基于项目式学习建构课程框架。

①围绕项目式学习结构确定课程目标。

教师应以项目式学习为核心,构建课程的整体框架,确定每个项目的具体目标,确保这些目标与大概念和跨学科主题紧密相关。本课程通过项目式学习,培养学生的实践能力、团队协作能力和创新思维。

②基于学科趣味设计活动任务。

教师应结合不同学科的趣味点,设计具有吸引力的活动任务,确保活动任务既符合学科特点,又能激发学生的兴趣,提高参与度。本课程通过活动任务的设计,促进学生对大概念和跨学科主题的理解和掌握。

(4)基于学生发展优化评价体系。

①从重纸笔测试转向重素养能力提升。

教师应减少传统的纸笔测试,增加对学生实际能力和素养的评估,设计多样化的评价任务,如口头报告、实践操作、小组合作等,以全面评价学生的综合素养。本课程鼓励学生参与自我评价和同伴评价,培养他们的反思能力和团队协作精神。

②从片段式评价转向连续性评价。

教师应建立连续的评价体系,关注学生的学习过程和成长轨迹,定期收集学生的学习数据,包括作业、课堂表现、项目成果等,进行综合评价。本课程通过反馈和指导,帮助学生认识到自己的进步和不足,并鼓励他们持续改进。

2.课堂实施策略

(1)以生为本推进课堂——留主动权。

课程设计要求教师把课堂的主动权交给学生,让他们成为学习的主人。教师通过引导学生自主思考、合作探究,让他们在课堂上畅所欲言,发表自己的观点和看法。为了让学生更有参与感,本课程设置了一些互动环节,比如小组讨论、场馆参观、实验探究、辩论展示等,让学生在轻松愉快的氛围中学习。

(2)丰富活动课时——留时间。

本课程设计创设了丰富多彩的学习活动,打破了传统课堂教学时间的限制,利用多学科的融合,设置了长短课,保证课时充足,让学生有足够的时间去深入学习和探索。例如利用周末参观预制菜加工厂,利用综合实践课与劳动课完成菜品制作等,让他们在实践中巩固所学知识,提高实践能力。

(3)"家校社"多方联动——留空间。

本课程设计强化了"家校社"协作,让自然、社会、生活都成为学习的资源。课程设计让学生的学习过程不只在学校单一的空间中,还走出校园,在家庭中、超市里,甚至是走进工厂里调查预制菜。本课程让学生的学习突破了传统的校园局限,引导学生在校外也进行探究性学习,拓宽他们的视野和思路。

(4)重视自省反思——留评价权。

本课程在设计时,结合新课程标准的"教—学—评"一体化要求,在每个课时小结中,插入学生的自我评价,让学生在不同的任务中反思自我表现和学习的成果,将课程的评价主体归还给学生。本课程将学与评结合,引导学生形成关键品格和必备能力,体现了教育的育人本质。

第七章

多维审视:小学科学跨学科教学的多维审思与未来畅想

第七章　多维审视：小学科学跨学科教学的多维审思与未来畅想

教育心理学家霍华德·加德纳说过，未来的教育将更加注重跨学科的学习，因为现实世界的问题往往跨越多个学科领域。本章立足于教育发展，从多个视角深入剖析跨学科教学的现状与未来，为读者描绘出未来科学教育的多彩画卷。本章以整体育人的视角为切入点，审视跨学科教学对教育行政机构、学校顶层设计以及科学教师综合素养提出的全新要求；关注将视角转向跨学科主题学习的发展，探讨在主动学习、个性化学习以及终身学习理念的引领下，真实情境与虚拟情境的价值融合，共同推动跨学科学习向深度与广度延伸；从跨学科课程建设边界的视角，精准定位多维素养的课程目标，重构科学跨学科主题课程体系，并致力于开发跨学科课程综合实施模式。这一系列深思，旨在突破传统课程的局限，为跨学科教学提供更加广阔的舞台和更加灵活的框架。审视当下，小学科学跨学科教学正以其独特的魅力，引领着教育改革的风尚。它超越了传统学科的界限，促进了知识的融合与创新，为学生的全面发展提供了广阔的空间。然而，教育工作者也应清醒地认识到，跨学科教学仍面临着诸多挑战与困境，我们需要不断探索与实践，以寻求更加有效的路径与方法。

展望未来，我们坚信小学科学跨学科教学将拥有更加美好的明天。随着教育理念的不断更新与教育技术的不断进步，跨学科教学将呈现出更加丰富多彩的形态与内涵。它将更加注重学生的主体性与实践性，更加关注学生的综合素养与跨学科能力的培养。同时，它也将更加注重教学媒介的创新与应用，以更加灵活多样的方式满足学生的学习需求。

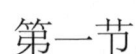

第一节 平面到立体：跨学科教学整体育人的视角

一、对教育行政机构协同育人提出更高的要求（教育行政机构）

（一）教育行政机构协同育人支持

为落实党的二十大对创新人才培养的要求，推进义务教育新课程标准的落地实施，设立跨学科主题学习活动是打造高质量课堂、推动中小学教育高质量发展的重要途径[1]。根据教育专家张华所述，核心素养理念意味着中国的基础教育由工业化时期迈入信息时代，注重创造教育本体价值。而基于科学的跨学科协同育人理念正逐渐成为教育改革的重点方向之一，通过强调科学学科与其他学科的交叉融合，不断变革和创新科技人才培养模式，对教育提出更高的要求。因此，各级教育行政机构要提供政策和资金上的支持，鼓励学校之间的合作与交流。这种合作与交流活动包括学术研讨会、教师培训、学生交流项目等，它们能直接促进不同学科间的交叉融合，从而推动科学教育的高质量发展，以适应新时代教育的发展需求。同时，教育行政机构要加强对教师培训的支持，通过组织专业培训课程，提高教师教学水平和科研能力；通过设立奖励机制，激励教师积极参与科研项目和教学改革，为学生提供更好的教育资源和学习环境。如《中国科学报》所述，新时代高校教师队伍建设应以推进高校薪酬制度改革、完善高校收入分配激励机制为保障。此外，跨学科主题学习是新一轮义务教育课程修订的一个亮点，它为发展学生的综合素养提供了载体，突出了综合性、情境性和生活化，促进了育人方式与教学方法的创新。

---

[1] 袁磊,叶薇,徐济远,等.新课程标准下中小学教师跨学科素养的基本内涵及提升路径[J].现代教育管理,2024(1):85-95.

(二)小学科学教学协同育人实施

在科学育人理念层面,教育行政机构需要重新审视现有的教学方法,积极突破学科之间的界限,让学生能够在更加宽广的知识领域中自由探索。如教育专家顾明远所指出的,教育政策研究需要将理论研究与对策研究相结合,思想观念与经验材料积累相结合,长线研究与短线研究相结合,这为跨学科育人理念的实施提供了理论支持和实践指导。教育行政机构要整合科学的知识割裂思维,拓宽学科知识的边界,促进科学知识的整体化重组。在小学科学知识与学科知识不断融合发展的过程中,逐步形成相对稳定的知识体系,发展分化出不同的人才培养模式。

在科学育人实践层面,朱生营教授强调,建设高质量教师培训体系,塑造教师发展新动能、新优势,是推进学科交叉融合、助力科技强国建设的关键。因此,以真实生活问题为导向,推动跨学科协同育人资源的整合,促进问题导向的跨学科课程体系优化,是跨学科人才培养的重要途径。

在科学育人保障层面,教育部副部长王嘉毅提出,加强科学教育是贯彻党的教育方针的必然要求,是落实立德树人根本任务的重要途径,是培育国家战略科技力量的基础支撑,这为科学育人保障层面的实施提供了政策依据和行动指南。因此,教育行政机构要构建多元主体参与和多学科融合的跨学科协同育人机制,涵盖政府、学校、家庭、社会等多个方面,形成强大的支持网络。如在组织架构上需要明确责任人与领导者,出台组织建设制度、拨款投资规定、利益划分制度等,保证组织的有序运行与成果产出。在考核聘任制度上,创新改革评教制度、教师聘任制度、职称考核制度等,以充分保障跨学科协同育人长效且有序地开展[1]。

总而言之,实现跨学科协同育人需要教育行政机构在多层面组织教育教学活动,在跨学科课程改革中进行科学知识生成、科学人才培养模式建构与科技社会服务完善,进而打破各个主体之间的壁垒,促进更多人才、学科和资源的融合。

---

[1] 田贤鹏,姜淑杰.新文科背景下的跨学科协同育人:内涵特征、逻辑演变与路径选择[J].教育发展研究,2022(21):35-42.

二 对实践活动育人顶层设计提出更高的要求(学校)

(一)跨学科课程顶层设计要求

随着基础教育课程改革的深入发展,教育更加注重提升人的核心素养和综合技能、批判思维和创造性思维、合作能力、合作意愿、领导力、创业精神,以及在这个时代生存和发展所需要的其他关键能力和品质。融合日益成为学校课程建设关注的重点,无论是创新育人方式,还是发展学生核心素养,都有赖于跨学科课程融合样态。[1]因此,学校在开展跨学科教学时,要对实践活动育人顶层设计提出更高的要求。学校要基于本校的育人目标、办学理念和教学方式确立跨学科教学融合的顶层设计框架。一是把握跨学科课程融合的根本目的,促进所有学生全面而有个性地发展。二是跨学科课程融合不应该成为现有学校课程的额外负担,而应是学校基于对已有课程的系统分析,根据学生发展需要全面整合后的结果。它不是做简单的加法,而是对现有课程的优化和完善。三是跨学科课程融合的构建必须适合本校,满足本校学生的课程需求,指向本校的育人目标,且与本校已有的课程资源相匹配。[2]所以,学校在进行顶层设计时,要进行整体课程体系设计和课程规划,将跨学科教学融合作为学校资源建设的重要内容,明确跨学科教学融合的目标方向、内容结构和实施路径等,促进学生的全面发展,提升学生的核心素养。

(二)跨学科课程顶层设计路径

学校在构建跨学科教学融合的过程中,需要采取一系列具体措施来确保其有效性和实用性。华东师范大学安桂清教授认为,跨学科融合是一种基于学生素养发展需求,围绕某一研究主题,以本学科课程内容为主干,运用并整合其他学科的知识与方法开展综合学习的方式。学校需要建立由教师、管理人员和教育专家组成的专门团队,负责规划和实施跨学科课程。学校团队要定期召开会议,讨论如何将不同学科的知识和方法有效地结合起来,以及如何评估学生核心素养的发展。学校应定期开展师资培训活动,通过提供具体的教学方法和策

---

[1] 中国教育科学研究院课程与教学研究所课题组.中小学跨学科课程融合的问题与对策[J].课程·教材·教法,2022,42(10):60-69.
[2] 中国教育科学研究院课程与教学研究所课题组.中小学跨学科课程融合的问题与对策[J].课程·教材·教法,2022,42(10):60-69.

略,促进教师创新思维和协作精神的提升。同时,学校要利用现代技术手段,如数字化学习平台和在线资源,来支持跨学科教学的实施,从而帮助学生更深入地探索不同学科之间的联系。除此之外,学校应鼓励家长和社区的参与,形成校内外的教育合力,通过组织公开课、研讨会和社区项目,让家长和社区成员了解跨学科教学的价值和成果,进而取得更广泛的支持和认可。

总之,跨学科教学融合是当前基础教育改革的重要方向,它要求学校对跨学科教学进行全面考虑和精心规划,最终实现科学教育的深度融合和学生素养的全面发展。这需要学校、教师、家长以及社会各方面的共同努力和协同合作,以确保跨学科教学的有效实施,促进学生的全面发展。

三 对科学教师综合素养育人提出更高的要求(教师)

(一)跨学科主题学习发展目标

教育部印发的《基础教育课程教学改革深化行动方案》指出,为落实党的二十大关于教育、科技、人才三位一体布局战略要求,要聚焦核心素养导向的跨学科主题学习,强化跨学科综合教学,发展学生科学素养。《科学课标(2022年版)》要求教师开展基于跨学科主题学习的教学,促进学生科学素养的发展。因此,在小学科学跨学科教学中,培养科学教师跨学科教学素养,是进行科技创新和科学教育发展的重要路径。科学教师应具备跨学科素养,保障跨学科主题学习的顺利推进,这对科学教师的综合素养提出了更高的要求。跨学科素养要求在强调学科素养的同时,挣脱单一学科的束缚,知识内容流向从一对一转为多对一,跨越传统学科的边界。分科课程间关联性薄弱,难以满足未来以核心素养为导向的综合性人才的需求,跨学科主题教学成为必然的现实趋势。新课程标准中提出的跨学科主题学习,是以培养面向未来的和谐发展的人为总目标,以实际问题为出发点,以任务驱动为切入口,围绕某一主题,以某一课程内容为主干的综合性学习方式,这意味着中小学教师的跨学科素养还应当包括对主题教学的掌控。[①]

---

① 袁磊,叶薇,徐济远,等.新课程标准下中小学教师跨学科素养的基本内涵及提升路径[J].现代教育管理,2024(1):85-95.

(二)跨学科综合素养育人方式

中小学教师的跨学科素养可界定为:具备从单科到全科再到跨学科的知识储备,能够形成跨学科意识,实施跨学科行动和进行跨学科反思,将三者的循环应用于跨学科主题教学之中,同时具有知识储备和实操能力的综合型素养。[1]第一,提升跨学科的知识储备。在以单一学科教师教学为主的背景下,为了更好地推进跨学科主题教学,必须培养科学教师综合素养育人的能力。教师必须具备跨学科知识,因为跨学科知识能够帮助教师更全面地理解教学内容。例如,科学教师在讲解力学问题时,如果能结合数学中的几何知识,就能帮助学生更直观地理解问题的本质。同样,科学教师在讲述科学史上的事件时,如果能融入文学、哲学等学科的视角,就能让学生对历史有更为深刻的认识。在解决生活实际问题时,学生往往需要多学科知识的交叉运用。教师如果具备跨学科的知识背景,就能引导学生跳出单一学科的框架,从不同角度思考问题,从而培养学生的创新意识和解决问题的能力。第二,培养跨学科的实操能力。具有实操能力的教师注重培养学生的科学精神和实践探索能力。教师应鼓励学生进行探索学习,引导学生通过实验、项目制作等方式,自主寻找问题的答案,促进学生深入理解学科知识,进而提升学生的创造力和独立思考能力。例如,科学教师通过引入生活中的实例(热气球)来教授抽象的科学概念(热空气向上)时,可以让学生在解决风如何流动的实际问题中发现热空气向上和冷空气向下的科学知识。

---

[1] 袁磊,叶薇,徐济远,等.新课程标准下中小学教师跨学科素养的基本内涵及提升路径[J].现代教育管理,2024(1):85-95.

第二节 单一到多元：跨学科主题学习发展的视角

一、从被动学习到个性终身学习，建构兴趣学习路径

（一）运用科学探究模式，营造个性学习环境

在传统的科学教育模式中，学生往往处于被动接受知识的位置，而现代科学教育理念强调个性化和终身学习的重要性。如张蓉在其论文中提到，个性化学习路径推荐是满足学习者个性化需求的关键。通过识别学习者的特征，如学习能力、知识背景和学习目标，教师可以为每个学习者定制符合其个性化需求的学习路径，以此来激发学习者的兴趣，从而实现终身学习的目标。在小学科学教育中，教师应鼓励学生通过实验和观察来发现科学原理，而不仅仅是记忆事实。如：通过种植植物活动，学生可以观察植物的生长过程，理解光合作用和水分循环等知识；通过设计和建造一个小型温室，学生能够同时学习植物学、物理学和工程学的知识；等等。还可以通过跨学科或项目式学习，让学生在解决实际问题的过程中学习科学知识。比如设计一个环保项目，融合材料科学、生态学和环境科学的知识，引导学生动手操作，观察科学实验现象，从而加深对科学概念的理解，提高学生的学习动力和课堂参与度。

（二）建构学习兴趣路径，促进终身学习发展

小学科学教育通过学校或教师传授科学知识，但它更重要的目的是培养学生的科学素养和科学思维方式。正如中国科学院院士武向平所指出的，科学教育不是科学知识的简单传授，也不局限于教育手段和教学方法的科学化，更不是指科学技术专业人才的培养，而是科学素养的养成教育，它注重学生科学思维方式的习得，让学生可以像科学家一样思考问题。终身学习是个体适应快速

变化的社会的关键能力,小学科学跨学科教育应激发学生对科学的好奇心和探索欲,为其终身学习奠定基础。建构终身学习目标下的校外科学教育主体协同机制,可以为学习者提供持续的、个性化的科学学习机会,促进教育公平,并创设从校内到校外一体化的科学学习环境[①]。因此,教师应能够利用数字化工具和在线资源为学生提供有助于终身学习的体验,并根据学生的学习进度和兴趣,推荐不同的科学视频、互动游戏和阅读材料;家长和社区成员应积极参与科学教育,例如组织家庭科学实验日或社区科学节;学校应该制定相应的政策,比如提供丰富的课外科学活动,鼓励学生参与科学竞赛,创建科学社团等,为学生提供更多接触和了解科学的机会。

二、从虚拟的情境到真实的学习,关注虚实情境融合价值

(一)虚实情境深度融合,支持个性定制学习

虚实情境融合是指将虚拟的学习环境与真实的学习需求相结合,以提高学习的效果和体验。教师应致力于探索如何通过技术手段,如电子白板、智能平台、增强现实(AR)或虚拟现实(VR)技术,来模拟真实的情境,使学生能够在一个沉浸式的环境中学习,从而有助于提高学生的参与度,增强学习动机,更好地将理论知识与实际应用相结合。在实践中,教师可以利用虚实融合的环境,如利用VR和AR技术来模拟真实的科学现象和实验。例如,学生可以通过VR技术探索太空、海底世界或者参与历史事件,这种身临其境的体验能够增强学生对科学知识的感知和理解。同时,教师可以从教学干扰、课堂矛盾、教学意外等方面模拟突发教学事件,培养学生的应变能力和共情能力。[②]虚实情境融合支持定制学习,教师可以根据每个学生的兴趣和学习风格设计不同的学习任务和活动,有助于满足学生的不同需求,以学生偏好的节奏和方式进行教学。总之,虚实情境融合在小学科学跨学科教学中的应用,能够为学生提供丰富的教学资源和沉浸式的学习体验,促进教师的专业发展和学生的全面发展。同时,教师

---

① 王益萱,符国鹏.终身学习目标下校外科学教育主体协同机制的建构路径[J].中国校外教育,2024(4):5-14.
② 姜艳红,崔承毅,秦晓梅,等.国内外虚实结合实践教学理念及方法研究综述[J].工业和信息化教育,2019(10):1-6.

需要不断创新教学方法,利用新技术提高教学效果,从而培养学生的科学精神和创新能力。

(二)关注虚实融合的价值,推动科学跨学科教育

在新时代教育背景下,小学科学教育正经历着一场深刻的变革。科学教育不仅是传授知识,更是学生科学素养、创新精神和实践能力培养的关键。国际科学教育跨学科概念研究的现状与启示表明,跨学科概念研究在我国科学教育界备受关注,主要聚焦在发达国家课程标准研究、跨学科概念特征研究、跨学科概念教学设计研究、跨学科概念理解认知测评研究等方面。这些研究表明,跨学科学习不仅是一种教学方法的创新,更是教育观念的变革。[①]虚实融合在小学科学跨学科教学中,通过将科学知识与其他学科如数学、技术、工程等结合,为学生提供了一个综合性、多面性的学习平台。例如,在进行物理实验时,教师可以利用VR技术模拟不同环境下的实验现象,加深学生对物理规律的理解,同时还能锻炼学生的空间想象力和逻辑思维能力。同时,教师可以引导学生通过科学知识与数学计算相结合的方式,设计并优化实验方案,从而培养学生的创新思维和实践能力。

三 从学习组织者到学习设计者,联动资源强化效果达成

(一)利用数字技术手段,促进教师角色转换

加强中小学科学教育是习近平总书记念兹在兹的大事,这体现了对青少年全面发展、成长成才的殷切关怀,寄予着为强国建设、民族复兴奠基的深切期待。在科学教育中培养学生的批判性思维和创新能力是非常重要的。教师作为学习设计者,需要利用现代教育和信息技术,如智能平台和数字资源,来丰富教学内容和方法,以促进科学教师转型。《教育部等十八部门关于加强新时代中小学科学教育工作的意见》指出,要探索利用人工智能、虚拟现实等技术手段改进和强化实验教学,并注重利用先进教育技术弥补薄弱地区、薄弱学校及特殊

---

① 陈方结,林长春.国际科学教育跨学科概念研究的现状与启示——基于近10年WOS期刊载文的分析[J].中国科技教育,2024(4):6-7.

儿童群体拥有优质教育教学资源不足的状况。这表明教师在教学设计中应考虑如何将技术与传统教学相结合，创造更加生动和有效的学习体验。小学科学教育中教师角色的转变，要求教师成为学习活动的设计者和促进者，通过联动教育资源、运用信息数字技术、实施个性化教学等策略，来提高学生的学习体验和学习效果，从而激发学生的学习兴趣，培养其科学素养和终身学习能力。

(二)联动科学教育资源，促进学习效果提升

小学科学教育在国家科技发展中扮演着至关重要的角色。《教育部等十八部门关于加强新时代中小学科学教育工作的意见》提出在现有科学教育资源和工作机制基础上，集成增效，整合校内外资源，塑造科学教育新动能、新优势，强调了改进学校教学与服务、用好社会大课堂、做好相关改革衔接的重要性。因此，为了丰富小学科学教育的内容和形式，学校应当合理开发和联动各种科学教育资源，包括但不限于科技馆、博物馆、科研机构等。例如：与科研机构建立合作关系，将前沿的科研成果引入课堂，邀请科研人员到学校举办讲座，分享研究成果和经验；通过组织学生参观植物园或生态馆，让他们观察和记录植物生长过程、了解动物生活习性等，深入探索自然界的奥秘，进而培养其观察力和思考能力，让学生在日常生活中体验到科学的乐趣。

第三节 开放与限制：跨学科课程建设边界的视角

一 精准定位多维素养的课程目标

（一）加强跨学科教学的应用，实现学生全面发展

教育的本质是培养人的社会实践活力，教育应促进学生实现全面、优质的发展。跨学科教学跨越学科的界限，将多个学科的知识进行交叉、融合，进行思维方式之间的转化，不仅有助于丰富学生的知识，开阔学生的视野，而且有助于学生形成新理念、新方法，提升决策力和创新力。在跨学科教学中，学生将多学科知识整合，从多角度进行观察与思考，实现学科知识的交叉与交融，发展多元思维，磨砺综合能力，实现全面发展。[1]教师可通过实验数据分析、观察测量等形式，引导学生如何运用科学方法来探索和理解现实世界。如当数学与科学结合时，学生通过测量和计算能够更准确地理解科学现象；艺术与科学的结合则可以激发学生的创造力，通过绘画或制作模型来表达对科学知识的理解。因此，加强跨学科教学的应用，能够丰富小学科学教学内容，帮助学生建立起知识之间的联系，从而促进学生探究能力的提升，真正实现学生科学素养的全面发展。

（二）注重科学理解能力培养，形成多维科学意识

跨学科主题学习强调透过不同学科的视角来审视一个重要的主题、问题或议题，每一个主题都以扩展的、结构化的、有意义的学习呈现，这样学生就有足

---

[1] 陆健红.立足科学学科开展跨界整合——小学科学"跨学科教学"的实践与思考[J].江西教育,2022(27):82-84.

够的时间来发展理解,并在学习过程中找到与他们所知道的和所看到的内容的联系。[①]为了培养学生的科学理解能力,教师应根据学生的兴趣和需求,结合学科知识的特点,确定一个具有挑战性和实际意义的跨学科主题;设计一系列富有挑战性和趣味性的教学活动,激发学生的学习兴趣,引导学生主动参与学习过程;充分利用现有的教育资源,包括教材、网络资源、实验设备等,为学生提供丰富的学习材料和实践平台;鼓励学生进行小组合作,通过分工协作、互相学习,培养学生团队协作能力和沟通能力;及时给予学生反馈,指导学生调整学习策略,提高学习效果,形成科学素养培育意识。

二、重构科学跨学科主题课程体系

(一)科学构建跨学科概念学习

在科技日新月异的时代,传统的小学科学课程界限逐渐变得模糊,跨学科概念学习成为教育领域的重要议题。例如,安桂清教授提出,跨学科主题学习是一种基于学生素养发展需求的学习方式。跨学科概念学习的核心在于将不同学科领域的知识和技能融合,以促进学生的全面发展和对知识的深入理解。教师通过设立跨学科主题学习活动,创设真实情境,强化课程综合探究过程,促进概念学习的整合与结构化,提升学生科学素养。此外,教师还可以采用项目式学习、问题化学习等多样化的教学方法,让学生在解决实际问题的过程中,自然地融合不同学科的知识和技能,提高综合解决问题的能力。

(二)挖掘跨学科主题课程价值

安桂清教授指出,跨学科主题学习是超越传统单一学科视角来审视重要主题、问题或议题的学习方式。它以学生核心素养的培育为出发点,注重学科知识的整合发展,强调现实问题的跨学科解决,关注学科核心概念及跨学科大概念的运用。这说明跨学科主题课程体系能够突破传统学科间的界限,通过整合不同学科的知识与技能,形成一种全新的学习体系。如将数学与音乐结合,可以让学生在学习数学的同时,体验音乐的韵律美,从而激发学生的学习兴趣和

---

① 王颖.跨学科教学中教师课程决策权的问题检视与实践超越[J].教师教育论坛,2023,36(6):24-26.

创造力,也可以让学生在探索数学定理的过程中,通过音乐节奏感受数学之美,促进学生深入理解数学概念。总之,跨学科主题课程体系对于教师而言是一种挑战和机遇。教师需要不断更新跨学科概念结构,掌握跨学科教学方法和技巧,以此适应科学教育不断变化的教学需求。

三 开发跨学科课程综合实施模式

(一)开发设计多元跨学科课程

跨学科课程的设计要求教师超越传统学科间的界限,整合不同领域的知识和技能,以解决真实世界的问题。正如李佩宁所指出的,真正的跨学科整合不仅仅是将两门学科"粘"在一起,而是思想和方法的整合、综合。这意味着教师在设计跨学科课程时,需要从现实情境中提炼出跨学科课程研究的视角,进而整合生成全新的课程。例如,围绕"水"主题,教师可以综合水的物理、化学性质与日常生产生活的关系,水与生命领域的关系,以及水资源管理等知识,让学生获得多维度的学习体验;围绕"空气"主题,教师可以引导学生探究空气的性质,还可以探究空气中的气体成分,例如氧气、二氧化碳等,加深学生对空气的认识。因此,开发设计多元跨学科课程,需要根据《科学课标(2022年版)》的要求,注重强化学科内知识融合,统筹设计综合课程和跨学科主题学习活动,强化课程协同育人功能。教师在教学设计中需要深度关注跨学科主题教学,打造学科融合的高效课堂。

(二)推动跨学科课程综合实施

跨学科课程的实施需要教师具备跨学科教学的能力,这包括跨学科教学方法、知识、设计能力、实施能力和研究能力。正如杨杰等人所述,当前我国科学教师的跨学科教学能力普遍不高,需要通过提供多样化的教师专业发展机会,将跨学科教学能力列入科学教师专业标准的认证体系等方式来提升。[1]此外,跨学科主题教学的实施应凸显主学科,在知识层面要以学生发展为中心,在能力层面以学科实践为导向,在情感层面以师生互动为主轴,在价值层面体现以

---

[1] 杨杰,何雨泽,郑永和.科学教师跨学科教学能力的现状与提升路径[J].中小学科学教育,2024(4):27-32.

"五育"融合为核心的育人理念。此外,跨学科课程的综合实施还需要学校和教育行政部门的支持。学校可以提供跨学科课程的教学资源和空间,鼓励教师进行跨学科教学的探索实践;教育行政部门可以通过制定相关政策和标准,为跨学科课程的综合实施提供指导和保障。综上所述,推动跨学科课程综合实施需要教育者、学校和教育行政部门的共同努力,以实现教育的创新和学生能力的全面发展,促进学生成为具有创新精神和实践能力的人才。

四 创建大概念统整的评价连续体

(一)构建评价连续体的意义价值

评价连续体的设计是为了给学生、教师、家长、教育管理人员等不同对象提供目的不同的信息。因此,一个有效的评价连续体一般是多层级的,可以是为决策者们提供信息的大规模评价,也可以是为师生、家长提供信息的校内评价和课堂评价[①]。

构建评价连续体的意义在于教师能够将评价活动贯穿于跨学科教学的全过程,从课前到课中再到课后,实现评价与科学教学的深度融合,及时了解学生的学习进展,为学生提供反馈与指导,引导学生自我反思和持续学习。总之,构建评价连续体,可以提高教学的针对性和有效性,还可以促进学生的全面发展和终身学习。这种连续性的评价方式为教师和学生提供了持续改进和成长的动力,使教育变得更加生动、有效和有意义。

(二)采用大概念统整的评价机制

大概念教学的评价设计最终指向素养的培育,而素养目标的高阶性和构成的复杂多元性,决定了大概念教学的评价应当是一个连续体。评价连续体由多元的评价类型和评价方法构成,最终的评价任务多表现为真实的问题情境。教师可以设计表现性任务或项目式活动,让学生在完成任务过程中理解大概念,并通过任务完成情况来评价学生对大概念的理解和迁移应用能力,帮助学生建立起学习内容与现实世界的联系,真正实现知识的深度理解和有效迁移。

---

① 徐玲玲,曹琦,刘徽.评价连续体设计:打造完整的多层级评价体系[J].上海教育,2022(11):22-26.

第四节 真实与虚拟:跨学科教学媒介创新的视角

一、跨域建构跨学科的教学场景

(一)营造跨学科的真实场景

在小学科学教育中,营造多学科融合的真实场景是至关重要的。这种场景教学旨在发展学生的"5C"核心素养,强调将评价前置,注重"教—学—评"一体化,看重大观念、新知识、新技能,强调真实性评估。教师可以通过整合科学、技术、工程、艺术和数学等学科知识,以项目作品为导向,促进学生创新能力和实践技能的发展。例如,教师通过"建桥"这一跨学科主题学习项目,引导学生在语文、数学和科学等不同学科交融中,探索桥梁建设的全过程,从而实现知识的深度理解和应用。因此,教师要鼓励学生以探究者的角色主动进入问题场景,在教师引导下,通过跨学科的探索活动,如实地考察、设计图纸、初步制作等,将抽象的科学学科知识转化为具体的科学探究实践操作,让学生在真实场景中发现问题、分析问题并解决问题,从而培养其批判性思维和创造性思维。

(二)探索跨学科的虚拟融合场景

随着信息技术的发展,虚拟场景为跨学科教学提供了新的可能性。教师可以利用人工智能和数字技术,创建模拟实验、虚拟实验室等场景,引导学生在虚拟融合的环境中探索和学习。虚拟融合场景可以为学生提供安全的学习环境,突破时间和空间的限制,让学生体验到不同学科知识融合的魅力。夏雪梅认为,跨学科项目化学习是为了解决一个真实而复杂的问题,学生学习并创造性地整合不同学科的核心知识和能力,以形成整合性的项目成果和新理解。因此,在智能技术的支持下,教师可以设计出更加丰富多样的跨学科学习活动,让学生在虚拟与现实交融的环境中,形成解决复杂且真实问题的能力。同时,智能技术能够支持协作学习,使不同地区的学生能够共同参与到跨学科项目当中,共享资源和知识,增强学生的沟通和团队合作能力,促进学生理解和尊重不同的文化和观点。

二 跨学科教学生态的迭代创新

(一)教师角色转型与专业迭代发展

在跨学科教学生态的迭代创新中,教师角色正经历着前所未有的变化。传统的教师角色主要是知识传授者,而在跨学科教学环境中,教师的角色转型为学习促进者、课程共同开发者和学习引导者。华南师范大学钟柏昌教授指出,学生的解题能力不等于解决真实问题的能力,而培养解决真实问题的能力需要提升学生跨学科创新能力。[1]因此,在跨学科教学中,教师需要不断更新教育理念和方法,以适应不断变化的教育需求,教师应该积极参与多样化的教师专业发展活动,如跨学科研讨会、工作室和在线课程,以及与不同学科的教师协作交流,从而增强跨学科教学设计、实施和评价的能力。

(二)融合技术应用与教学体验创新

在当今教育领域,技术的融合与应用已成为推动教学创新的重要力量。人工智能(AI)、大数据、云计算等技术的发展,为教育带来前所未有的机遇。特别是在跨学科教学中,技术融合能够大大提高教学效率,促进学生批判性思维和问题解决能力的发展。AI技术在个性化学习体验方面的应用,为跨学科教学提供了新的可能性。通过分析学生学习数据和行为模式,AI系统能够精确评估学生的学习水平和需求,提供个性化的学习资源和教学建议。教师在使用AI工具时应注重个性化设置和与学生需求的匹配,以发展学生理解和应用知识的能力。此外,技术融合可以推动教学内容与方法的创新。例如,通过大数据分析,教师可以更准确地了解学生的学习难点和兴趣点,从而设计更符合学生需求的教学内容;并且技术融合也使得教学方法更加多样化,如翻转课堂、在线协作、

---

[1] 曹贤春.人工智能在跨学科教育中的创新应用与效果研究[J].信息与电脑(理论版),2024(2):254-256.

游戏化学习等,这些教学方法能够激发学生的学习兴趣,提高其参与度和学习效果。

总而言之,面对纷繁复杂的世界,以前单一学科的知识学习与能力发展已无法满足时代的新要求,亟待转型升级为解决现实生活中错综复杂的真实问题所需的跨学科知识与能力。跨学科教学生态的迭代创新,将引导学生了解和应用科学知识来解决生活中的真实问题,通过普及、提高和创新,激发学生奇思妙想的原创力,推动科学教育加法有效落地。

参考文献

[1]高守宝,樊婷,王晶莹.70年来小学科学课程中学科能力的沿革与发展——基于课程标准的文本分析[J].上海教育科研,2019(12):26-30.

[2]郑永和,苏洵,谢涌,等.全面落实做好科学教育加法 构建大科学教育新格局[J].人民教育,2023(19):12-16.

[3]裴新宁.重新思考科学教育的若干概念与实施途径[J].中国教育学刊,2022(10):19-24.

[4]罗生全,王牧华.《义务教育课程方案和课程标准(2022年版)》下的新课程与新教学[M].重庆:西南大学出版社,2022.

[5]朱德全,彭洪莉.新时代跨学科教学的价值旨归、思维转向与实践理路[J].课程·教材·教法,2024,44(6):52-59.

[6]杜威.民主主义与教育[M].王承绪,译.2版.北京:人民教育出版社,2001.

[7]刘登珲.促进核心素养有效转化的课程统整策略探讨[J].教育发展研究,2018(6):40-47.

[8]张紫屏.跨学科课程的内涵、设计与实施[J].课程·教材·教法,2023,43(1):66-73.

[9]杨四耕.跨学科课程:课程变革的时代走向[N].中国教师报,2021-01-13(6).

[10]徐玲玲,刘徽,曹琦.评价连续体:大概念教学的评价设计[J].上海教育科研,2022(1):19-24.

[11]艾里克森.概念为本的课程与教学[M].兰英,译.北京:中国轻工业出版社,2003.

[12]BRUNER J S.The process of education[M].Cambridge:Harvard University Press,1960.

[13]李刚,吕立杰.国外围绕大概念进行课程设计模式探析及其启示[J].比较教育研究,2018(9):35-43.

[14]郭华.落实学生发展核心素养 突显学生主体地位——2022年版义务教育课程标准解读[J].四川师范大学学报(社会科学版),2022,49(4):107-115.

[15]何善亮.论中小学科学教育的内容选择与表达方式——兼谈科学教育需要什么样的大概念[J].天津师范大学学报(基础教育版),2019,20(2):61-67.

[16]史加祥.新课标视野下小学科学跨学科教学的理解与实践[J].教学与管理,2022(29):61-65.

[17]温伯格.知识的边界[M].胡冰,高美,译.太原:山西人民出版社,2014.

[18]安桂清.基于核心素养的课程整合:特征、形态与维度[J].课程·教材·教法,2018,38(9):48-54.

[19]詹泽慧,季瑜,赖雨彤.新课标导向下跨学科主题学习如何开展:基本思路与操作模型[J].现代远程教育研究,2023,35(1):49-58.